Vorwort

Was muss ich alles organisieren und veranlassen, um einen Verein gründen zu können? Wie führe ich einen Verein? Soll ich mich als Vorstandsmitglied wählen lassen? Was kommt an Verantwortung und persönlichen Risiken/Haftung auf mich zu? Welche Rechte und Pflichten habe ich als Vereinsmitglied? Wie sieht das Spendenrecht aus, wie kommt man an vielleicht sogar steuerfreie Sponsorengelder heran?

Dies ist nur ein kleiner Auszug unzähliger Fragen aus dem Kreis engagierter Bürger, die für ihr Interesse an der Mitarbeit in einem Verein, an der Übernahme und Ausübung eines Ehrenamtes klare Antworten benötigen.

Auf der Grundlage einer langjährigen eigenen Vereinstätigkeit, den Erfahrungen aus unzähligen Vereinsgründungen und Beratungen von Klein- bis Großvereinen, Verbänden und Führungskräften, als Anwalt mit dem Spezialgebiet des Vereins- und Steuerrechts und dank der Erkenntnisse aus zahlreichen Vereinsvorträgen soll dieser Ratgeber zuverlässig und verständlich Auskunft über die wichtigsten Vorgänge im Vereinsalltag vermitteln.

Zunächst wird der Schritt von der Vereinsgründung bis zur Mitgliederversammlung erläutert. Das anschließende Kapitel Steuern zeigt die wichtigsten Grundsätze zum Umgang mit dem Finanzamt und auch Sozialversicherungsträgern auf.

Die gezielten Tipps und kurz gefassten Checklisten, Musterbriefe, ja sogar komplette Satzungsvorschläge werden Ihnen den notwendigen Rückhalt bei der ehrenamtlichen Tätigkeit geben. Ziel dieses Ratgebers ist es daher, dass Sie ihn während des Vereinsjahrs jederzeit einsetzen können.

Bereits berücksichtigt in dieser Neuauflage, die aufgrund der hervorragenden positiven Akzeptanz aus der Vereinspraxis erforderlich wurde, sind u. a. die Einarbeitung aktueller Steuervorgaben sowie Hinweise z. B. zur Übungsleitertätigkeit, den 400 €-Mini-Jobs u. v. m. Aktualisiert und inhaltlich erweitert wurde auch die dem Ratgeber beigefügte CD-ROM.

Für Anregungen, Hinweise und Kritik bin ich stets offen und dankbar.

Gerhard Geckle

Warum einen e. V. gründen?

Praxis-Beispiel

Was ist ein Verein? Die rechtlichen Grundlagen

Diese Fragen wurden von den „Keglern" nun diskutiert:

- Was ist überhaupt ein Verein?
- Welche Auswirkungen hat eine Vereinsgründung auf unsere Gemeinschaft?
- Was verbirgt sich eigentlich hinter dem Kürzel „e. V."?
- Was sind die Vorteile/Nachteile?

Juristisch gesehen ist ein Verein ein Zusammenschluss mehrerer Personen, die einen gemeinsamen ideellen oder wirtschaftlichen Zweck verfolgen. Das Bürgerliche Gesetzbuch (BGB) setzt beim Verein weiterhin voraus, dass er unter einem bestimmten Namen geführt wird, ferner dass ein Wechsel der Mitglieder stattfinden kann. *Definition*

Folgt man dem BGB, wird unterschieden in

- den Verein, dessen Zweck nicht auf einen wirtschaftlichen Geschäftsbetrieb gerichtet ist, den so genannten „Idealverein", sowie *Idealverein*
- den wirtschaftlichen Verein, dessen Zweck auf einen wirtschaftlichen Geschäftsbetrieb hinausläuft und der damit das Ziel verfolgt, Vermögensvorteile, gleich welcher Art, für die Mitglieder anzustreben. *Wirtschaftlicher Verein*

Rein wirtschaftliche Vereine sind heute recht selten (z. B. privatärztliche Verrechnungsstellen, Konsumvereine etc.). Aus steuerlichen Überlegungen, auch im Hinblick auf Haftungsfragen, wird für die Verwirklichung dieser Ziele eher auf eine der gängigen Gesellschaftsformen zurückgegriffen, also etwa auf die AG, GmbH, BGB-Gesellschaft oder Genossenschaft.

Vereine treten im Regelfall im Rechtsverkehr als rechtsfähiger oder nicht-rechtsfähiger Verein auf.

Von besonderer Bedeutung: der ideelle Verein

Das Bürgerliche Gesetzbuch (BGB) enthält in den Paragrafen 21 ff. eine Reihe kurz gefasster und dennoch sehr verständlicher Regelungen zu den Idealvereinen. Diese vorgegebenen Grundregelungen für die Vereine gelten als Rahmenbedingungen sowohl für den nichtrechtsfähigen Verein als auch für den rechtsfähigen, eingetragenen Verein, kurz „e. V." genannt (was sich hinter dem Begriff der Rechtsfähigkeit verbirgt, lesen Sie unten).

Nochmals zur Abgrenzung zum angesprochenen „wirtschaftlichen" Verein: Nicht ausgeschlossen ist damit, dass der Idealverein, auf den wir uns im Folgenden vorrangig konzentrieren, auch einen „gewissen" wirtschaftlichen Geschäftsbetrieb entfaltet. Nur: Das wirtschaftliche Interesse muss beim Idealverein im Hintergrund bleiben. Die steuerlichen Vergünstigungen (s. u.) gibt es eben nur für Vereine mit ideeller Zielrichtung!

Ist jeder Verein ein e. V.?

Bei der großen Anzahl der in der Bundesrepublik tätigen Vereine wird oft übersehen, dass es wesentlich mehr nichtrechtsfähige Vereine gibt, die zum Teil die gleichen Ziele verfolgen wie der heute weitaus bekanntere „e. V.". Schätzungsweise 350.000 deutsche Vereine engagieren sich aktiv mit über 40 Millionen Mitgliedern (!). Nach einer neueren Erhebung sind ca. 550.000 Vereine als e. V. registriert, dennoch überwiegen die Zusammenschlüsse ohne Rechtsfähigkeit in der Vereinspraxis bei weitem.

Traditions-
vereine Wer sich einmal die Mühe macht, die aktiven Vereine in den Gemeinden oder Städten näher zu untersuchen, wird feststellen, dass insbesondere älte-re Traditionsvereine häufig und meist völlig unproblematisch als nicht ein-getragene Vereine auftreten. Musikvereine oder auch Sportvereine (z. B.

traditionsreiche Radsportvereine) führen über Jahrzehnte hinweg gerade in kleineren Gemeinden ein reges Vereinsleben. Doch wird erfahrungsgemäß auch bei diesen Traditionsvereinen häufig nach gewisser Zeit die Frage diskutiert, ob man im Hinblick auf die angestiegene Mitgliederzahl nicht „organisatorisch etwas tun" müsse.

Darüber hinaus taucht der nichtrechtsfähige Verein auch bei größeren Verbänden und Organisationen auf. Hier soll bewusst eine unselbstständige Untergliederung zu einem bereits eingetragenen Verein mit Hauptsitz meist in einer Großstadt herbeigeführt werden. Das Deutsche Rote Kreuz (DRK) oder das Technische Hilfswerk (THW) führen beispielsweise in einzelnen kleineren Gemeinden sog. Ortsvereine. `Verbände`

Auch die politischen Parteien sind Vereine, oft in den Untergliederungen meist nichtrechtsfähige Vereine, wobei nach dem Parteiengesetz Vereinsmitglieder nur natürliche Personen sein können.

Ein weiteres populäres Beispiel für den nichtrechtsfähigen Verein sind die Zusammenschlüsse ehrenamtlicher Helfer zu einer regionalen freiwilligen Feuerwehr. `Freiwillige Feuerwehr`

Parallel rechtsfähigen Verein gründen

Vereinsmitglieder eines nichtrechtsfähigen Vereins können übrigens parallel auch Gründungsmitglieder eines rechtsfähigen Vereins sein. Von dieser Möglichkeit wurde bislang oft Gebrauch gemacht, um auch einen Dachverband als eigenen eingetragenen Verein zu gründen. ◄

Was bedeutet es für einen Verein, nichtrechtsfähig zu sein?

Eigentlich nähert sich auch der nichtrechtsfähige Verein stark dem e. V. Aber bereits § 54 BGB macht da eine gewisse rechtliche Einschränkung: Soweit der Verein keine besonderen Regelungen in seiner Satzung vorsieht, gilt das Recht über die Gesellschaft bürgerlichen Rechts (§§ 705 ff. BGB). Damit findet in der Vereinspraxis überwiegend das BGB-Vereinsrecht Anwendung, lässt man die fehlende eigene Rechtspersönlichkeit einmal außer Betracht.

Zunächst kommt es nicht darauf an, unter welcher Bezeichnung der nicht eingetragene Verein auftritt (etwa Club, Interessengemeinschaft, Spielgemeinschaft o. Ä.). Wichtig ist nur, dass folgende Grundvoraussetzungen beachtet werden:

Grundvoraussetzungen

- deutlich erkennbare organschaftliche Struktur (Mitgliederversammlung, Vorstand),
- Organisation mit einem größeren, in der Regel offenen Mitgliederkreis,
- ein Mitgliederwechsel bleibt ohne Einfluss auf den Bestand des Vereins,
- Ausschluss einer direkten Beteiligung der Mitglieder am Vereinsvermögen, insbesondere beim Ausscheiden eines Mitglieds,
- Vereinsgründung mit mindestens drei Personen,
- ein Vereinsname als Kennzeichnung der Einheit der Vereinigung.

Gemeinnützigkeit

In steuerlicher Hinsicht ist es durchaus möglich, dass auch der nichtrechtsfähige Verein steuerbegünstigten Zwecken dient und damit eine Gemeinnützigkeit erlangen kann. Verlangt wird jedoch hierfür, dass sich aus der Satzung zumindest die steuerbegünstigte Zielrichtung des nicht eingetragenen Vereins ergibt.

Satzung festlegen

Wird abweichend von der gewissen Formstrenge des eingetragenen Vereins beabsichtigt, eine Interessengemeinschaft als nicht eingetragener Verein zu führen, sollten die Gründungsmitglieder sich von Anfang an einer schriftlich fixierten Satzung unterwerfen.   ◀

Auf der beiliegenden CD-ROM finden Sie eine Mustersatzung für einen nichtrechtsfähigen Verein, die Mindestbestandteile enthält, die selbstverständlich entsprechend der Zielrichtung ergänzt werden können.

Die fehlende Eigenschaft der Rechtsfähigkeit hat für den nicht eingetragenen Verein folgende Auswirkungen:

Vermögen als Gesamthandsgemeinschaft

Das Vermögen steht den Mitgliedern nur als Gesamthandsgemeinschaft zu. Die Tatsache, dass es nicht dem Verein an sich gehört, berechtigt jedoch das einzelne Mitglied nicht dazu, über seinen Anteil zu verfügen. Wenn ein Mitglied aus dem Verein ausscheidet, hat es keinen Anspruch auf ein Auseinandersetzungsguthaben. Sein Anteil wächst vielmehr den verbleibenden Vereinsmitgliedern zu.

Sollte dem Vereinsvermögen ein Grundstück zugeführt werden, sind alle Mitglieder als Gesamthänder im Grundbuch eingetragen (§ 29 GBO). Gerade dies führt in der Praxis zu kaum überwindbaren Schwierigkeiten, da bei jedem Mitgliederwechsel das Grundbuch unrichtig und eine Eintragsänderung erforderlich wird. Dies wiederum ist ein mit Kosten verbundener Aufwand. Sicherlich mag es nicht häufig vorkommen, dass ein Verein über ein Grundstück verfügt. Will aber z. B. ein Angelverein ein eigenes Fischgewässer erwerben, so ist es empfehlenswert, am besten von Anfang an die Rechtsform des eingetragenen Vereins zu wählen. *Grundstücke*

Übertragung an einen Treuhänder

Wollen Sie den Schritt zur Eintragung ins Vereinsregister, aus welchen Gründen auch immer, nicht tun, so bleibt Ihnen noch die Möglichkeit, das Grundstück einem Treuhänder zu übertragen, der dann ins Grundbuch eingetragen wird. ◄

Experten-Tipp

Klagerecht

Der nichtrechtsfähige Verein konnte bisher lediglich verklagt werden, d. h. er war passiv parteifähig (§ 50 ZPO). Die Klage wird dem Vorstand zugestellt, er vertritt den Verein im Prozess. Die Möglichkeit, selbst Klage einzureichen, um damit einen Prozess „als Verein" anzustrengen, war ihm bislang verwehrt. Vielmehr mussten alle Vereinsmitglieder quasi als „Streitgenossen" Klage erheben und unter Umständen die Klageschrift mit unterzeichnen. Eine Ausnahme von diesem Grundsatz bestand nur für Aktivklagen der Gewerkschaften und politischen Parteien.

Diese Grundsätze werden zwischenzeitlich von der Rechtsprechung in Frage gestellt. Der Bundesgerichtshof hat hierzu klargestellt, dass ein nichtrechtsfähiger Verein nicht selbstständig über den Vorstand Klage einreichen kann (BGH, Urteil v. 06.10.1989, V ZR 152/88). Also muss entweder von allen Mitgliedern (mit Unterschrift) Klage erhoben werden oder der Verein tritt für die Klage seine Rechte an einen Treuhänder ab (z. B. Vorstandsmit- *Rechtsprechung* glied). Nach der neuen BGH-Entscheidung wird zwar die BGB-Gesellschaft als „parteifähig" anerkannt, bislang lassen sich aber diese Grundsätze noch nicht auf den nichtrechtsfähigen Verein übertragen. Sie können jedoch über die Satzung festlegen, dass der Vorstand zur Führung von Klageverfahren und prozessualen Auseinandersetzungen als Partei im eigenen Namen berechtigt ist. Prüfen Sie zudem in finanziellen Belangen, welche Vollmachten Banken bzw. Sparkassen für Kontoführung, Scheckausstellungen etc. verlangen.

Haftungsfragen

Für Verbindlichkeiten des nicht eingetragenen Vereins haftet nach dem Gesetz nicht nur die Gesamthandsgemeinschaft mit dem „Vereinsvermögen", sondern auch die einzelnen Mitglieder. Mehr noch: Sie haften sogar unbeschränkt mit ihrem gesamten Privatvermögen (§§ 54 S. 1, 714, 720 BGB). Eine derartig weit gehende Haftung bringt natürlich ein nicht absehbares und zumutbares Risiko für jedes Vereinsmitglied mit sich. Hinzu kommt, dass nach § 31 BGB dem Verein die Haftung für das zu einem Schadenersatzanspruch führende Handeln seiner Organe zugerechnet wird. Und nach der neuen BGH-Entscheidung v. 24.2.2003 (II ZR 385/99) kann dann die persönliche Haftung der Mitglieder als vergleichbare BGB-Gesellschafter sowohl für vertragliche als auch für gesetzliche Verbindlichkeiten, etwa wegen unerlaubter Handlung des Vorstands, in Betracht kommen. Allerdings: Ergeht ein Urteil gegen den Verein, kann nur in das Vereinsvermögen vollstreckt werden. Bei Haftung einzelner (Vorstands-)Mitglieder ist ein persönlicher Titel notwendig.

Haftung auf Vereinsvermögen beschränken

Beschränken Sie für rechtsgeschäftlich begründete finanzielle Verbindlichkeiten des nicht eingetragenen Vereins die Haftung grundsätzlich auf das Vereinsvermögen. Verankern Sie eine solche Beschränkung für Handlungen des Vorstands in Bezug auf das Vereinsvermögen, also auch einen Freistellungsanspruch, in der Satzung. ◀

Haftung mit Privatvermögen   Mit seinem Privatvermögen haftet hingegen immer derjenige, der für den Verein nach außen auftritt, und zwar unabhängig davon, ob er mit oder ohne gültige Vollmacht handelt. Dies ist im Regelfall der amtierende Vorstand des nicht eingetragenen Vereins. Liegt also keine schriftliche Satzung vor, etwa weil Sie nur einen sehr losen Zusammenschluss beabsichtigen, besteht die Gefahr, dass Ihr Zusammenschluss in rechtlicher Hinsicht als Gesellschaft bürgerlichen Rechts angesehen wird (§§ 54,705 ff. BGB). Achten Sie daher unbedingt darauf, dass Sie für den „losen" Verein sofort eine bestimmte Funktionsaufteilung vornehmen.

Haftung

Um zu vermeiden, dass Sie als Vorstand nach § 54 Abs. 2 BGB in Anspruch genommen werden, sollte Sie bei Verträgen mit Dritten, für die der Verein verpflichtet wird, ggf. folgende Passage mit aufnehmen:

„Alle Rechte und Pflichten aus dieser vertraglichen Vereinbarung gelten ausschließlich für den Verein ... als Vertragspartner. Jegliche persönliche Haftung des Handelnden als bevollmächtigtes Vorstandsmitglied nach § 54 Abs. 2 BGB wird hiermit ausgeschlossen."   ◄

Zudem: Bei festgestellter Zahlungsunfähigkeit oder Überschuldung muss auch der Vorstand des nichtrechtsfähigen Vereins die Insolvenz beantragen (§ 42 BGB, § 11 InsO).

Finanzierung

Nicht verschweigen sollte man das Finanzierungsproblem des nicht eingetragenen Vereins. Häufig werden Zuschüsse von öffentlich-rechtlichen Körperschaften, aus Landesmitteln oder von Dachverbänden zur Unterstützung der Interessengemeinschaft davon abhängig gemacht, dass die Rechtsfähigkeit (durch Eintragung im Vereinsregister) nachgewiesen wird.

Oft keine Zuschüsse

Vorstandswechsel

Anders als beim e. V. müssen Sie als nicht eingetragener Verein bei Wahlen das Vereinsregister nicht informieren. Es gelten auch keinerlei Formvorschriften. Wenn man es so will: Die interne Vereinsorganisation bleibt der Prüfung der Mitglieder vorbehalten. Der Vorstand vertritt hierbei in rechtlicher Hinsicht die Vereinsmitglieder. Obwohl die Geschäftsführung des Vereins dem Vorstand übertragen ist, hat auch dieses Organ etwaige Be-

Vertretungsbefugnis

schränkungen über die Satzungen oder Beschlüsse der Mitgliederversammlung zu beachten.

Mitgliederversammlung

Entweder über die Satzung oder nach Gewohnheitsrecht gilt für die Mitgliederversammlung das Mehrheitsprinzip, also Zustimmung der anwesenden Mitglieder (§ 32 BGB). Auch für die Einberufung sollten Sie die Grundsätze der Angabe der Tagesordnung bzw. der Frist zur Einladung wie beim e. V. unbedingt in die Satzung aufnehmen.

Satzungsänderungen

Mehrheits-
beschluss
Der nichtrechtsfähige Verein kann unter Beachtung der gültigen Satzung jederzeit eine Satzungsänderung vornehmen. Allerdings muss auch hier ein entsprechender Mehrheitsbeschluss lt. Satzung (mindestens ¾ der Mitglieder nach § 33 BGB) vorliegen und die geplante Satzungsänderung muss den Mitgliedern über die Einladung zur Hauptversammlung rechtzeitig bekannt gegeben werden. Gleiches gilt für einen Auflösungsbeschluss (§ 41 BGB).

Langjährige
Übung
Nach der Rechtsprechung gilt eine Satzungsänderung aber auch dann, wenn sie sich durch langjährige Übung ergibt und widerspruchslos über Jahre hinweg akzeptiert und angewendet wurde (OLG Frankfurt, WM 1985 S. 1466 f., BGHZ 25, 316).

Experten-Tipp

Übergang in den e. V.

Als Satzungsänderung gilt auch der Beschluss, durch Eintragung in das Vereinsregister die Rechtsfähigkeit als e. V. herbeizuführen. Aber spätestens jetzt müssen Sie wegen der anstehenden Satzungsüberprüfung durch das Registergericht die Satzung überarbeiten!   ◄

Was bedeutet die Eintragung ins Vereinsregister?

Mit der Eintragung ins Vereinsregister (nach vorheriger Prüfung der Satzung durch das Registergericht) wird die so genannte Rechtsfähigkeit des

Vereins dokumentiert. Sobald ein Verein eingetragen ist, wird sein Name durch das Kürzel e. V. ergänzt und im Briefpapier meist so geführt.

Welche Auswirkungen hat die Rechtsfähigkeit?

Die Rechtsfähigkeit ist, zumindest in juristischer Hinsicht, das entscheidende Abgrenzungsmerkmal zum nicht eingetragenen Verein. Gemeint ist damit die Fähigkeit, Träger von Rechten und Pflichten zu sein. Die Vorteile liegen auf der Hand:

- Ein rechtsfähiger Verein kann im eigenen Namen prozessieren (klagen und auch verklagt werden).

Vorteile

- Er kann Vermögen bilden, das nicht etwa allen Mitgliedern zur gesamten Hand zugerechnet wird, sondern dem Verein selbst.
- Das einzelne Mitglied haftet grundsätzlich nicht für Vereinsschulden.
- Hat der e. V. ein Grundstück im Vereinsvermögen, wird der Verein als Eigentümer im Grundbuch eingetragen. Auch hier haftet der „e. V." nur mit seinem Vereinsvermögen für Verbindlichkeiten (z. B. Baukredite), die in seinem Namen eingetragen wurden.
- Der Verein kann Prozesskostenhilfe erhalten.
- Der Verein kann Vormund/Betreuer werden und als Testamentsvollstrecker eingesetzt werden.
- Einfacher wird es auch bei Kontoeröffnungen, Bank- und Behördenverkehr mit Legitimationsnachweisen.
- Fördermittel/Zuschüsse werden fast ausschließlich nur noch an den e. V. als juristische Person gewährt.

Diese kurz gefassten Vorteile der rechtlichen Selbstständigkeit kann der nichtrechtsfähige Verein, wie wir oben gesehen haben, leider nur bedingt für sich in Anspruch nehmen.

Umwandlung in einen e. V.

Experten-Tipp

Um in den Genuss der obigen Vorteile zu kommen, können Sie Ihren bisher nichtrechtsfähigen Verein in einen e. V. umwandeln. Dazu ist eine Mitgliederversammlung mit einer neuen Beschlussfassung zur Gründung des e. V. erforderlich.   ◀

Welche Voraussetzungen müssen erfüllt sein?

Ideeller Verein   Ob ein Verein als e. V. in das Vereinsregister eingetragen werden kann, ist ausschließlich der Beurteilung des Vereinsregisters vorbehalten. Das Vereinsregister prüft bei der Anmeldung eines Vereins, ob es sich um einen ideellen Verein handelt oder er vorrangig wirtschaftliche Zwecke verfolgt. Nur ideelle Vereine können in das Vereinsregister eingetragen werden. Dabei ist es ohne Bedeutung, ob der Verein aufgrund seiner Zielsetzung auch gemeinnützig werden kann.

Weite Auslegung   Der mit der Vereinsgründung verfolgte „ideelle Zweck" wird relativ weit ausgelegt. So kann z. B. ein Zusammenschluss von Gewerbetreibenden als Verein in Form eines e. V. in das Vereinsregister eingetragen werden, selbst wenn dann im zweiten Schritt das Finanzamt mangels konkreter, nachweisbarer gemeinnütziger Tätigkeit in steuerlicher Hinsicht die Gemeinnützigkeit versagt.

Satzung prüfen lassen

Spätestens bei der beabsichtigten Eintragung des Vereins in das Vereinsregister prüft das Registergericht anhand der vorgelegten Satzung, ob sich bereits aus den Satzungsbestimmungen ergibt, dass ein „verkappter" wirtschaftlicher Geschäftsbetrieb vorliegt. Missverständnisse dieser Art lassen sich vermeiden, wenn Sie den Satzungsentwurf von einem Fachmann prüfen lassen. Oder man sucht das „Gespräch" mit dem Vereinsregister.   ◀

Was Sie bei der Gründung eines e. V. alles beachten müssen, sagt Ihnen das folgende Kapitel.

Was muss ich bei der Gründung beachten?

Das zusammenwachsende Europa

Europa wächst zusammen – diesen Gedanken wollte der Gesangsverein in seinen Namen und die Satzung aufnehmen. Doch das Vereinsregister, dem die Satzung zur Eintragung vorgelegt wurde, bemängelte, dass sich eine Verwendung des geografischen Zusatzes trotz der erklärten Vereinsziele nicht rechtfertigen lasse. Also wurde nochmals die Satzung überarbeitet, dann erst wurde der Chor als e. V. ins Vereinsregister eingetragen. ◄

Solche unangenehmen Überraschungen, die die Gründung des e. V. zeitlich verzögern und auch verteuern, können Sie vermeiden, wenn Sie sich bereits vor der Vereinsgründung umfassend informieren.

Erfahrungsgemäß werden auch spätestens nach Ablauf des zweiten Vereinsjahres die Weichen bei einem nichtrechtsfähigen Verein gestellt. Entweder Sie bleiben bei dieser Vereinskonstruktion oder aber Sie reagieren auf gewachsene Mitgliederzahlen und entschließen sich – vielleicht auch aufgrund der Haftungssituation – den Verein umzugründen.

Diesen Schritt sollten Sie sehr vorsichtig angehen, denn leider fällt, vergleichbar mit der Neugründung eines e. V. von Anfang an, der gesamte, im Folgenden dargestellte organisatorische Aufwand an. Unter anderem benötigen Sie dann mindestens sieben Gründungsmitglieder. Wichtig ist auch, dass Sie eine entsprechende rechtlich und steuerlich standfeste Satzung erarbeiten. Das Ziel Ihres Zusammenschlusses muss sein: Die Eintragung Ihres Vereins im Vereinsregister. Sie werden überrascht sein – es ist gar nicht so kompliziert, diese rechtlichen Hürden zu nehmen!

Die fünf wichtigsten Schritte zur Vereinsgründung

Der rechtliche Rahmen für den e. V. beschränkt sich an und für sich auf einige wenige Vorschriften im Bürgerlichen Gesetzbuch. Mit wenigen Paragrafen (§§ 55 bis 79 BGB) ist es hier dem Gesetzgeber gelungen, einige Mindestvorgaben für den Verein zu machen. Zudem gibt es wenige „Pflichtvorschriften", die man bei der Vereinsgründung und beim späteren aktiven Betrieb des Vereins beachten muss. Hier die wichtigsten Schritte in Kürze:

Die fünf wichtigsten Schritte zur Vereinsgründung

- ■ Finden Sie mindestens sieben Gleichgesinnte.
- ■ Erstellen Sie eine Vereinssatzung.
- ■ Erstellen Sie ggf. Richtlinien und Ordnungen für Ihren Verein.
- ■ Laden Sie zur Gründungsversammlung ein und führen Sie diese protokollfest durch mit ersten Wahlen und Beitritt der Gründungsmitglieder zum künftigen e. V.
- ■ Melden Sie Ihren Verein beim Vereinsregister an.

Mindestens sieben Gleichgesinnte

Über eine Absichtserklärung und unverbindliche Vorverhandlungen hinaus wird eine beabsichtigte Vereinsgründung dann „ernst", wenn sich mehrere Personen zusammentun, um einen gemeinsamen Zweck zu erreichen, die spätere Gründung des Vereins.

Bereits in dieser Vorphase können Sie mit Problemen konfrontiert werden. Scheitert das Vorhaben, etwa weil sich der Vereinszweck in tatsächlicher Hinsicht nicht vollziehen lässt oder aber weil Sie keine sieben Gründungsmitglieder finden, müssen Sie als Initiatoren für etwaige bereits getätigte rechtliche Verpflichtungen (Auftrag für Druckkosten, Beratungskosten o. Ä.) selbst aufkommen.

Finden sich mindestens sieben Interessenten, steht der Vereinsgründung zunächst nichts im Wege. Grundsätzlich ist die Vereinsgründung formfrei, der Weg zum Notar ist jetzt noch entbehrlich.

Kernstück Ihres Vereins: die Satzung

Bevor eine erste formelle Gründungsversammlung anberaumt wird, sollten Sie auf jeden Fall eine komplette Satzung erarbeiten, über die dann die Gründungsmitglieder diskutieren und am besten auch gleich abstimmen können. Weiter unten bzw. auf Ihrer Vereins-CD-ROM finden Sie einige Mustersatzungen als Orientierungshilfe. Auch für einen neuen, separaten Förderverein müssen Sie dieses Verfahren durchlaufen.

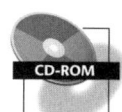

Wie erstelle ich eine juristisch einwandfreie Satzung?

Sie müssen, um eine hieb- und stichfeste Satzung zu erstellen, nicht unbedingt die Hilfe eines Notars oder Anwalts in Anspruch nehmen. Zunächst können Sie sich – zumindest für den groben Aufbau – an anderen Satzungen orientieren, z. B.

An anderen Satzungen orientieren

- an einer der nachfolgenden Mustersatzungen;
- falls Sie eine spätere Verbandszugehörigkeit beabsichtigen: an der Verbandssatzung;
- an den Satzungen ähnlicher Vereine. Sie können als Vereinsgründer unproblematisch beim Registergericht (Amtsgericht) Einsicht in die dort bereits registrierten Satzungen der eingetragenen Vereine nehmen oder Sie bitten einen vergleichbaren Verein um Überlassung seiner Satzung als Vorlage.

Vielleicht gibt es sogar im Kreis der Interessenten bzw. Mitglieder den einen oder anderen Juristen, der bereit ist, einen Rohentwurf zu erstellen.

Satzungsentwurf mit PC erstellen

Leider gelingt es nur in den wenigsten Fällen, von Anfang an eine fertige Satzung zu erstellen, die auch die Zustimmung aller Beteiligten zumindest in der Gründungsversammlung findet. Kalkulieren Sie immer etwaige Änderungswünsche bzw. berechtigte inhaltliche Korrekturen von Anfang an mit ein.

Spätere Änderungen machen Ihnen am wenigsten Arbeit, wenn Sie den Text von Anfang an mit Hilfe eines Textverarbeitungsprogramms auf dem PC erstellen. So können Sie den Satzungsentwurf auch gleichmehrfach ausdrucken, sei es zur Vorlage in der Gründungsversammlung oder auch schon zur Abgabe an die ersten Mitglieder nach der Versammlung.   ◀

Satzung beim Amtsgericht zur Prüfung vorlegen

Den erarbeiteten Satzungsentwurf sollten Sie vorsichtshalber bereits vor der Anmeldung zur Eintragung dem zuständigen Rechtspfleger beim Amtsgericht vorlegen.

Gehen Sie davon aus, dass der Rechtspfleger spätestens bei der „offiziellen Anmeldung" jede vorgelegte Satzung Punkt für Punkt überprüft. Enthält Ihre Satzung Schwachstellen bzw. Fehler, kann das Registergericht die Anmeldung davon abhängig machen, dass die beanstandeten Bestimmungen binnen einer gewissen Frist geändert werden. Im schlimmsten Fall erfolgt hier sogar eine komplette Zurückweisung der Anmeldung. Für diese Fälle kann die Wiederholung der Hauptversammlung unter Vorlage des geänderten Satzungsentwurfs notwendig werden.

Die Rechtspfleger sind zwar nicht dazu verpflichtet, Ihren Satzungsentwurf vorweg durchzusehen, aber die meisten sind spontan dazu bereit.   ◀

Welche Formulierungen sind für die Steuern wichtig?

Es lohnt sich, den Satzungsentwurf zumindest in einzelnen Abschnitten mit der steuerlichen Mustersatzung (siehe unten) abzustimmen. Denn: Selbst wenn das Vereinsregister die vorgelegte Satzung unbeanstandet zur Eintragung zulässt, gibt es meist schon oft im ersten Geschäftsjahr des Vereins Probleme mit dem Finanzamt.

Um die Gemeinnützigkeit des Vereins zu erreichen, verlangt das Finanzamt die Orientierung der sonst zumindest in rechtlicher Hinsicht voll gültigen Satzung an Mindestinhalten, die von der Finanzverwaltung vorausgesetzt werden. Aus der Praxis lässt sich hier feststellen, dass sich in letzter Zeit, zum Teil örtlich verschieden je nach Finanzamt, die Satzungsbeanstandungen bei bereits eingetragenen Vereinen häufen. Bei mehr oder weniger großen Abweichungen zwischen der Vereinssatzung und der Mustersatzung der Finanzverwaltung wird die Gewährung der Gemeinnützigkeit zurückgestellt. Vielfach wird sie davon abhängig gemacht, dass in der nächsten Mitgliederversammlung eine Satzungsänderung vorgenommen wird. Aber bleiben wir zunächst bei den rechtlichen Vorgaben.

Was muss auf jeden Fall in die Satzung?

Das Bürgerliche Gesetzbuch sieht für Satzungen bestimmte Mindestinhalte (§§ 57, 58 BGB) vor. Ohne deren Berücksichtigung wird die Satzung schon nach erster Durchsicht beim Vereinsregister beanstandet.

- Vereinsname
- Vereinssitz
- Vereinszweck und Angabe, dass er ins Vereinsregister eingetragen werden soll
- Ein- und Austritt von Mitgliedern
- Pflicht zur Beitragszahlung
- Bildung des Vereinsvorstands
- Voraussetzungen zur Einberufung der Mitgliederversammlung
- Beurkundung von Beschlüssen

Hierzu einige wichtige Erläuterungen:

Vereinsname

Achten Sie darauf, dass sich der gewählte Vereinsname von den Namen der an demselben Ort oder in derselben Gemeinde bestehenden bereits vorhandenen Vereine deutlich unterscheidet. Nicht nur das Registergericht kann eine Vereinsanmeldung deshalb zurückweisen, weil eine Unterscheidbarkeit zu einem bereits bestehenden anderen Verein nicht gewährleistet ist. Selbst wenn die Anmeldungshürde genommen wird, kann ein bereits vorhandener (d. h. zeitlich zuvor gegründeter) Verein mit einem verwechslungsfähigen Namen auf Unterlassung zivilrechtlich vorgehen.

Unterscheidung zu anderen Vereinen

Keine Täuschungen! Die sonst auch im kaufmännischen Verkehr geltenden Firmierungsgrundsätze müssen ebenfalls beachtet werden. Der Name darf über das Alter, die Art, Größe oder über sonstige wesentliche Verhältnisse des Vereins keinerlei Anlass zu Täuschungen geben. Fehler werden hier beispielsweise oft bei geografischen Zusätzen oder Wortverbindungen gemacht, die bezüglich des eigentlichen Tätigkeitsbereichs des Vereins bzw. seiner Größe und Bedeutung zu einem falschen Eindruck führen können (z. B. Deutscher Verein, Euroverein. Besondere Vorsicht, da ggf. irreführend, ist bei Wortbestandteilen im Vereinsnamen wie z. B. Akademie, Institut, Verband, Kammer, Stiftung u. Ä. geboten, soweit der e. V. die jeweiligen Vereinszwecke nach der Verkehrsanschauung nicht abdecken kann). Bei Ortsnamen ist der Vereinssitz entscheidend. Wird z. B. eine Jahreszahl dem Vereinsnamen nachgestellt, muss sich die Jahreszahl mindestens auf das Gründungsjahr beziehen.

Ein reiner Fantasiename bzw. Begriff als Zusatz ist hingegen möglich. Fragen Sie vorab einmal im örtlichen Vereinsregister nach, ob der Name nicht schon besetzt ist. So können Sie sicher gehen, dass eine Unterscheidung zu bereits bestehenden Vereinen gewährleistet ist.

Vereinsname ist geschützt Der eingetragene Vereinsname ist geschützt (§ 12 BGB), sodass bei Verstößen durch andere Vereine bei Nachweis eines berechtigten Interesses Unterlassung verlangt werden kann. Auch Vereinsembleme sind damit schutzfähig.

Vereinssitz

Vereinsgründer müssen den (im Inland gelegenen) Vereinssitz festlegen und diesen in der Satzung aufnehmen.

Mittelpunkt der Vereinstätigkeit Die Wahl des Vereinssitzes darf keineswegs völlig willkürlich erfolgen. Sie müssen vielmehr den Mittelpunkt der Vereinstätigkeit zugrunde legen. Die Registergerichte prüfen durchaus nach, ob der in der Satzung angegebene Vereinssitz tatsächlich als „Mittelpunkt des Vereinsgeschehens" gilt. Wird über die Satzung ersichtlich, dass Ihr Verein als Sitz einen Ort bestimmt hat, an dem er keine Aktivitäten entfaltet, so ist dies rechtsmissbräuchlich. Nicht eintragungsfähig wären die allgemeine Angabe der Geschäftsstelle, des Vereinslokals oder die Anschrift des jeweiligen Vorsitzenden.

Verwaltungssitz Zu unterscheiden von dem in der Satzung anzugebenden Vereinssitz (§ 24 BGB) ist die Bestimmung eines besonderen Verwaltungssitzes. Sie sollten also – zweckmäßigerweise nicht durch Festschreibung in der Satzung – dem Vereinsregister eine weitere, konkrete Adresse als Geschäftsstelle angeben. Deren Änderung, etwa wegen Wegzugs des hierfür zuständigen Mitglieds (einer der Vorstände, Schriftführer o. Ä.), führt nicht dazu, dass die Satzung geändert werden muss.

Vereinszweck

Beim Vereinszweck handelt es sich um eine Kernvorschrift für Vereinssatzungen (§ 57 Abs. 1 BGB). Das hiermit verfolgte Ziel dürfte klar sein: Durch die Angabe des Vereinszwecks in der Satzung sollen nicht nur die Vereinsmitglieder, sondern auch das Registergericht und die beteiligte Verwaltungsbehörde sowie außenstehende Dritte leicht in Erfahrung bringen können, welche Aufgaben und Ziele der Verein verfolgt.

Sie können bereits in der Satzung eine Änderung des Vereinszwecks ausschließen. Haben Sie dies nicht getan und wollen den Vereinszweck tatsächlich einmal ändern, gilt jedoch die gesetzliche Einschränkung, dass Sie hierfür grundsätzlich die Zustimmung aller Mitglieder benötigen (§ 33 Abs. 1 Satz 2 BGB), soweit die Satzung keine Regelung hierzu enthält.

Änderung des Vereinszwecks

Mehrere gleich- oder nachrangige Zwecke nennen

Berücksichtigen Sie bereits in der Gründungssatzung, dass der Verein einen oder mehrere gleich- oder nachrangige Zwecke verfolgen kann. Eine kürzere bzw. abstrakte Zweckangabe erspart Ihnen spätere Satzungsänderungen. Sie können gegebenenfalls schon in der Gründungssatzung vorzusehen, dass für eine Änderung des Vereinszwecks von dem gesetzlich vorgegebenen Bild der Einstimmigkeit aller Mitglieder abgewichen werden kann und etwa die übliche Zweidrittel-Mehrheit ausreicht.   ◀

Es ist nicht leicht festzustellen, wann genau eine Zweckänderung vorliegt. Die Faustregel, dass der Nebenzweck nicht zum Hauptzweck werden darf, kann nur als ein Abgrenzungskriterium angesehen werden. Die folgenden Beispiele sollen Ihnen einige Anhaltspunkte liefern:

• Eine Zweckänderung liegt sicherlich dann vor, wenn der ursprüngliche Idealverein plötzlich verstärkt auf wirtschaftliche Interessen hinausgeht.

Beispiele

- Unschädlich ist es hingegen, wenn beispielsweise ein Sportverein eine weitere Sportart als Unterabteilung mit aufnimmt.
- Das Engagement eines Gesangsvereins auf dem Gebiet des Gartenbaus wäre ganz klar eine Zweckänderung.
- Problematisch dürfte im Übrigen auch der Wechsel bei Anschluss an eine übergeordnete Organisation, etwa eines Dachverbandes, sein, wenn ein bestimmter Verbandsanschluss in der Satzung ausdrücklich verankert ist. Hier dürfte entscheidend sein, ob durch den erwägten Verbandswechsel der mit dem Verein verfolgte eigentliche Zweck beeinträchtigt wird.

Das Hauptproblem besteht regelmäßig darin, dass Sie einerseits die Zwecke und Ziele in der Vereinssatzung sehr konkret aufführen müssem, darüber hinaus aber dem Verein für die aktive Vereinsgeschäftsführung einen weiten Handlungsspielraum lassen wollen.

Neben der Zielrichtung des Vereins, also dem erkennbaren Interesse der Mitglieder an einer langfristigen Aufgabenerstellung, dürfen Sie wegen der angestrebten steuerlichen Vorteile die gemeinnützigkeitsrechtlichen Vorgaben nicht übersehen. Vergessen Sie also die konkreten Vorgaben der Steuer-Mustersatzung nicht!

Experten-Tipp

Vorsicht bei Geselligkeit als Vereinszweck

Vermeiden Sie auf jeden Fall konkrete, nachlesbare Hinweise auf Geselligkeit/Freizeitgestaltung und damit zusammenhängende (mögliche) Aktivitäten. Regelmäßig gibt es dann mit den Finanzämtern ernsthafte Probleme bei der Frage der gemeinnützigkeitsrechtlichen Beurteilung, wenn allzu deutlich wird, dass neben dem großen Ziel des Vereins (z. B. Förderung des Sports, der Kultur, der Wissenschaft etc.) ersichtlich wird, dass er darüber hinaus einen hohen Wert auf eine Geselligkeit, Zusammengehörigkeit, Kameradschaftspflege oder Ähnliches legt.   ◀

Gewerbliche Tätigkeiten? Sowohl die Finanzämter als auch gelegentlich Gewerbetreibende überprüfen, ob der Verein sich nicht zu sehr in wirtschaftlicher Hinsicht engagiert. Jede Satzung muss die Einschränkung enthalten, dass der Verein nicht in erster Linie eigenwirtschaftliche Zwecke verfolgt.

Handlungsrahmen abstecken

Beim Satzungszweck sollten Sie einen möglicher Handlungsrahmen bereits klar erkennbar abstecken. Die optimale Formulierung: „Der Satzungszweck wird insbesondere verwirklicht durch ..."

Eine Aufzählung von Aktivitäten führt zunächst einmal dazu, dass die Geschäftsführung des Vereins die Ermächtigung hat, ggf. ohne besondere Zustimmung der Mitgliederversammlung bestimmte Maßnahmen, Veranstaltungen etc. durchzuführen. Beschränken Sie sich allerdings auf einige wenige Kernaussagen, sonst kommt es leicht zu dem Vorwurf, Sie betreiben über diesen Zusammenschluss dem Grunde nach vorrangig geschäftliche Aktivitäten. ◄

Unproblematisch sind Hinweise auf die Durchführung von Fortbildungsveranstaltungen, Seminaren etc., selbst wenn sich später einmal zeigt, dass die Durchführung zentraler Veranstaltungen schon fast ein Seminar-Management erfordert. Möglich sind beispielsweise auch unverbindliche Formulierungen, dass Maßnahmen durchgeführt werden können, die dem Verein zur Förderung und Gewährleistung bestimmter Aufgaben geeignet erscheinen.

Seminare etc.

Um nicht vielleicht nach zwei bis drei Jahren erfolgreicher Vereinstätigkeit zu riskieren, dass Ihnen unter dem Vorwurf einer gewerblichen Tätigkeit die Gemeinnützigkeit versagt wird, sollten Sie bei Bedarf eine intensivere steuerliche bzw. rechtliche Beratung in Anspruch nehmen.

Beratung in Anspruch nehmen

Der Verein als Verleger

Der bereits länger bestehende Verein, der soziale Zwecke verfolgt, stellt zu seiner Überraschung fest, dass eine sehr große Nachfrage nach seinen selbst herausgegebenen Aufklärungsbroschüren und Ratgebern besteht.

Selbstverständlich ist eine Aufklärungsarbeit notwendig. Dies fördert nicht nur die Allgemeinheit, sondern dient auch vorrangig dem Interesse der angeschlossenen Mitglieder. Soweit Sie aber regelrechte verlegerische Tätigkeiten aufnehmen wollen, um Vereinspublikationen auch an Dritte zu verkaufen – was nicht nur zu hohen Erstinvestitionen aus Vereinsmitteln führt, sondern wodurch sich später vielleicht auch ein nachhaltiger wirtschaftlicher Erfolg abzeichnet – sollten Sie sehr schnell über eine Ausgliederung dieses möglichen „Geschäftszweigs" nachdenken, also z. B. über die Gründung einer separaten (möglicherweise sogar gemeinnützigen) Vertriebs-GmbH oder einer sonstigen separaten Gesellschaft. ◄

Die Mitgliedschaft im Verein

Das Gesetz sagt nicht direkt etwas darüber aus, wie sich der Ein- bzw. Austritt eines Mitglieds im Verein zu vollziehen hat. Verlangt wird jedoch, dass die Satzung eine bestimmte Regelung über den Eintritt neuer Mitgliedern enthalten muss, die für sich betrachtet nicht gegen rechtsstaatliche Prinzipien verstoßen darf. Über die Satzung kann festgelegt werden, dass ein bestimmtes Vereinsorgan (Vorstand/Mitgliederversammlung) zuerst über einen Aufnahmeantrag entscheiden muss. Damit kann ein Recht auf unbedingte Aufnahme ausgeschlossen werden.

Die Ablehnung eines Aufnahmebewerbers muss allerdings in sachlicher Hinsicht gerechtfertigt sein. Denn die Rechtsprechung neigt dazu, insbesondere bei Vereinen und Verbänden mit Monopolstellung, einen Aufnahmezwang anzunehmen.

Die Mitgliedschaft wird also über die Vereinsmitgründung oder später durch Eintritt erworben. Ob die Abgabe einer Beitrittserklärung genügt oder erst ein Aufnahmeantrag an den Vorstand gestellt werden muss, sollte klar in der Satzung geregelt sein.

Experten-Tipp

Ablehnung eines Bewerbers

Um zu verhindern, dass ein Aufnahmebewerber gleich juristisch gegen ein abgelehntes Aufnahmegesuch vorgeht, sollten Sie dem Vorstand über die Satzung die Kompetenz zur Aufnahme zugestehen. Sehen Sie außerdem vor, dass die Ablehnung nicht auch noch schriftlich (nachprüfbar) begründet werden muss. ◄

Aufnahmebe-schränkungen Zu unterscheiden ist im Übrigen die oft sachlich gebotene faktische Aufnahmebeschränkung bei Vereinen nach bestimmten Berufsgruppen bzw. Kapazitäten. Wie und wann der Vereinseintritt zu erfolgen hat (zeitlich bei Gründung oder später), kann frei geregelt werden. Möglich sind daher sowohl Begrenzungen hinsichtlich der Mitgliederzahl (z. B. beim Tennisclub wegen nicht ausreichender Plätze) als auch hinsichtlich objektiver Kriterien (z. B. abhängig vom Wohnsitz, persönliche Qualifikationsmerkmale wie Berufe etc.).

Kündigungs-fristen Für den Vereinsaustritt sieht § 39 Abs. 1 BGB vor, dass dieser satzungsmäßig nicht beschränkt werden kann, wobei jedoch der Austritt von Kündigungsfristen abhängig sein kann. Länger als zwei Jahre darf ein Mitglied über Kündigungsfristen insgesamt nicht an den Verein gebunden werden. Üblich ist die ordentliche Beendigung des Mitgliedschaftsverhältnisses durch Quartalskündigung zum Ende eines Kalenderjahres.

Die Form der abzugebenden Austrittserklärung kann relativ frei gewählt werden. Üblich ist die Schriftform, oft auch ein eingeschriebener Brief. Die Nichteinhaltung bestimmter Formvorschriften berührt nicht die Wirksamkeit der Austrittserklärung des Vereinsmitglieds, wenn z. B. das Vorstandsmitglied direkte Kenntnis von dem beabsichtigten Austritt, etwa durch einen einfachen Brief statt eines Einschreibens, erhalten hat. *Form der Austrittserklärung*

Der Verein benötigt, auch bereits für die Eintragung nach § 59 Abs. 3 BGB mindestens 7 Mitglieder. Dies können natürliche und/oder juristische Personen (z. B. GmbH's) sein. Sinkt später die Zahl auf unter 3 Mitglieder ab, kann die Rechtsfähigkeit entzogen werden (§ 73 BGB).

In der Satzung muss festgelegt werden, dass von den Mitgliedern Leistungen erbracht werden. Üblich sind feste Mitgliedsbeiträge, ggf. kombiniert mit Aufnahmegebühren. Es können aber auch Sachleistungen oder Leistungen in Person vorgesehen werden, wie etwa bei Fördervereinen in der Pflicht zur Übernahme eines Vereinsamts. Sind nach der Satzung nur Mitgliedsbeiträge zu erbringen, können keine Umlagen oder Sonderbeiträge verlangt werden. Hierfür ist eine gesonderte Beschlussfassung der Mitgliederversammlung notwendig. *Mitgliedsbeiträge*

Die genaue Höhe des Mitgliedsbeitrags sollten Sie nicht unbedingt in der Satzung verankern. Sie können es beispielsweise auch in das Belieben des Mitglieds stellen, welchen Beitrag es zahlt (häufig bei karitativen Vereinen). Möglich ist auch eine sachlich begründete Beitragsdifferenzierung für einzelne Mitglieder oder Gruppen (Aktivenbeitrag/Passivenbeitrag, Abhängigkeit vom Umsatz, z. B. bei Gewerbetreibenden).

Höhe der Beiträge nicht in Satzung aufnehmen

Selbst wenn regelmäßige Mitgliedsbeiträge verlangt werden, sollten diese nicht unbedingt der Höhe nach in die Satzung mit konkreten Beträgen auftauchen, da etwaige spätere Erhöhungen eine Satzungsänderung notwendig machen. Es genügt der Hinweis, dass ein Vereinsorgan (Vorstand, Mitgliederversammlung) die Höhe der Beiträge festlegt.   ◀

Beitrags-
ordnung
Empfehlenswert in der Satzung ist der Hinweis, dass die Höhe der Mitgliedsbeiträge in einer separaten Beitragsordnung festgelegt ist, die von der
Mitgliederversammlung erlassen und geändert werden kann. Wichtig ist,
auch zur Erhaltung der Mitgliederzahlen, die Beitragsstaffelungen nach Alter, sozialem Stand und/oder finanzieller Leistungsfähigkeit sehr sensibel zu
regeln. Dies gilt insbesondere für den Jugend- und Seniorenbereich.

Eine ordnungsgemäße Beitragserhöhung ist im Übrigen für sich gesehen
kein Grund für das „unzufriedene" Mitglied, die Mitgliedschaft sofort
durch fristlose Kündigung zu beenden, nach der Einzelfallrechtsprechung
allenfalls bei Beitragserhöhungen um 40–50 %. Mitgliedsbeiträge verjähren
übrigens nach drei Jahren, vom Ende des Jahres an gerechnet, in dem der
Betrag zu zahlen war.

Welche Regelungen gelten für minderjährige Mitglieder?

Sowohl für die Mitgliedschaft als auch für die damit unter Umständen ver-
knüpfte Beitragszahlungspflicht gilt: Minderjährige Vereinsgründer oder
Mitglieder bedürfen, da es sich insoweit um ein Rechtsgeschäft handelt, der
Vertretung durch ihre gesetzlichen Vertreter (Eltern, Erziehungsberechtig-
te). Für die Altersstufe zwischen dem siebten und noch nicht vollendeten
18. Lebensjahr kann der Vereinsbeitritt wirksam erfolgen, wenn dies für den
Minderjährigen einen rechtlichen Vorteil bringt oder keine vermögens-
rechtlichen Belange berührt werden. Zwar kann der Minderjährige einen
rechtsgültigen Vertrag abschließen, wenn er etwaige damit verbundene
Leistungen aus Mitteln bewirkt, die ihm etwa von den Eltern zur freien
Verfügung oder zu diesem Zweck zur Verfügung gestellt wurden (der so
genannte Taschengeldparagraf, § 110 BGB). Dies kann jedoch problematisch werden im Hinblick auf Dauerverpflichtungen (Jahresbeiträge etc.)
aus der Vereinsmitgliedschaft.

Aufnahme von Minderjährigen

Für die Aufnahme von Minderjährigen empfiehlt sich für Vereine, auf jeden
Fall zur Sicherheit die Unterschrift der Eltern als Zustimmung zur Aufnahme
und Beitragskonsequenz ihrer Kinder mit einzuholen. Mit der generellen Zustimmung zum Vereinsbeitritt ist auch die Ausübung des Stimmrechts in der

Mitgliederversammlung verbunden, soweit die Satzung keine Beschränkung auf Volljährige vorsieht.   ◀

Die Abgrenzung, wann ein Minderjähriger als „ausreichend mündig" für die Vereinsmitgliedschaft angesehen wird, ist nicht einfach. Wer als Jugendlicher bereits in einer Ausbildung steht (Lehre), wird wohl auch ermächtigt sein, ohne weitere ausdrückliche Genehmigung eine Vereinsmitgliedschaft mit allen sich daraus ergebenden Konsequenzen einzugehen. Diese Grundsätze gelten sowohl für die Gründung als auch für die spätere Mitgliedschaft.

Mündigkeit

Der gesetzliche Vertreter kann entweder vor dem Vereinseintritt des Jugendlichen seine Einwilligung erteilen (§ 107 BGB) oder nachträglich (§ 108 BGB). Ein minderjähriges Mitglied kann mit Zustimmung seines gesetzlichen Vertreters auch ein Vorstandsamt ausüben.

Wie kann ich die Beitragszahlung durchsetzen?

In der Regel werden durch den Aufnahmevertrag, selbst mit Zustimmung der gesetzlichen Vertreter, lediglich die Minderjährigen rechtlich verpflichtet. Daher kann es für den Verein Probleme geben, wenn es darum geht, einen fälligen Mitgliedsbeitrag gegenüber dem jugendlichen Mitglied durchzusetzen. Zunächst gibt es kaum eine Möglichkeit, einen Zahlungsanspruch auch gegen die gesetzlichen Vertreter direkt geltend zu machen.

Experten-Tipp

| Erweiterung der Haftung auf gesetzliche Vertreter

Nach der neueren Rechtsprechung muss ein Verein, der die Haftung auch auf die gesetzlichen Vertreter seiner minderjährigen Mitglieder erstrecken will, dies nicht nur in der Satzung eindeutig formulieren. Er muss auch sicherstellen, dass der gesetzliche Vertreter durch eine eigenhändige Unterschrift bei Stellung des Aufnahmeantrags wegen der besonderen Bedeutung seiner Unterschrift entsprechend belehrt ist, dass nämlich die erteilte Zustimmung nicht nur zum Vereinsbeitritt, sondern auch für die eigene Haftung für Mitgliederbeiträge, Umlagen etc. gilt. Das OLG Hamm (Beschluss v. 13.09.1999, 15 W 195/99) verlangt ausdrücklich eine separate Zusatzvereinbarung, falls eine Haftungserweiterung auf die gesetzlichen Vertreter in finanzieller Hinsicht beabsichtigt ist. Eine solche Klausel könnte wie folgt lauten:

Wir, die gesetzlichen Vertreter, stimmen dem Beitritt unseres Kindes (Name, Anschrift, Geburtsdatum) zu.

(Unterschrift der gesetzlichen Vertreter)

Neben der Einwilligung zum Beitritt unseres Kindes als minderjähriges Vereinsmitglied erklären wir im Weiteren die Verpflichtung zur gesamtschuldnerischen Übernahme der sich aus der Vereinsmitgliedschaft ergebenden Beiträge/Umlagen/Zahlungsverpflichtungen.

(Name/Anschrift der gesetzlichen Vertreter)   ◀

Welche Stimmrechte haben die Jugendlichen?

Neben der Frage der finanziellen Verpflichtung für einen Minderjährigen sollte sich der Verein auf jeden Fall Klarheit darüber verschaffen, welche Stimmrechte jugendliche Mitglieder erhalten sollen. Es muss in der Satzung berücksichtigt werden, wenn Sie beabsichtigen, dass ein Mitglied z. B. erst ab einem bestimmten Alter ein (eigenes) aktives Stimmrecht haben soll. Meist wird auf Volljährigkeit, also das 18. Lebensjahr, abgestellt. Soweit Ihr Verein jüngere jugendliche Mitglieder hat, sollten Sie die Ausübung der Mitgliedschaftsrechte über eine separate Jugendordnung berücksichtigen. Ansonsten sollten Sie das in der Satzung genau zu regelnde Stimmrecht durchaus zeitlich herabsetzen, zum Beispiel mit folgendem Passus: „Mitglieder ab dem vollendeten 16. Lebensjahr haben das aktive Stimmrecht in der Mitgliederversammlung."

Kann ein Heranwachsender Vorstand werden?

Einverständnis-
erklärung

Unabhängig von nachfolgenden Hinweisen ist auch der Jugendliche grundsätzlich „wählbar", es sei denn, die Satzung sieht hierfür Volljährigkeit vor. Aber: Für die angestrebte Einbindung in die Vorstandschaft muss spätestens nach der Wahl unbedingt die Einverständniserklärung des/der Erziehungsberechtigten eingeholt werden. Lassen Sie sich am besten mit der Bereitschaft zur Kandidatur gleich die Zustimmung zur möglichen Ausübung des Ehrenamtes vorlegen.

Bildung des Vereinsvorstands

Die Satzung muss Aussagen darüber enthalten, wie sich der Vorstand zusammensetzt, also ob aus einer oder mehreren Personen. Entscheidend ist die Berücksichtigung des Passus „Vorstand im Sinne des § 26 BGB ist …" in der Satzung.

Zulässig und üblich ist daneben auch die Berücksichtigung eines sog. Gesamt- oder erweiterten Vorstands, einer Vorstandschaft u. Ä. Die Anzahl der Personen kann hier in das Belieben der Mitgliederversammlung gestellt werden, wobei nicht zwangsläufig alle Positionen beim Gesamtvorstand, die in der Satzung vorgesehen sind, auch tatsächlich besetzt sein müssen. Möglich ist übrigens auch die Besetzung einzelner Positionen mit Nichtmitgliedern, soweit die Satzung dies nicht einschränkt.

Die Satzung muss klare Aussagen über die Vertretungsbefugnis des sog. gesetzlichen Vertreters im Sinne des § 26 BGB enthalten. In der Vereinspraxis wird es, bei der wichtigen Frage, ob man gleich mehrere vertretungsberechtigte oder auch geschäftsführende Vorstände wählen lässt, vor allem auf die Größe des Vereins ankommen. Üblich sind zwei Vorstände, meist als 1. bzw. 2. Vorstand bezeichnet. Je nach Aufgabenverteilung und Zielrichtung werden aber durchaus auch weitere vertretungsberechtigte Vorstände bestellt. Im Sportbereich ist neben dem 1. und 2. Vorstand häufig auch der Vereinskassierer bzw. Schatzmeister gesetzlicher Vertreter, bei kulturellen oder wissenschaftlich orientierten Vereinen alternativ oder zusätzlich zum Vereinskassierer der Schriftführer. Soweit Einvernehmen bei den Gründungsmitgliedern darüber besteht, wie viele Vorstände als gesetzliche Vertreter bestimmt werden sollten, ist hierzu unbedingt die Frage der Einzel- bzw. Gesamtvertretungsbefugnis zu klären. *(Vertretungsbefugnis)*

Natürlich können Sie für jedes vertretungsberechtigte Vorstandsmitglied eine Einzelvertretungsbefugnis vorsehen. Diese können Sie insofern beschränken, dass das betreffende Vorstandsmitglied aufgrund der Einzelvertretungsbefugnis Rechtsgeschäfte nur bis zu einem bestimmten Betrag zu Lasten des Vereins tätigen darf. *(Einzelvertretungsbefugnis)*

Ausgehend von dem „Vieraugenprinzip" wird man in der Vereinspraxis überwiegend eine Gesamtvertretungsbefugnis antreffen können. Das bedeutet, dass der 1. und 2. Vorstand den Verein gemeinsam vertreten. Oder, soweit mehrere vertretungsberechtigte Vorstände vorhanden sind, jeweils *(Gesamtvertretungsbefugnis)* zwei Vorstandsmitglieder als gesetzliche Vertreter für den Verein gerichtlich und außergerichtlich im Sinne des § 26 BGB handeln.

Vertretungsberechtigung bei Klein- und Mittelvereinen

Bei Klein- und Mittelvereinen empfiehlt sich durchaus die Gesamtvertretungsberechtigung für zwei vertretungsberechtigte Vorstandsmitglieder. Allerdings sollten Sie beachten, dass es ggf. Probleme geben kann, wenn z. B. der 1. Vorstand erkrankt, längere Zeit auf Dienstreisen ist etc. In einer solchen Situation sollten Sie über einen internen Vorstandsbeschluss des Gesamtvorstands ein weiteres Mitglied aus dem Gesamtvorstand bevollmächtigen, intern die Vertretung zu übernehmen.   ◀

Beschränkung der Vertretungsbefugnis Was die Vertretungsbefugnis angeht, können Sie für den Vorstand in der Satzung eine Beschränkung einbringen. Die Satzung kann dem vertretungsberechtigten Vorstand die Ausführung einzelner Geschäfte völlig untersagen oder nur mit der Auflage genehmigen, dass einzelne Vereinsorgane ausdrücklich zustimmen. Bei kleineren Vereinen ist der Abschluss von Rechtsgeschäften häufig der Höhe nach beschränkt. Die Beschränkung muss sich im Rechtsverkehr für die Außenwirkung unbedingt aus der Satzung ergeben; sie ist also auch im Vereinsregister einzutragen (§ 64 BGB).

Beschränkung der Vertretungsmacht

Die Vertretungsmacht des vertretungsberechtigten Vorstands wird dahin gehend beschränkt, dass er bei Rechtsgeschäften und rechtlichen Verpflichtungen des Vereins bei mehr als ... € je Einzelfall, bei Grundstücksgeschäften generell, verpflichtet ist, zuvor die Zustimmung des Gesamtvorstands einzuholen.   ◀

Soweit der 1. Vorstand die zentrale Führungskraft im Verein sein soll, etwa auch dokumentiert durch die Bezeichnung „Präsident" u. Ä., kann durchaus auch eine Vertretungsregelung dahin gehend gewählt werden, dass bei mehreren Mitgliedern des geschäftsführenden Vorstands jeweils der 1. Vorstand gemeinsam mit einem weiteren vertretungsberechtigten Vorstandsmitglied den Verein vertritt. Bei dieser Konstellation gilt also auch das Vieraugenprinzip, wobei hier in Bezug auf die Außenwirkung auf jeden Fall die Unterschrift des 1. Vorstands notwendig wird.

Es gibt keine verbindlichen Vorgaben, dass ein Verein in der Vorstandschaft Beisitzer einen Beisitzer haben muss. Die Mitgliederversammlung kann also über die Satzung selbst festlegen, ob und in welchem Umfang Beisitzer gewählt werden können.

Anzahl der Beisitzer nicht gleich festlegen

Wie aus den Mustersatzungen ersichtlich, empfiehlt es sich, nicht gleich von Anfang an eine genaue Anzahl der zu wählenden Beisitzer festzulegen. ◄

Wenn der Beisitzer Mitglied des gesamten Vorstands ist, hat er innerhalb der Gesamtvorstandschaft die gleichen Rechte und Pflichten wie ein sonstiges Vorstandsmitglied. Soweit nicht ausdrücklich vorgesehen, ist der Beisitzer jedoch nicht vertretungsberechtigter Vorstand. Da der Beisitzer innerhalb der Vorstandschaft keine besondere, ausdrücklich zugewiesene Funktion von Anfang an hat, also z. B. Schriftführer, Pressewart, Sportwart u. Ä., kommt ihm eine dem Grunde nach allgemein beratende Funktion zu. Es sei denn, innerhalb der Vorstandschaft wird beschlossen, dass z. B. ein Beisitzer sich mit einem weiteren Vorstandsmitglied um den Bereich Marketing, Jugendarbeit u. Ä. kümmern sollte. Der Beisitzer hat das Recht und die Pflicht, an Vorstandssitzungen teilzunehmen. Seine Stimme zählt daher auch bei allen innerhalb der Vorstandschaft anfallenden internen Abstimmungen.

Nach der Gründung

Bei größerer Gesamtvorstandschaft ist eine satzungsunabhängige, vereinsinterne Geschäftsordnung für den Vorstand empfehlenswert, damit klar geregelt ist, wann z. B. der Vorstand beschlussfähig ist, ob auch schriftlich/fernmündlich abgestimmt werden kann, wer welche Ressorts leitet bzw. dafür zuständig ist, wer Protokoll führt etc. ◄

Mindestinhalte berücksichtigen!

Umfang und Inhalt der Satzung sollte sich zunächst am verfolgten Zweck des künftigen Vereins orientieren. Die Faustregel, dass man Verträge nicht unbedingt mit endlosen Formulierungen und allen nur erdenklichen Einzelfallregelungen überstrapazieren sollte, gilt auch hier. Kurz gefasste, für nicht juristisch vorgebildete Mitglieder verständliche Satzungsinhalte empfehlen sich.

Natürlich: Die vorgenannten Mindestinhalte müssen berücksichtigt werden. Ausführliche Satzungen empfehlen sich für künftige Großvereine mit regelungsbedürftigen Vereinsorganen oder Positionen mit großer Einflussnahme. Werden Dritte, etwa Gemeinden oder andere Körperschaften, mit in den Verein eingebunden, dann gilt hier besondere Vorsicht bezüglich der Einflussnahme und des Wirkungskreises.

Es ist Aufgabe der Gründer, einen individuellen Regelungsbedarf zu Papier zu bringen und schon im Vorfeld eine Abstimmung mit etwaigen sonstigen, ggf. vereinsfremden Personen zu erreichen.

Experten-Tipp

Satzung dem Finanzamt zur Prüfung vorlegen

Wenn Sie eine steuerliche Gemeinnützigkeit anstreben, sollten Sie unbedingt schon in der ersten Satzungsversion die wenigen, aber sehr wichtigen Formulierungen aus der steuerlichen Mustersatzung einbauen. Legen Sie das Satzungskonzept vor der endgültigen Beschlussfassung in Zweifelsfällen dem Finanzamt mit der Bitte vor, ob Bedenken bezüglich des Satzungsinhalts bestehen. ◀

Im Folgenden finden Sie eine Mustersatzung für einen Sportverein:

Satzung

§ 1 Name und Sitz

Der Verein führt den Namen „…" Er hat seinen Sitz in … und soll in das Vereinsregister eingetragen werden. Nach Eintragung lautet der Name des Vereins „… e. V.". Das Geschäftsjahr des Vereins ist das Kalenderjahr.

§ 2 Zweck

Der Verein verfolgt ausschließlich und unmittelbar gemeinnützige Zwecke im Sinne des Abschnitts „Steuerbegünstigte Zwecke" der Abgabenordnung.

Der Zweck des Vereins ist die Förderung des …-Sports und der damit verbundenen körperlichen Ertüchtigung.

Der Satzungszweck wird insbesondere durch die Ermöglichung von Sport- und Spielübungen und Leistungen sowie die Durchführung sportlicher Veranstaltungen verwirklicht.

Der Verein ist politisch und konfessionell neutral.

§ 3 Mittelverwendung

Der Verein ist selbstlos tätig. Er verfolgt nicht in erster Linie eigenwirtschaftliche Zwecke. Mittel des Vereins dürfen nur für satzungsmäßige Zwecke verwendet werden. Die Mitglieder erhalten keine Zuwendungen aus den Mitteln des Vereins. Es darf keine Person durch Ausgaben, die dem Zweck des Vereins fremd sind, oder durch unverhältnismäßig hohe Vergütungen begünstigt werden.

§ 4 Mitgliedschaft

Vereinsmitglieder können natürliche Personen, aber auch juristische Personen werden. Jugendliche unter 18 Jahren bedürfen der Zustimmung der/des gesetzlichen Vertreter/s. Stimmberechtigt sind Mitglieder in Versammlungen erst ab Volljährigkeit.

Über einen schriftlichen Aufnahmeantrag entscheidet der Vorstand. Bei Ablehnung des Aufnahmeantrags ist der Vorstand nicht verpflichtet, dem Antragsteller die Gründe mitzuteilen.

§ 5 Beendigung der Mitgliedschaft

Die Mitgliedschaft endet mit dem Tod des Mitglieds, durch freiwilligen Austritt, Ausschluss aus dem Verein oder Verlust der Rechtsfähigkeit der juristischen Person.

Der freiwillige Austritt erfolgt durch schriftliche Erklärung gegenüber einem vertretungsberechtigten Vorstandsmitglied. Er ist nur zum Schluss eines Kalenderjahres unter Einhaltung einer Kündigungsfrist von drei Monaten zulässig. Ein Mitglied kann durch Beschluss der Mitgliederversammlung von einer Mehrheit der anwesenden Mitglieder von ¾ der abgegebenen gültigen Stimmen ausgeschlossen werden, wenn es in grober Weise gegen die Vereinsinteressen verstoßen hat, wobei als ein Grund zum Ausschluss auch ein unfaires sportliches Verhalten gegenüber anderen Vereinsmitgliedern oder schwerwiegendes Fehlverhalten innerhalb der Vereinskameradschaft gilt.

Alternativ:

Ein Mitglied kann bei einem groben Verstoß gegen Vereinsinteressen mit sofortiger Wirkung durch Beschluss des Gesamtvorstands mit einfacher Stimmenmehrheit ausgeschlossen werden. Vor der Beschlussfassung ist dem Mitglied unter Fristsetzung Gelegenheit zu geben, sich hierzu zu äußern. Der Beschluss über den Ausschluss ist mit Gründen zu versehen und dem auszuschließenden Mitglied schriftlich bekannt zu machen. Gegen den Ausschließungsbeschluss des Vorstands steht dem Mitglied das Recht der Berufung zur nächsten ordentlichen Mitgliederversammlung zu. Die Berufung muss innerhalb eines Monats ab Zugang des Ausschließungsbeschlusses beim Vorstand schriftlich eingelegt werden. Wird Berufung nicht oder nicht rechtzeitig eingelegt, gilt dies als Unterwerfung unter den Ausschließungsbeschluss, sodass die Mitgliedschaft als beendet gilt. Über Berufungen gegen Vereinsausschlüsse beschließt die Mitgliederversammlung mit einfacher Stimmenmehrheit endgültig. Bis zum Abschluss des vereinsinternen Verfahrens ruhen die Rechte des Mitglieds.

Das Mitglied kann zudem auf Vorstandsbeschluss ausgeschlossen werden, wenn es trotz zweimaliger Mahnung mit der Zahlung des Mitgliedsbeitrages im Rückstand ist und seit Absendung des zweiten Mahnschreibens an die zuletzt dem Verein bekannt gegebene Adresse mehr als drei Monate vergangen sind. Der Ausschluss ist dem Mitglied durch eingeschriebenen Brief mitzuteilen.

Mit Beendigung der Mitgliedschaft erlöschen alle Ansprüche aus dem Mitgliedschaftsverhältnis, unbeschadet des Anspruchs des Vereins auf bestehende Forderungen.

§ 6 Mitgliedsbeiträge

Von den Mitgliedern werden Beiträge erhoben. Die Höhe der Jahresbeiträge und deren Fälligkeit werden von der Mitgliederversammlung festgelegt.

Alternativ:

Die Festsetzung der Jahresbeiträge erfolgt durch die Vorstandschaft mit einfacher Stimmenmehrheit. Die Vorstandschaft wird weiterhin ermächtigt, eine Beitragsordnung zu erlassen.

Ehrenmitglieder sind von jeglicher Beitrags- oder Umlagepflicht befreit.

§ 7 Organe des Vereins
Vereinsorgane sind der Vorstand, die Mitgliederversammlung und die Jugendversammlung.

§ 8 Vorstand
Der Vorstand im Sinne des § 26 BGB besteht aus dem 1. und 2. Vorsitzenden. Sie vertreten den Verein gerichtlich und außergerichtlich. Jedes Vorstandsmitglied ist einzeln vertretungsberechtigt.

Zusatz:
Die Vertretungsmacht des Vorstands ist in der Weise beschränkt, dass er bei Rechtsgeschäften von mehr als … € sowie jeglicher Art von Grundstücksgeschäften verpflichtet ist, die Zustimmung des erweiterten Vorstands einzuholen.
Der erweiterte Vorstand (Gesamtvorstandschaft) besteht aus
- dem vertretungsberechtigten Vorstand,
- dem Kassenwart,
- dem Schriftführer,
- dem Sportwart/Abteilungsleitern,
- dem Pressewart,
- dem Jugendleiter/Jugendwart sowie aus
- bis zu … Beisitzern.

Alternativ:
Der Vorstand im Sinne des § 26 BGB besteht aus dem Vorsitzenden, dem stellvertretenden Vorsitzenden, Kassenwart, Schriftführer und Sportwart. Der Verein wird jeweils durch zwei vertretungsberechtigte Mitglieder des Vorstands vertreten.

§ 9 Aufgaben und Zuständigkeit des Vorstands
Der Vorstand ist für alle Angelegenheiten des Vereins zuständig, soweit sie nicht einem anderen Organ durch Satzung zugewiesen sind. Zu seinen Aufgaben zählen insbesondere
- Führung der laufenden Geschäfte
- Vorbereitung und Einberufung der Mitgliederversammlung sowie Aufstellung der Tagesordnung,
- Einberufung der Mitgliederversammlung,
- Ausführung von Beschlüssen der Mitgliederversammlung,
- Vorbereitung eines etwaigen Haushaltsplans, Buchführung, Erstellung des Jahresberichts, Vorlage der Jahresplanung,
- Beschlussfassung über Aufnahmeanträge und Ausschlüsse von Mitgliedern,
- Bestellung eines Geschäftsführers.

§ 10 Wahl des Vorstands
Der Vorstand wird von der Mitgliederversammlung gewählt. Vorstandsmitglieder können nur Mitglieder des Vereins werden. Die Mitglieder des Vorstands werden für die Zeit von … Jahren gewählt. Ein Vorstandsmitglied bleibt bis zu einer Neuwahl im Amt. Bei vorzeitigem Ausscheiden eines Vorstandsmitglieds kann sich der Gesamtvorstand durch ein Ersatz-Vorstandsmitglied aus dem Kreis der Mitglieder durch Vorstandsbeschluss bis zur nächsten Mitgliederversammlung ergänzen.
Mit Beendigung der Mitgliedschaft im Verein endet auch das Amt als Vorstandsmitglied.

§ 11 Vorstandssitzungen
Der Vorstand beschließt in Sitzungen, die vom 1. oder 2. Vorsitzenden einberufen werden. Die Vorlage einer Tagesordnung ist nicht notwendig.
Der Vorstand ist beschlussfähig, wenn mindestens … seiner Mitglieder anwesend sind. Der Vorstand entscheidet mit Stimmenmehrheit; jedes Vorstandsmitglied hat eine Stimme. Bei Stimmengleichheit entscheidet die Stimme des Vorsitzenden, bei dessen Abwesenheit die des stellvertretenden Vorsitzenden (2. Vorsitzenden).

§ 12 Mitgliederversammlung
In der Mitgliederversammlung hat jedes Mitglied – auch ein Ehrenmitglied – eine Stimme. Die Übertragung der Ausübung des Stimmrechts auf andere Mitglieder ist nicht zulässig.
Die Mitgliederversammlung ist insbesondere für folgende Angelegenheiten zuständig:
- Wahl, Abberufung und Entlastung des Vorstands,
- Beschlussfassung über Änderung der Satzung und über die Vereinsauflösung,
- Ernennung besonders verdienstvoller Mitglieder zu Ehrenmitgliedern,
- weitere Aufgaben, soweit sich dies aus der Satzung, Ordnungen oder nach Gesetz ergibt.

Mindestens einmal im Jahr, möglichst im 1. Halbjahr, soll eine ordentliche Mitgliederversammlung stattfinden. Sie wird vom Vorstand mit einer Frist von zwei Wochen unter Angabe der Tagesordnung durch schriftliche Einladung einberufen. Das Einladungsschreiben gilt als zugegangen, wenn es an die letzte vom Vereinsmitglied bekannt gegebene Adresse gerichtet wurde.

Die Tagesordnung ist zu ergänzen, wenn dies ein Mitglied bis spätestens eine Woche vor dem angesetzten Termin schriftlich mit Gründen beantragt. Die Ergänzung ist zu Beginn der Versammlung bekannt zu machen.

Außerordentliche Mitgliederversammlungen kann der Vereinsvorstand einberufen. Der Vorstand ist hierzu verpflichtet, wenn $^1/_3$ der Vereinsmitglieder die Einberufung schriftlich unter Angabe der Gründe beantragt oder dies im Vereinsinteresse angezeigt ist. Für außerordentliche Versammlungen bestehen die gleichen Befugnisse und Vorgaben wie bei ordentlichen Versammlungen.

Der Vorsitzende oder sein Stellvertreter leiten die Versammlung.

Die Mitgliederversammlung ist beschlussfähig, wenn sie ordnungsgemäß einberufen wurde und mindestens ein Drittel der Mitglieder anwesend ist. Ist weniger als ein Drittel der Mitglieder anwesend, kann die Mitgliederversammlung erneut und zeitlich unmittelbar darauf einberufen werden; sie ist dann ohne Rücksicht auf die Zahl der anwesenden Mitglieder beschlussfähig.

Beschlüsse der Mitgliederversammlung werden mit einfacher Mehrheit der abgegebenen gültigen Stimmen gefasst, Stimmenthaltungen bleiben außer Betracht.

Satzungsänderungen bedürfen einer $^2/_3$ Mehrheit der anwesenden Mitglieder. Hierbei kommt es auf die abgegebenen gültigen Stimmen an. Für die Änderung des Vereinszwecks ist die Zustimmung aller Mitglieder erforderlich.

Die Beschlussfassung erfolgt in geheimer Abstimmung, soweit die Hälfte der anwesenden Mitglieder dies ausdrücklich beantragt.

§ 13 Vereinsjugend

Zur Vereinsjugend gehören alle Kinder, Jugendliche und Heranwachsende bis 18 Jahre sowie die gewählten und berufenen Mitarbeiterinnen und Mitarbeiter der Vereinsjugendarbeit. Die Vereinsjugend führt und verwaltet sich im Rahmen dieser Satzung und der Jugendordnung selbstständig. Sie entscheidet über die ihr zur Verfügung gestellten Mittel in eigener

Zuständigkeit. Sie wird geleitet durch einen Jugendausschuss. Dieser wird in einer Jugendversammlung gewählt. Der Jugendwart, bei Bedarf auch ein/e Jugendsprecher/in, vertreten die Interessen der Jugend im Vorstand. Näheres leitet eine Jugendordnung, die durch die Mitgliederversammlung mit einfacher Mehrheit bestätigt werden muss.

§ 14 Verbandsmitgliedschaft

Der Verein ist Mitglied im …-Verband, dessen Ordnungen und Richtlinien insbesondere für den Spielbetrieb/Wettkampfsport für die Vereinsmitglieder ergänzend verbindlich sind.

§ 15 Protokollierung

Über den Verlauf der Mitgliederversammlung ist ein Protokoll zu fertigen, das von dem Versammlungsleiter und dem Schriftführer (Protokollführer) zu unterzeichnen ist. Gefasste Beschlüsse sind wörtlich in das Protokoll aufzunehmen.

§ 16 Kassenprüfer

Die von der Mitgliederversammlung für zwei Jahre gewählten zwei Prüfer überprüfen die Kassengeschäfte des Vereins auf rechnerische Richtigkeit. Die Kassenprüfung erstreckt sich nicht auf die Zweckmäßigkeit der vom Vorstand genehmigten Ausgaben. Eine Überprüfung hat mindestens einmal im Jahr zu erfolgen; über das Ergebnis ist in der Jahreshauptversammlung zu berichten. Kassenprüfer dürfen keine Vorstandsmitglieder sein.

§ 17 Auflösung des Vereins

Die Auflösung des Vereins ist durch Beschluss der Mitgliederversammlung mit $^4/_5$ Mehrheit der stimmberechtigten anwesenden Mitglieder herbeizuführen, vorausgesetzt mindestens ein Viertel aller stimmberechtigten Mitglieder ist anwesend. Im Falle der Auflösung des Vereins oder bei Wegfall steuerbegünstigter Zwecke fällt das Vereinsvermögen an eine Körperschaft des öffentlichen Rechts oder eine andere steuerbegünstigte Körperschaft, die es unmittelbar und ausschließlich für gemeinnützige, mildtätige oder kirchliche Zwecke zu verwenden hat.

Vor Durchführung der Auflösung und Weitergabe des noch vorhandenen Vereinsvermögens ist zunächst das Finanzamt zu hören.

Alternativ:

Bei der Auflösung des Vereins fällt das Vermögen an die Stadt …, Gemeinde …, die es unmittelbar und ausschließlich für gemeinnützige Zwecke, insbesondere zur Förderung des Sports zu verwenden hat. Beschlüsse über die künftige Verwendung des Vermögens dürfen erst nach Einwilligung des Finanzamts durchgeführt werden.

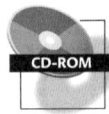

Wird mit der Auflösung des Vereins nur eine Änderung der Rechtsform oder eine Verschmelzung mit einem gleichartigen anderen Verein angestrebt, wobei die unmittelbare ausschließliche Verfolgung des bisherigen Vereinszwecks durch den neuen gemeinnützigen Rechtsträger weiterhin gewährleistet wird, geht das Vereinsvermögen auf den neuen Rechtsträger über.

Ist wegen Auflösung des Vereins oder Entziehung der Rechtsfähigkeit die Liquidation des Vereinsvermögens erforderlich, so sind die zu diesem Zeitpunkt im Amt befindlichen Vereinsvorsitzenden die Liquidatoren; es sei denn, die Mitgliederversammlung beschließt auf einer ordnungsgemäß einberufenen Mitgliederversammlung über die Einsetzung eines anderen Liquidators mit $^3/_4$ Mehrheit der anwesenden stimmberechtigten Mitglieder.

Vorstehende Satzung wurde am … in … von der Gründungsversammlung beschlossen und tritt mit sofortiger Wirkung in Kraft.

Hierfür zeichnen als Gründungsmitglieder:

(Vor-/Zuname, eigenhändige Unterschrift von mindestens sieben Mitgliedern)

Wie steuere ich einen Verein mit mehreren Abteilungen?

Eigentlich können Sie stolz darauf sein, wenn Ihr Verein gleich mehrere Abteilungen hat, also den besonders interessierten Mitgliedern verschiedene Vereinsaktivitäten anbieten kann. Meist wird dies bei der Vereinsgründung noch gar nicht einkalkuliert.

Interne Vereinsaufgliederung

Mit einer Vereinsgründung soll die Ausübung einer bestimmten Sportart bzw. eines bestimmten kulturellen oder musischen Zwecks beabsichtigt werden. Schon nach kurzer Zeit haben sich Gruppen gebildet, die innerhalb des Vereins eine Möglichkeit suchen, ihre speziellen Interessen auszuüben. Damit steht dem Grunde nach eine interne Vereinsaufgliederung zur Diskussion an. ◄

Selbst bei einem unveränderten allgemeinen Vereinszweck kann sich ein Handlungsbedarf auch verstärkt im Interesse des Vereinsnachwuchses oder im Seniorenbereich ergeben.

Anschauliche Beispiele für eine interne Vereinsaufgliederung sind die bereits vor Jahren gegründeten allgemeinen Sportvereine. Ein „Verein für Rasenspiele" kann dem Grunde nach unzählige Abteilungen haben. Auch eine allgemein als „Verein für Leibeserziehungen/Turnverein" bezeichnete Körperschaft wird einen Regelungsbedarf haben, wenn sich etwa aus Mitgliederinteresse eine aktive Tanzgruppe bildet.

Aufgliederung in Satzung verankern

Über die Gründungssatzung können Sie eine solche Aufgliederung bereits dem Grunde nach „festschreiben". Nehmen Sie eine Formulierung auf, dass der Verein eine oder mehrere Abteilungen einrichten kann.

Schwierig wird es bei einem bestehenden Verein, der z. B. nur zwei in der Satzung genannte Abteilungen hat und in dem nun weitere Abteilungen eingeführt werden sollen. Hier ist grundsätzlich, soweit in der Satzung nichts anderes geregelt ist, ein Beschluss der Mitgliederversammlung einzuholen, unabhängig davon, dass dann die Satzung geändert und die Satzungsänderung dem Registergericht mitgeteilt werden muss.

Aufgliederung eines bereits bestehenden Vereins

Im Sportbereich: Verband fragen

Soweit der Verein an Wettkämpfen teilnimmt, wird für zahlreiche Sportarten schon von Seiten des Verbandes verlangt, dass eine separate Jugendabteilung mit einer entsprechenden Jugendordnung geführt wird. Unbedingt diese Frage daher mit dem übergeordneten Verband vorab klären! Satzungshinweise enthält bereits die zuvor erwähnte Sportvereinssatzung.   ◀

Auf der CD-ROM finden Sie eine ausführliche Mustersatzung für einen Verein mit mehreren Abteilungen: Der darin dokumentierte Sportzweck lässt sich bei anderen Zielen/Zwecken des Vereins leicht modifizieren, ohne dass die Kernregelungen über Einzelabteilungen als Musterformulierungen beeinträchtigt werden.

Stellung des Abteilungsleiters

Eine Vereinsabteilung kann im Regelfall nicht als selbstständiges Rechtssubjekt tätig werden, kann also nicht unter ihrem Namen z. B. klagen oder verklagt werden. Sie sollten also innerhalb der Vorstandschaft klären, welche rechtliche Stellung ein Abteilungsleiter im Verein haben soll.

Ist der Abteilungsleiter nicht Mitglied des vertretungsberechtigten Vorstands (im Sinne des § 26 BGB), darf er grundsätzlich nicht für den Verein handeln, es sei denn, er hat eine besondere Vollmacht erhalten oder wird in der Satzung als besonderer Vertreter des Vereins (nach § 30 BGB) berücksichtigt und wegen dieser Funktion dann auch ins Vereinsregister eingetragen.   ◀

Wie selbstständig kann eine Vereinsabteilung werden?

Meist dann, wenn eine Abteilung besondere Erfolge verzeichnen kann und/ oder über eine hohe Mitgliederzahl im Vergleich zu anderen Abteilungen verfügt, gibt es Reibungspunkte und zum Teil ernsthafte Auseinandersetzungen bis in die Vorstandschaft. Denn eine erfolgreiche Abteilung will natürlich mehr Selbstständigkeit. Sie benötigt für sich gesehen oft auch höhere finanzielle Mittel vom Verein, um die erreichten Erfolge halten bzw. ausbauen zu können. Dies kann hingehen bis zur Forderung der einzelnen Abteilung auf eine juristische Ausgliederung aus dem Verein.

Droht die Gründung eines eigenen Vereins? Selbstverständlich ist es grundsätzlich möglich, dass eine Abteilung eine selbstständige Rechtsfähigkeit erlangt. Für diesen Fall müsste sie einen eigenen e. V. gründen – verbunden mit einer eigenen Satzung, einem unabhängigem Vorstand und allen weiteren rechtlichen und natürlich auch steuerlichen Verpflichtungen.

Aber aufgepasst: Bei aller Euphorie und Anerkennung hinsichtlich der erreichten Erfolge kann dies dazu führen, dass der neue Verein immer mehr in die Selbstständigkeit hineinrutscht, sich also vom ursprünglichen Hauptverein klar abgrenzt. Denn durch den Anschluss entstehen beim neuen e. V. regelmäßig eigene Mitgliedschaftsrechte, sodass sich zumindest sukzessive eine Abspaltung bis hin zu einer Konkurrenzlage abzeichnen kann.

Abspaltung/Fusionen von Vermögenswerten

Soweit bei einem bestehenden und bereits aktiven e. V. auch Vermögenswerte oder Teile hiervon abgespalten werden, um eine Neugründung eines neuen Rechtsträgers zu ermöglichen, ist das recht schwierige Umwandlungsrecht zu beachten (insbesondere §§ 123 ff. UmwG). Vor diesem Schritt muss unbedingt eine intensive rechtliche und steuerliche Beratung in Anspruch genommen werden, zudem ist eine notarielle Mitwirkung erforderlich.   ◄

Die Zusammenarbeit mit Verbänden, Vereinen und Behörden

Die individuelle Vereinssatzung sollte sich auch nach bereits vorliegenden Satzungen von Dachverbänden oder größeren, der Zielrichtung nach dem beabsichtigten Vereinszweck vergleichbaren Organisationen richten. Zudem besteht häufig eine mehr oder weniger notwendige Anschlusspflicht an diese übergeordneten Institutionen (meist auch Vereine). Dies kann sich z. B. im sportlichen Bereich dadurch ergeben, dass nur so ein Wettkampfbetrieb möglich ist.

Die in diesen übergeordneten Vereinen enthaltenen Ordnungsbestimmungen können etwa durch die Berücksichtigung der Zugehörigkeit zum Verband bereits über die Satzung des „Kleinvereins" zur verbindlichen Regelung für Verein und Mitglieder werden. Auch wegen der Auswirkungen des neuen Spendenrechts mit Festlegung der förderungswürdigen Zwecke und der Berücksichtigung eindeutiger Definitionen für die gemeinnützigen Zwecke sollten Sie bei Fragen schon frühzeitig Rücksprache mit dem übergeordneten Verband nehmen.

Soweit gerade die Teilnahme am Wettkampfsport angestrebt wird, sollte nach Rücksprache mit dem zuständigen Verband gleich von Anfang an die Verpflichtung zur Anerkennung der übergeordneten Verbandsregeln und Bedingungen im Vorgriff auf einen Beitritt zum Verband durch eine entsprechende Formulierung bei den einschlägigen Satzungsbestimmungen (Zweck des Vereins oder bei Regelungen zur Mitgliedschaft) mit berücksichtigt werden. *Teilnahme an Wettkämpfen*

Streben Sie als Sportverein einen Verbandsanschluss an, können Sie dies bereits in die Gründungssatzung aufnehmen (etwa unter § 2 zum Zweck des Vereins): „Der Verein ist Mitglied des Landessportverbands …, dessen Ordnungen und Satzungsinhalte ergänzend gelten und für die Mitglieder im aktiven Bereich verbindlich sind."

Was tun, wenn sich Vereine zusammenschließen wollen?

Gesunkene Mitgliederzahlen innerhalb eines Gebiets oder die Konkurrenzsituation bei Einzelvereinen mit annähernd gleichem Vereinszweck und gleichen Vereinszielen führen häufig zu Überlegungen dahin gehend, ob man sich nicht zu einem Gesamtverein zusammenschließen solle. Damit nimmt man quasi eine Fusion vor, vergleichbar mit Zusammenschlüssen in der gewerblichen Wirtschaft. Soweit die bisher jeweils getrennten Vereinsvorstandschaften – unter Ausnutzung eines dadurch auch etwas erhöhten Vereinskapitals – langfristig unter einem gemeinsamen Dach nicht nur

Mitglieder halten, sondern auch neue Interessenten gewinnen wollen, müssen wiederum die besonderen Vorgaben des Umwandlungsgesetzes beachtet werden. Natürlich ist hier jeweils die Zustimmung der Mitgliederversammlung notwendig.

Arbeitsgruppe bilden

Soweit eine derartige Fusion im Raum steht, sollten Sie unbedingt über eine entsprechende Arbeitsgruppe zwischen beiden Vereinen vorab klären, welche organisatorischen Schritte erforderlich sind, mit welchen konkreten Gestaltungshinweisen Sie die Mitglieder frühzeitig informieren wie die Satzung für den neuen Gesamtverein aussehen soll.   ◄

Was ist ein Vereinsverband?

Hier handelt es sich meist um einen Zusammenschluss mehrerer rechtsfähiger oder nichtrechtsfähiger Vereine, die jeweils als Einzelmitglied Anschluss an den Verband haben. Der Verband kann sich im Regelfall selbstständig als e. V. organisieren, aber auch als Anstalt, Körperschaft des privaten oder öffentlichen Rechts oder auch als Genossenschaft. Die Verbandssatzung bestimmt im Einzelnen, inwieweit aktive Mitgliedschaftsrechte bestehen. Dort wird auch geregelt, wie die Mitgliedschaftsrechte wahrgenommen werden (über einen besonderen Vertreter des Einzelvereins etc.). Nach der Zielrichtung ist der Vereinsverband natürlich eine Art Interessengemeinschaft mehrerer Vereine.

Vereinsverband

In der Stadt X schließen sich mehrere Vereine mit musikalischer/kultureller Zielrichtung zusammen, um nicht nur eine Koordination von Veranstaltungen zu erreichen, sondern auch einen aktiven Ansprechpartner für die Stadt oder sonstige Institutionen/Behörden/Ämter zu haben. Für den Vereinsverband soll zudem erreicht werden, dass er aufgrund seiner eigenen Rechtsfähigkeit eigene Veranstaltungen mit eigenem wirtschaftlichen Risiko durchführen kann.   ◄

Gemeinnützigkeitsstatus

Verbände, die in der Rechtsform des e. V. organisiert sind (Kreisverbände, Landesverbände, Bundesverband etc.), sollten darauf achten, dass die angeschlossenen Vereine auf jeden Fall den Gemeinnützigkeitsstatus in Anspruch nehmen können – einerseits wegen der Weitergabe öffentlicher Zuschüsse, andererseits auch wegen der steuerlichen Vorgaben in Bezug auf die Gemeinnützigkeit.

Bei den vom Finanzamt bereits geprüften bzw. erfassten Vereinen sollte also dem Verband ein entsprechender Nachweis vorliegen (z. B. Freistellungsbescheinigung, vorläufige Bescheinigung bei neu gegründeten Vereinen). Soweit dem Verband angeschlossene Vereine noch nicht steuerlich erfasst sind, benötigt dieser zumindest eine Versicherung, dass nach Geschäftsführung und Satzung des jeweiligen Vereins die rechtlichen Vorgaben dem Gemeinnützigkeitsstatus entsprechen.

Es ist davon auszugehen, dass bei der Überprüfung der Gemeinnützigkeit des Verbands auch die Zusammenschlüsse mit den Vereinen diesbezüglich überprüft werden. Es ist also auch für den Verband empfehlenswert, den angeschlossenen Vereinen in einem bestimmten Zeitraum die Möglichkeit einzuräumen, zumindest bestehende Satzungen den steuerlichen Vorgaben anzupassen.   ◂

Wo liegt der Unterschied zu einer Vereinsgemeinschaft?

Häufig wollen sich Vereine mit verschiedenen Zielrichtungen nur aus Anlass bestimmter Ereignisse zusammenschließen, um z. B. eine zentrale Veranstaltung durchführen zu können. Meist sind es besondere Jubiläen, sei es der Gemeinde/Stadt oder auch einzelner Vereine oder auch zentrale Veranstaltungen wie z. B. Woche des Sports oder kulturelle Veranstaltungen, bei denen man in eigener Regie als Veranstalter auftreten und mit der Unterstützung der zahlreichen Mitglieder der beteiligten Vereine rechnen will. Der Schritt in eine dauerhafte verbandsähnliche Lösung, wie zuvor dargestellt, soll damit nicht gegangen werden.

Spätestens dann, wenn sich zwei oder mehrere Vereine zusammentun, um einen gemeinsamen Zweck zu verfolgen, liegt dem Grunde nach eine BGB-Gesellschaft vor. Wichtig ist, dass sich die Vereine untereinander über die elementaren Bestandteile einer derartigen Vereinbarung verständigen:

BGB-Gesellschaft

- Wer tritt als Veranstalter auf, wenn ein größeres Fest mit den Vereinen durchgeführt wird?
- Wer ist verantwortlich für die Vereinsgemeinschaft? (über gemeinsamen Ausschuss klären!)
- Wer beantragt eine separate Steuernummer beim Finanzamt?
- Welche Regelungen für die Gewinn- und Verlustbeteiligung sollen gelten?

Tritt die Vereinsgemeinschaft als eine auch vom Finanzamt anerkannte BGB-Gesellschaft auf, werden die anteiligen Einnahmen den einzelnen Vereinen zugeordnet. Mit diesem Modell lässt sich auch vermeiden, dass der einzelne Verein als selbstständiger Veranstalter über die 30.678-€-Zweckbetriebsgrenze rutscht, ggf. mit körperschaftsteuerpflichtigen Konsequenzen. Hinweise zum BGB-Vertrag und steuerlichen Konsequenzen finden Sie auf Ihrer CD!

Wann brauchen wir Richtlinien und Ordnungen?

Ausgehend von der Satzung als Kernstück der Beziehungen der Mitglieder untereinander ist es heute in der Vereinspraxis üblich, weitere Entscheidungsgremien für die Bewältigung organisatorischer Aufgaben vorzusehen. Beispielsweise können Sie über die Satzung den Vorstand ermächtigen, dass er bestimmte Ordnungen zur internen organisatorischen Struktur erlassen kann, etwa eine Haushalts- und Finanzordnung oder eine Verwaltungsordnung, Ehrengerichtsordnung, Spielordnung oder Jugendordnung. Sobald aber Mitgliederrechte unmittelbar berührt werden, z. B. bei Beitrags- oder Ehrenordnungen, müssen Sie dies in die Mitgliederversammlung als Tagesordnungspunkt einbringen und die Zustimmung der Mitglieder einholen.

Nicht zu viele globale Ermächtigungen

Globale Ermächtigungen für Vorstandsentscheidungen ohne Anrufung der Mitgliederversammlung bringen häufig nicht nur Unzufriedenheit, sondern führen in der Vereinspraxis auch oft zu gerichtlichen Auseinandersetzungen, insbesondere wenn elementare Mitgliedschaftsrechte direkt oder indirekt berührt werden. Selbst wenn die Satzung bereits vorsieht, dass ein anderes Vereinsorgan als die Mitgliederversammlung, also z. B. der Vorstand, ermächtigt wird, dürfen Sie die Bekanntgabe über die Mitgliederversammlung hinaus, z. B. in der Vereinszeitung, nicht vergessen! ◀

Bei Abstimmungen in der Mitgliederversammlung gelten – soweit in der Satzung nichts Separates vereinbart ist – die entsprechenden erforderlichen Mehrheiten nach der Satzung, im Regelfall also einfache Mehrheit für Anträge zur Beschlussfassung.

Mehrheiten

Die wichtigsten Ordnungen im Überblick

Im Folgenden geben wir Ihnen einen kleinen Überblick, welche Ordnungen für einen Verein in Frage kommen.

Abteilungsordnung

Um die Hauptsatzung des Vereins inhaltlich nicht zu überladen, können Sie über die Hauptsatzung eine Ermächtigung für Abteilungsordnungen vorsehen, über deren Verabschiedung die Mitgliederversammlung entscheidet. Meist sind die Abteilungen auch bei Mehrspartenvereinen rechtlich unselbstständig, also organisatorische Untergliederungen. Regelungsbedürftig sind hierbei

- die Abhängigkeit der Mitgliedschaft im Hauptverein und in der einzelnen Abteilung,
- Folgewirkung bei Austritt/Kündigung der Mitgliedschaft,
- etwaige gesonderte Abteilungsbeiträge,
- Teilnahmeberechtigung bei vorgesehenen Abteilungsversammlungen,
- Stimmrechte und Wählbarkeit sowie
- je nach strukturellen Überlegungen des Vereins auch die Einbindung des gewählten Abteilungsleiters mit Stimmrecht als Mitglied der Gesamtvorstandschaft des Vereins.

Was Sie regeln müssen

Vereinsordnungen können in der Satzung z. B. dadurch verankert werden, dass der Vorstand ermächtigt wird, Vereinsordnungen zu beschließen, die der Genehmigung der Mitgliederversammlung bedürfen. Wichtig: Geben

Sie Änderungen oder neue Ordnungen in der Vereinszeitschrift, per Aushang oder in sonstigen Mitgliederinformationen bekannt.

Beitragsordnung

Soziale Komponenten

Die Beitragsordnung regelt, gestaffelt nach Art der Mitgliedschaft und Funktion als Vereinsmitglied, die finanziellen Verpflichtungen der Vereinsinteressenten. In dieser Ordnung sollten Sie auch soziale Komponenten, etwa für Jugendliche, Wehr- oder Ersatzdienstleistende, Rentner/Pensionäre/Senioren, bis hin zum Antrag auf Beitragserlass bei Härtefällen (Arbeitslosigkeit, Sozialfälle) berücksichtigen und nicht nur die üblichen Abgrenzungskriterien für Aktive und Passive.

Beitragsordnungen können auch Hinweise auf sonstige Leistungspflichten wie z. B. Umlagen oder einmalige Aufnahmegebühren enthalten.

Familienbeiträge/ Senioren

Insbesondere bei Turn- oder Sportvereinen sind Familienbeiträge üblich. Hier wird durch einen reduzierten Gesamtbetrag mehreren Familienmitgliedern die aktive Sportausübung bei gleichzeitig moderater Beitragslast ermöglicht. Oder eine separate Ordnung für aktive „Senioren". Auch für Fördermitglieder können differenzierte Beitragssätze festgelegt werden.

Sind mehrere Abteilungen vorhanden, muss die Frage der Hauptmitgliedschaft und des einzelnen Abteilungsbeitrags, ggf. nochmals gestaffelt in aktive/passive Beiträge, sehr sorgfältig geprüft und nachvollziehbar für Interessenten/Mitglieder vorbereitet werden – bis hin zu „Schnuppermitgliedschaften", also zeitlich befristeten Abteilungsangeboten als Anreiz für Abteilungs-/Neuinteressierte.

Inhaltlich sollten Sie in den Beitragsregelungen neben Mitgliedsbeiträgen, Gebühren und besonderen Nutzungsentgelten auch Regelungen zur Zahlungsfälligkeit und Abwicklung der Beitragserhebung berücksichtigen, z. B. Pauschalen für Mahnverfahren, Rücklastgebühren und – dies ist besonders wichtig – die darin regelbare Vorgabe, dass Beiträge und Gebühren/Umlagen nur durch Lastschrifteinzugsermächtigung erhoben werden können.

Ehrenordnungen

Soweit die Vereinssatzung keine Vorgaben/Aussagen zur Ehrung verdienstvoller Mitglieder oder Vereinsführungskräfte enthält, ist eine Ehrenordnung als Grundlage für eine auf Gleichbehandlung bedachte Vorstandsarbeit auf jeden Fall empfehlenswert. Üblich sind zeitlich gestaffelte Anlässe für Ehrungen durch Auszeichnungen bis hin zur Ernennung von Ehrenmitgliedern bzw. -vorständen. Stimmen Sie Ihre Ehrenordnungen am besten mit dem für Sie zuständigen Verband ab, damit Sie etwa die gleichen Vorgaben haben.

In der Satzung oder Ordnung des Vereins sollten Sie die Voraussetzungen Inhalte
zur Ernennung besonders verdienstvoller Mitglieder zu Ehrenmitgliedern oder langjähriger Vorstände zu Ehrenvorständen/Ehrenvereinspräsidenten u. Ä. beschreiben. Darin sollte auch eine klare Regelung der Zuständigkeit für die Ernennung sowie zum Vorschlagswesen (Vorstand mit Bestätigung durch Mitgliederversammlung?) enthalten sein. Ein weiterer wichtiger Punkt ist, welche Rechte (Beitragsbefreiung, Stimmrechte, Teilnahme an Vereinsveranstaltungen etc.) sich aus einer Ehrenmitgliedschaft ableiten. Dies sollten Sie entweder in der Satzung oder in der Beitragsordnung berücksichtigen. Auch an die Möglichkeit, ggf. Vereinsexterne für bestimmte Verdienste ehren zu können, sollten Sie denken.

Ehrenordnung (Auszug)

Für besondere herausragende Verdienste für den Verein und seine Verwirklichung der Vereinsziele gilt durch Beschluss der Mitgliederversammlung vom ... folgende Ehrenordnung:

Der Verein ehrt mit der bronzenen Ehrennadel Mitglieder und Mannschaften für ihre besonderen sportlichen Erfolge.

Der Verein ehrt im Weiteren Mitglieder mit der silbernen Ehrennadel, die sich durch ihre nachgewiesene Vereinszugehörigkeit in besonderer Weise für den Verein verdient gemacht haben.

Die goldene Ehrennadel wird an Mitglieder verliehen, die sich als ehrenamtliche Träger und durch die Übernahme von Vereinsämtern und Aufgaben in besonderer Weise und selbstlos für den Verein verdient gemacht und durch ihr Wirken das Ansehen des Vereins in der Öffentlichkeit gefördert haben.

Im Weiteren ehrt der Verein seine Mitglieder bei 25-jähriger Vereinszugehörigkeit mit der silbernen Ehrennadel, bei 40-jähriger Vereinszugehörigkeit mit der goldenen Ehrennadel.

Für die Verleihung der Ehrungen ist ausschließlich der Vorstand zuständig. ◄

Eine komplette Ehrenordnung finden Sie auf Ihrer CD-ROM, direkt zum Übernehmen in Ihre Textverarbeitung.

Haushalts- bzw. Finanzordnung

Grundlage für Kassen- prüfungen

Die Haushalts- bzw. Finanzordnung ist eine der möglichen Grundlagen für spätere Kassenprüfungen für abgelaufene Wirtschaftsjahre des Vereins. Sie eignet sich besonders für mehrspartige Vereine, um eine langfristige Vereinsplanung bei erforderlicher Liquidität zu ermöglichen.

Zugleich verpflichtet sie die Vorstandschaft oder angeschlossene Abteilungsleiter, sich an den vorgegebenen Finanzplan zu halten und für darüber hinausgehende notwendige Mittel zumindest die Zustimmung des geschäftsführenden Vorstands einzuholen.

Geschäftsordnung

Die Geschäftsordnung regelt meist außerhalb der kurz gefassten Hinweise in der Vereinssatzung etwa die Arbeit des Vorstands oder in erweiterter Form auch allgemeine, notwendige Verfahrensabläufe. Hier einige Beispiele:

Mögliche Inhalte

- Abläufe von Hauptversammlungen,
- organisatorische Betreuung/Verwaltung der Vereinsmitglieder,
- Vertretungsregelungen bei Sitzungen intern/extern (z. B. mit Verbänden), aber auch
- Regelungen für Abteilungssitzungen und damit verbundene Wahlen bzw. die Besetzung von Führungspositionen,
- Vorgaben zur Beschlussfassung von Gremien, Protokollführung etc.

Jugendordnung

Einbindung Jugendlicher

Bei Sportvereinen ist eine Jugendordnung auch wegen der Zuschussgewährung unerlässlich. Aber auch für viele andere Vereine ist sie zur verstärkten Einbindung der Jugendlichen in die Vereinsorganisation mit der Möglichkeit der Interessenvertretung gegenüber dem Vorstand durchaus empfehlenswert. Muster für Inhalt oder Wahlverfahren können Sie ggf. über den jeweiligen Verband anfordern. Regelungsbedürftig sind insbesondere die Vertretung/Beteiligung der Jugendvertreter im Gesamtvorstand des Hauptvereins bis hin zur möglichen eigenen Finanzplanung.

Rechtsordnungen

Rechtsordnungen sind Einzelordnungen außerhalb der Satzung, die zum Beispiel im Sportbereich häufig anzutreffen sind. Disziplinarordnungen, Strafordnungen, aber auch Verfahrensordnungen bis hin zu Wahlordnungen können im Interesse der Mitglieder dazu beitragen, auch verbindliche Regelungen für Krisenfälle oder bei Auseinandersetzungen mit einzelnen Mitgliedern klar erkennbar und nachvollziehbar als Bestandteil der Pflichten aus der Mitgliedschaft vorzusehen.

Häufig geben bereits die Verbände bestimmte Verfahrensordnungen vor, die bei Verbandsanschluss den Verein und damit mittelbar auch das Mitglied treffen – jedenfalls soweit die Verbindlichkeit der Verbandsordnungen über einen Satzungshinweis beim Verein sichergestellt ist oder bei späterem Beitritt in den Verband die Zustimmung der Mitgliederversammlung gefunden hat.

Verfahrensordnungen

Zunftordnungen

Karnevalsvereine oder Narrenzünfte, auch Musikkapellen mit Orientierung an regionalen Fastnachtsbräuchen (z. B. Guggenmusiken) regeln über eine jeweilige Zunftordnung separat von der Vereinssatzung, zu welchen Anlässen bestimmte Mitglieder etwa Kostüme, Masken oder sonstige Ausrüstungen tragen müssen oder dürfen. Dies geht so weit, dass teils sogar Kleiderordnungen mit Pflege-, Kauf- und Rückkaufverpflichtungen vom eigenen Verein erlassen werden. Hier werden aktive Mitglieder also über die Mitgliedsbeiträge hinaus mit finanziellen Verpflichtungen belastet.

Zum Teil gibt es neben dem (geschäftsführenden) Vorstand auch Narren- bzw. Zunfträte mit bestimmter Aufgabenstellung, etwa zur Vorbereitung von Veranstaltungen.

Narren- und Zunfträte

Jetzt wird es ernst: die Gründungsversammlung

Sie haben gemeinsam mit Ihren Gründungsmitgliedern bereits die wichtigsten Vorarbeiten geleistet: Eine nach Ihren Vereinszielen ausgerichtete Satzung liegt vor, vielleicht haben Sie auch bereits ein vorläufiges Okay bei erster Durchsicht durch das Vereinsregister erhalten. Jetzt geht es darum, nicht nur die Vereinsgründer, sondern auch weitere Interessenten und vielleicht auch künftige Mitglieder an einen Tisch zu holen! Sie benötigen also einen Ort, wo Sie in Ruhe diesen formalen Akt der Gründungsversammlung durchführen können; je nach Umfang und Bedeutung in Ihren Privaträumen oder im Nebenzimmer einer Gaststätte. Wichtig ist, dass Sie zunächst Ihre Gründungsmitglieder kurz schriftlich zur Durchführung der ersten Gründungsversammlung einladen und schon bereits eine vorläufige Tagesordnung beifügen, die neben allen sonstigen drei wichtige Elemente enthalten muss:

Tagesordnung
- Beschluss über die Vereinsgründung,
- Beschlussfassung über den beigefügten Satzungsentwurf,
- Wahlen,
- Festsetzung der Mitgliedsbeiträge,
- Erstellung der ersten Mitgliederliste.

Sollen wir bereits die Presse informieren?

Vorsicht – schon bei so mancher Gründungsversammlung hat sich eine lebhafte Diskussion entwickelt, die nicht unbedingt gleich zu Beginn der Vereinstätigkeit in der Presse nachgelesen werden muss. Besser: Rechtzeitig vor der Versammlung kurz Rücksprache mit der örtlichen Presse nehmen mit dem Angebot, dass Sie einen Bericht über die Gründungsversammlung liefern werden. ◄

Welche Unterlagen müssen wir vorbereiten?

Zunächst einmal sollten Sie für jeden Teilnehmer nochmals

- eine Kopie der Einladung mit der vorläufigen Tagesordnung ebenso zur Verfügung stellen wie
- entsprechend viele Exemplare der Satzung.

Bewahren Sie allerdings die Originalsatzung zwecks späterer Unterschrift sorgfältig bei Ihnen auf.

Bereiten Sie auch eine Teilnehmerliste zum Eintragen vor. Diese Liste soll- Teilnehmerliste
ten Sie zur Dokumentation der Beschlussfähigkeit auch bei späteren Versammlungen separat führen.

Teilnehmerliste

Verein ...

Teilnehmerliste zur Gründungsversammlung vom ...

Ort:

Beginn:

Ende:

Protokollführer:

Lfd.Nr.	Vor- und Zuname	Anschrift mit Postleitzahl	eigenhändige Unterschrift
1			
2			
3			
4			

Dieses Muster einer Teilnehmerliste sollten Sie bei Verwendung in späteren Teilnehmer-
Versammlungen noch um eine Spalte für die Angabe zum „Status" des status
Teilnehmers ergänzen. Denn es gibt nicht nur „echte", stimmberechtigte
beitrittswillige Mitglieder, sondern auch Gäste, Interessenten, Vertreter des
öffentlichen Interesses (Stadt- oder Gemeinderäte, Behördenvertreter), Ver-
bandsfunktionäre oder auch Pressevertreter. Also sollte man je nach Struktur in der Rubrik Angaben zur Mitgliedschaft verlangen, z. B. „ordent-liches
Mitglied" (aktiv/passiv) zum Ankreuzen und zum späteren Nachweis der
Stimmberechtigung.

Welche Ämter müssen verteilt werden?

Für die Versammlung sollten Sie nach Möglichkeit (vorher) einen Ver- Versammlungs-
sammlungsleiter finden, diesen in der Versammlung kurz vorstellen und die leiter

Zustimmung für ihn einzuholen. Ein anderer Vereinsvorstand, Verbandsfunktionär, Gemeinderat oder eine sonstige Person Ihres Vertrauens wird diese Position sicherlich übernehmen. Es gilt dann, nach Eröffnung der Versammlung entsprechend der Tagesordnung den Versammlungsleiter zu bitten, dass er die Gründungsversammlung komplett durchführt.

Gleichzeitig muss die Versammlung einen Protokollführer bestimmen.

Auf Ihrer CD-ROM finden Sie ein ausführliches Muster für ein solches Protokoll, das Sie direkt in Ihre Textverarbeitung übernehmen können.

Sieben Mitglieder müssen unterschreiben

Mindestens sieben Mitglieder müssen die Gründungssatzung, möglichst vor Ort, eigenhändig unterschreiben. Dies kann schon in der Gründungsversammlung geschehen, wenn die Satzung nur in geringfügiger Weise geändert wird. Die Originalsatzung wird nach Unterschrift durch die Gründungsmitglieder zum wichtigsten Dokument für alle nachfolgenden organisatorischen Schritte. Es bleibt dem Vorstand zunächst überlassen, ob eine neutralisierte Fassung der Originalsatzung (etwa durch die Abspeicherung im PC) erstellt wird, die man den schon beigetretenen Gründungsmitgliedern oder auch Interessenten zur Verfügung stellt.

Ermächtigung zu geringfügigen Satzungsänderungen

Das Risiko für notwendige Satzungsänderungen können Sie dadurch geringer halten, dass Sie sich als vertretungsberechtigter Vorstand bereits bei der Gründungsversammlung ermächtigen lassen, bei Beanstandungen von Seiten des Registergerichts oder durch das Finanzamt geringfügige Änderungen oder Ergänzungen an der Grundsatzung vorzunehmen. Halten Sie diese Zustimmung durch die Mitglieder schriftlich im Protokoll fest. ◀

So melden Sie Ihren Verein zum Vereinsregister an

Idealvereine müssen zur Erlangung der Rechtsfähigkeit nach der Vereinsgründung den Vorgang beim Vereinsregister anmelden. Zuständig ist das örtliche Amtsgericht, bei dem der Verein seinen künftigen Sitz hat. In Ausnahmefällen gibt es ein bestimmtes Amtsgericht, das für mehrere kleinere Amtsgerichtsbezirke zuständig ist, d. h. dort das Register führt. Auskunft über die Zuständigkeit nach Vereinssitz erteilt sofort ein Amtsgericht vor Ort.

Welche Unterlagen benötige ich?

Mit dem Anmeldeschreiben müssen Sie die Urschrift der Satzung vorlegen, aus der sich auch die (mindestens) sieben Originalunterschriften der Gründungsmitglieder ergeben. Fügen Sie außerdem eine Abschrift oder Fotokopie dieser Satzung sowie des Gründungsprotokolls bei. Ein Muster-Anmeldeschreiben finden Sie auf Ihrer CD-ROM.

Unterschriften durch Notar beglaubigen lassen

Zuvor muss der vertretungsberechtigte Vorstand (im Sinne des § 26 BGB) eine Unterschriftsbeglaubigung seiner Unterschriften auf dem Anmeldeschreiben herbeiführen. Zuständig für die Unterschriftsbeglaubigung ist der Notar. Sonstige Dienststellen oder Behörden sind hierzu nicht befugt. Der Notar wird lediglich anhand des ihm vorzulegenden Personalausweises eine Identitätsüberprüfung vornehmen und die Unterschriften öffentlich beglaubigen (§ 77 BGB).

Der Notar kann die zur Eintragung anstehende Vereinsgründung nicht selbst vornehmen, sondern ausschließlich das Registergericht, das die Unterlagen erhalten muss.

Mit welchen Kosten muss ich rechnen?

Bei einer Beglaubigung durch den Notar wird in der Regel ein Viertel der Anmeldegebühr aus dem üblichen Geschäftswert angesetzt. Legen Sie dem Notar ein fertig vorbereitetes Anmeldungsschreiben nach obigem Muster vor, muss er also weder an der Erstellung der Satzung noch an der Anmeldung mitwirken, entsteht nur eine geringfügige Beglaubigungsgebühr (11,60 €). Für die Eintragung des Vereins durch das Registergericht selbst wird eine doppelte Gebühr (ausgehend von dem Geschäftswert nach der

Eintragungsgebühren

Kostenordnung) angesetzt. An reinen Eintragungsgebühren kommen auf Sie demnach 52,00 € zu.

**Bekannt-
machungs-
kosten**
Hinzu kommen noch die Bekanntmachungskosten, die dadurch entstehen, dass die Vereinsgründung mit gewissen Angaben, meist in einer regionalen Tageszeitung, auf Veranlassung des Vereinsregisters veröffentlicht wird. Hierfür fallen je nach Länge der Bekanntmachung ca. 20 € bis 30 € an, die auf jeden Fall, also auch bei bestehender Gebührenfreiheit, vom Verein zu entrichten sind.

Gebührenerlass möglich

Wird der Idealverein zu einem späteren Zeitpunkt als gemeinnützig aner-kannt, führt dies in einzelnen Bundesländern (nachfragen beim Vereinsregis-ter) zu einem Gebührenerlass bei den Eintragungsgebühren. Da das Finanzamt erst nach Prüfung der Satzung die Gemeinnützigkeit „erteilt", empfiehlt es sich, das Vereinsregister bereits bei der Anmeldung darauf hinzuweisen, dass die Gemeinnützigkeit angestrebt wird. Vielfach sind Registergerichte bereit, zunächst von einer Anforderung der Eintragungsgebühren abzusehen. Als Ver-einsvorstand sollten Sie sich jedoch darum bemühen, eine vorläufige Beschei-nigung des Finanzamts zu erhalten. Reichen Sie dem Vereinsregister unver-züglich dann eine Kopie ein.   ◄

Die Eintragung erfolgt grundsätzlich frühestens sechs Wochen nach An-meldung. Denn jetzt prüft das Register die vorgelegte Anmeldung. Bestehen keine Bedenken, ist die Satzung inhaltlich in Ordnung, so erfolgt die Eintra-gung. Bei inhaltlichen Bedenken erlässt das Registergericht meist eine Zwi-schenverfügung zur Behebung festgestellter Eintragungshindernisse. Beach-ten Sie in diesem Fall die Fristen und halten Sie ggf. Rücksprache mit dem Rechtspfleger beim Registergericht!

Was kosten Rechtsanwalt und Notar?

Soweit ein Rechtsanwalt beauftragt wird, hat dieser abweichend vom Notar seine Tätigkeit nach der Rechtsanwaltsgebührenordnung abzurechnen. Für die Überprüfung einer von den Gründern schon vorbereiteten Satzung oder auch für die persönliche Beratung in Ihrer Vereinssache zunächst ohne Aktivitäten (kein Schriftverkehr!) gegenüber Dritten bzw. Behörden kann der Rechtsanwalt eine Beratungsgebühr geltend machen, die sich auf ca. 215 € insgesamt beläuft. Treffen Sie also auch hier klare Absprachen, ggf. über eine Gebührenvereinbarung, falls der Anwalt z. B. einen kompletten Satzungserstellungsauftrag erhält.

Das finanzielle Risiko für die erste Vereinsanmeldung beläuft sich somit auf maximal ca. 80 € an Gründungsaufwand – vorausgesetzt, der Vorstand erarbeitet selbst die Satzung und meldet selbst an, wie erläutert.

Soll der Notar tätig werden, also einen Satzungsentwurf erstellen, wird er hierfür eine volle Gebühr nach § 36 KostO verlangen. Bei der Frage des Geschäftswerts orientiert sich der Notar nach der Bedeutung des Vereins und seiner finanziellen Lage entsprechend den Mitgliederzahlen. Im Regelfall bleibt es bei dem Regelgegenstandswert. Eine vorherige Rücksprache wegen des Gebührenaufwands kann sich lohnen!

Die erfolgreiche Gründung

Nach erfolgter Registereintragung erhält der Verein seine Originalsatzung zurück, dazu einen Registerauszug mit dem Nachweis über die erfolgte Eintragung. Mit dem Datum der Eintragung hat der Verein seine Rechtsfähigkeit (§ 21 BGB) erlangt!

Wann gründe ich einen Förderverein?

Zu viel Gewinn

Sparsam und mit viel Einsatz hat der Sportverein TSV im vergangenen Vereinsjahr gewirtschaftet. Doch der Jahresabschluss war ernüchternd: Selbst nach Abzug eines Freibetrags von 3.835 € war der Verein mit seinem Gewinn im wirtschaftlichen Geschäftsbetrieb über die 30.678 €-Umsatzgrenze gerutscht und die Zahlung von Körperschaft-/Gewerbesteuer stand im Raum. Die Lösung: Durch Gründung eines Fördervereins schaffte es der TSV, für das nächste Jahr bei beiden Vereinen unter der Besteuerungsgrenze zu bleiben. ◀

Spätestens dann, wenn der einzelne Verein unabhängig von seiner Zielrichtung mit den erzielten Umsätzen in den Bereich der 30.678 €-Zweckbetriebsgrenze rutscht und damit körperschaftsteuerpflichtig wird oder aber aufgrund bestimmter Erfolge eine weiter gehende finanzielle Förderung benötigt, taucht in einer gewissen Regelmäßigkeit der Ruf nach einem Förderverein auf.

Die rechtlichen und steuerlichen Vorteile nutzen!

Auch ein Förderverein muss separat gegründet werden. Dazu sind alle oben bereits dargelegten Gründungsschritte und -voraussetzungen erforderlich. Sie können bereits über die Vereinsziele bzw. den Satzungszweck festlegen, Vereinszweck dass der Förderverein eine ausschließliche, genau definierte Aufgabe hat (z. B. Förderung des Hauptvereins, einer gewissen Sportart oder einer kulturellen, wissenschaftlichen oder sozialen Aufgabe).
Soweit der Förderverein nicht ausschließlich einen einzigen Zweck, etwa die Unterstützung eines bestimmten Vereins verfolgt, kann er auch mehrere gleich lautende Ziele haben. Beispielsweise können Sie für den kulturellen oder wissenschaftlichen Bereich vorsehen, dass es Aufgabe des Förderver-

eins ist, mehrere Organisationen oder gemeinnützige Ziele gleichzeitig zu unterstützen.

Rechtlich selbstständig Der Förderverein als e. V. ist rechtlich selbstständig. Er hat die gleichen Rechte und Pflichten wie andere Vereine auch, sowohl rechtlich als auch steuerlich.

Keine Personalunion Wichtig: Neben der Satzung, die allenfalls beim Satzungszweck von anderen Vereinen abweicht, daneben aber alle sonstigen Vorgaben für Vorstand, Mitgliederversammlung, Mitgliederrechte bis hin zur Auflösung enthält, sollten Sie personell eine andere Besetzung des Vorstands vorsehen. Im Vorstand des Förder- und des Hauptvereins sollten keinesfalls gleiche Personen sein. Sonst könnte das Finanzamt einen Gestaltungsmissbrauch unterstellen!

Wann wird ein Förderverein als steuerbegünstigt anerkannt?

Fördervereine oder auch regelrechte Spendensammelvereine werden als steuerbegünstigt nur dann anerkannt, wenn die Mittel für die Verwirklichung steuerbegünstigter (insbesondere gemeinnütziger) Zwecke einem anderen Verein bzw. einer anderen Organisation, beispielsweise einem Träger des öffentlichen Rechts, für dessen steuerbegünstigte Zwecke zur Verfügung gestellt werden (§ 58 Nr. 1, Nr. 2 AO). Die Weitergabe von Mitteln muss daher Satzungszweck sein.

Erhaltung der Steuervorteile

Sie sollten auf jeden Fall über die Geschäftsführung des Fördervereins dokumentieren, dass nicht ausschließlich eine eigene Gesellschaft des Hauptvereins aktiv wird. Vermeiden Sie jede mögliche Einflussnahme des Hauptvereins auf die aktive Geschäftsführung des Fördervereins. Dieser kann selbstverständlich auch z. B. unter Ausnutzung der 30.678 €-Zweckbetriebsgrenze eigene Veranstaltungen mit wirtschaftlichen Ergebnissen durchführen. Soweit der Förderverein z. B. Ausrüstungsgegenstände erwirbt, müssen klare Regelungen getroffen werden, ob diese nun voll umfänglich mit allen Haftungsrisiken in das Eigentum des begünstigten Vereins übergehen. Oft erfolgt z. B. auch die Beschäftigung von Trainern/Ausbildern durch den Förderverein, verbunden mit der Aufgabe, für den Hauptverein tätig zu werden. Auf die sich hieraus ergebenden Arbeitgeberpflichten ist zu achten!   ◄

Fördervereine werden oft zur Unterstützung wissenschaftlicher Aktivitäten etc. gegründet. Hier ist besonderer Wert auf die Formulierung des Vereinszwecks zu legen.

Förderung wissenschaftlicher Aktivitäten

„Zweck des Vereins ist die Förderung von … Forschung und die Verbreitung der hierdurch erarbeiteten Ergebnisse.

Der Satzungszweck wird insbesondere durch die Durchführung und Unterstützung von Forschungsvorhaben, Veröffentlichung von Forschungsergebnissen, Veranstaltungen von Exkursionen, Vorträgen, Seminaren und Arbeitstagungen, Einrichtung von Arbeitsgruppen und Zusammenarbeit mit Vereinigungen, die gleich lautende Ziele verfolgen, verwirklicht.

Der Förderverein erstrebt keinen Gewinn und ist selbstlos tätig. Die Mittel des Vereins dürfen nur zu satzungsgemäßen Zwecken verwendet werden. Mitglieder erhalten keine Zuwendungen aus Mitteln des Vereins. Keine Person darf durch Ausgaben, die den Zwecken des Vereins fremd sind, begünstigt werden. Ausgaben und Vergütungen dürfen die tatsächlich entstandenen Kosten nicht überschreiten, sie sind über Belege bzw. Vereinsbuchhaltung nachzuweisen." ◄

Fördervereine werden weiterhin auch oft dazu genutzt, um bestimmte kulturelle Einrichtungen, Baudenkmäler u. Ä. zu unterhalten.

Förderung von Baudenkmälern

„Zweck des Vereins ist die ideelle und finanzielle Förderung der Erhaltung und Nutzung des …

Der Satzungszweck wird insbesondere verwirklicht durch geeignete Mittelbeschaffung insbesondere durch Beiträge, Spenden sowie durch Veranstaltungen, mit denen der breiten Öffentlichkeit der Förderungszweck bekannt gemacht wird. Der Verein ist selbstständig tätig. …."   ◄

Bereits über die Satzung könnte hier sichergestellt werden, dass der Überschuss eines abgelaufenen Geschäftsjahrs dem Träger (Stadt/Land) zur Verfügung gestellt wird, zur unmittelbaren und ausschließlichen Verwendung für Nutzung und Instandhaltung des Denkmals.

Ein anderer Grund wäre, einen eigenen Rechtsträger für Jugendheime und Altenpflegestätten zu erhalten. Hier müssen Sie bei der Formulierung des Vereinszwecks sicherstellen, dass ein auf Gewinnverwirklichung gerichteter gewerblicher Betrieb ausgeschlossen ist.

Fördervereins-initiativen nutzen Soll die Unterstützung Ihres Vereins oder Projektes auch die Zustimmung oder Unterstützung der breiteren Öffentlichkeit finden, sollten Sie einen Förderverein mit allen (steuer-)rechtlichen Voraussetzungen gründen und führen. Lebhaft genutzt werden z. B. auch Fördervereinsinitiativen in den neuen Bundesländern, um dadurch Arbeitsplätze als Rechtsträger etwa im Umweltbereich schaffen zu können.

Im Sportbereich Im Sportbereich läuft die Zielsetzung des separaten Fördervereins entweder auf eine unmittelbare Unterstützung eines Hauptvereins hinaus oder aber allgemeiner auf bestimmte sportliche Betätigungen, um mehrere Körperschaften begünstigen zu können.

Abgrenzung vom Hauptverein

Der Förderverein darf keinesfalls die vom Hauptverein ausgeübte bisherige wirtschaftliche Betätigung übernehmen. Sie müssen also auch andere Aufgaben wie z. B. das Sammeln von Spenden oder die Werbung neuer Mitglieder nachweisen, um den Vorwurf eines Gestaltungsmissbrauchs ausräumen zu können – gerade dann, wenn die wirtschaftliche Tätigkeit gegenüber dem ideellen Bereich überwiegt.   ◀

Wie erstelle ich die Satzung für einen Förderverein?

Die CD-ROM enthält eine Mustersatzung für einen Förderverein, an der Sie sich bei der Erstellung orientieren können.

Wie ist das mit den Mitgliedsbeiträgen?

Beim Förderverein ist nicht unbedingt eine feste Beitragsstaffelung für Mitglieder erforderlich, da einerseits Spenden (freiwillige Zahlungen Dritter oder von Mitgliedern) angestrebt werden, andererseits auch durchaus persönliche Unterstützungsleistungen der Mitglieder (z. B. Betreuungsleistungen) je nach Zweck gewollt sein können. Bei Fördervereinen mit fester Beitragsregelung wird häufig zwischen natürlichen und juristischen Personen unterschieden.

Trennung zwischen Pflichtzahlungen und freiwilligen Leistungen

Wichtig ist eine klare Trennung zwischen finanziellen Verpflichtungen (also Beiträge, Umlagen, Aufnahmegebühren etc.) und der Möglichkeit, auf freiwilliger Entscheidung Spenden zu leisten. Von Mindestbeträgen als Spenden ist abzuraten! ◄

Förderverein mit Beirat?

Häufig ist bei sozialen, kulturell oder wissenschaftlich engagierten Fördervereinen auch eine Art Beiratslösung anzutreffen. Durch die Einbindung kompetenter Fachleute in die Organisationen erhofft man sich, bei einer Vielzahl möglicher förderwürdiger Projekte regelmäßig optimale Entscheidungen zu erzielen.

Ein solcher Verwaltungsrat oder Beirat ist ein reines Beratungsgremium. Für die Öffentlichkeitsarbeit Ihres Fördervereins dürfte es natürlich optimal sein, wenn Sie nicht nur auf dem Briefpapier, sondern etwa auch bei Spendenaufrufen usw. auf eine namhafte Persönlichkeit des öffentlichen Lebens oder auf fachlich besonders qualifizierte Persönlichkeiten verweisen können.

Beratungsgremium

Wie geht der Verwaltungsrat in die Satzung ein?

Wie die Satzung eines Fördervereins mit Verwaltungsrat aussehen könnte, können Sie dem auf der CD-ROM enthaltenen Musterbeispiel entnehmen. Soll – entgegen diesem Muster – eine direkte Einflussnahme des unterstützenden Gremiums (Kuratorium, Beirat, Verwaltungsrat o. Ä.) ausgeschlossen werden, kann beispielsweise bereits in der Satzung Folgendes bestimmt werden:

Ausschluss der direkten Einflussnahme des Beirats

„§ 5 Organe des Vereins

Organe des Vereins sind die Mitgliederversammlung und der Vorstand. Zur Unterstützung des Vorstands oder zur Durchführung verschiedener Aufgaben kann der Vorstand einen Beirat berufen." ◀

Was gilt für Spendensammelvereine?

Für Spendensammelvereine besteht die Vorgabe, dass die Einnahmen im ideellen Bereich höher sein sollen als diejenigen aus dem wirtschaftlichen Geschäftsbetrieb. Die Anerkennung eines Fördervereins als gemeinnütziger Verein ist möglich. Dabei müssen die Spendeneinnahmen sowie Mitgliedsbeiträge bzw. Aufnahmegebühren auf jeden Fall höher sein als die Einnahmen im wirtschaftlichen Geschäftsbetrieb.

Keine schwarzen Kassen!

Steuerschädlich wäre es allerdings, wenn etwa – wie im Sportbereich leider häufig feststellbar – der Förderverein als „schwarze Kasse" geführt wird und nur dazu dient, etwa an Amateursportler durch den „Sponsor Förderverein" Zahlungen zu erbringen. Hier steht die Gemeinnützigkeit auf dem Spiel, bei ausgestellten Spendenbescheinigungen auch die Frage der Haftung des Vorstands! ◀

Förderkreise Anzutreffen sind in der Vereinspraxis allerdings auch kleinere „Förderkreise", die völlig unabhängig und ohne Vereinscharakter sporadisch tätig werden. Keinesfalls darf für derartige „stille" Rechtsgebilde der Anspruch auf Spendenbescheinigungen erwartet werden, da sich eine Anerkennung als gemeinnütziger Verein bei diesen meist losen Zusammenschlüssen nicht durchsetzen lässt.

Weitere steuerbegünstigte Rechtsformen

Neben dem nicht eingetragenen Verein und dem e. V. können auch andere juristische Personen den Gemeinnützigkeitsstatus erlangen können, z. B. die gemeinnützige GmbH oder die Stiftung, aber auch Betriebe gewerblicher

Art (BgA). Dahinter verbergen sich zahlreiche öffentliche Einrichtungen wie Museen, Schwimmbäder, Hallenbetriebe etc., die von den Gemeinden in Eigenregie betrieben werden. Sie erhalten Steuervergünstigungen wie andere gemeinnützige Körperschaften. Damit bei diesen für das Gemeinwohl wichtigen Angebotsformen auch der Gemeinnützigkeitsstatus gewahrt bleibt, besteht eine wichtige Zeitvorgabe für die Kommunen, eine gemeinnützigkeitsrechtliche Satzung zu verabschieden. Nach dem BMF-Schreiben v. 13.11.2002 besteht eine Übergangsregelung bis 31.12.2003, eine nach dem Gemeinnützigkeitsrecht entsprechende Satzung für diese Betriebe zu verabschieden. Und noch bis Ende 2003 dürfen die Gemeinden als Träger dieser öffentlichen Einrichtungen auch weiterhin Spenden annehmen, die zur Verwendung der Museen, Schwimmbäder und vergleichbarer gewerblicher Einrichtungen bestimmt sind. Also brauchen auch Gemeinden künftig mustergültige Satzungen.

Wie führe ich meinen Verein in der Praxis?

Im Zorn zurückgetreten

„Gewählt ist gewählt!" Mit dieser recht barschen Äußerung wies der Vorsitzende den Rücktritt des Kassenwarts zurück, der aus Verärgerung über eine Vorstandsauseinandersetzung sein Amt nach nur einem Jahr niederlegen wollte. Was der Vorsitzende nicht wusste: Zur Ausübung eines Ehrenamts kann niemand gezwungen werden. Es musste also bis zur Neuwahl ein kommissarischer Vertreter gesucht werden. ◀

Dieses Kapitel will Ihnen helfen, in solchen und ähnlichen Fällen mehr (Rechts-)Sicherheit zu erlangen.

Angemeldet – was nun?

Ist die Anmeldung erledigt und trägt das Registergericht den Verein ohne Beanstandung im Vereinsregister ein, erhält der Vorstand die Urschrift der Satzung mit Eintragungsvermerk zurück. Damit kann er als „e. V." tätig werden. Jetzt gilt es, auch Mitglieder zu gewinnen und den Verein in der Öffentlichkeit bekannt zu machen.

Die Verwaltung organisieren

Nach der Gründungsversammlung, zum Teil aber auch erst nach der vollzogenen Eintragung des Vereins im Vereinsregister und der Bestätigung, gehört es zu einer der ersten Aufgaben in den Vorstandssitzungen, intern eine klare Aufgabenverteilung zu vereinbaren.

Verteilung der Aufgaben

Jeder gewählte Vorstand oder Beisitzer sollte Vorschläge machen, welche persönlichen Aktivitäten jetzt einzeln oder gemeinsam in Angriff genom-

Projektplan

men werden. Ein kleiner Projektplan hilft hier weiter. Er dokumentiert nicht nur die abgesprochenen Vorgehensweisen, sondern ermöglicht auch, in bestimmten zeitlichen Abständen die Erledigung der Aufgaben zu kontrollieren und eventuell erzielte Lösungen im Interesse des Vereins nachzuprüfen. Dabei müssen Sie natürlich

- die angestrebte Größe des Vereins,
- die bereits über die Gründungsmitglieder vorbesprochenen zeitlich nahen Ziele sowie
- die Möglichkeiten für einen besonderen persönlichen (ehrenamtlichen) Einsatz von Mitgliedern aus dem Gesamtvorstand

berücksichtigen.

Welche Bedeutung hat die Vorstandsarbeit?

Das Vorstandsamt ist ein Ehrenamt

Folgt man der Statistik, sind immerhin 15 % aller Vereinsmitglieder ehrenamtlich tätig. Die Zahl der Ehrenamtlichen hat also in den letzten Jahren prozentual zwar zugenommen, aber auch die Zahl der Vereine ist stark angestiegen, ebenso wie die verschiedensten Vereinsaktivitäten. So erfreulich auf der einen Seite die wachsende Zahl rühriger Vereine ist, so bedauerlich ist die Tatsache, dass ehrenamtliche Kräfte eindeutig fehlen.

Ursachen des Mangels Ursache dafür sind u. a. die Konkurrenz durch diverse Angebote in der Freizeitgesellschaft, aber auch verkrustete Vereinsorganisationen mit oft fehlender frühzeitiger Einbindung und Heranführung interessierter Mitglieder. Bei der Vorstandsarbeit besteht dazu noch eine gewisse Scheu und Zurückhaltung vor der Übernahme von Führungsfunktionen, auch wegen der Verantwortung und der diversen Pflichten, die Staat/Mitglieder von dem Verein verlangen. Auch darf die Zeitbelastung nicht übersehen werden – bereits beim Klein- oder Mittelverein wird vom Vorstand häufig ein Engagement von 15 bis 20 Stunden pro Woche erwartet – ein Aufwand, den nicht jedes Mitglied auch wegen seiner sonstigen persönlichen Belastung erbringen will oder kann.

Es mangelt aber nicht nur an Vorständen, sondern auch an Übungsleitern, Betreuern, Jugendhelfern etc. Statistisch noch am besten abgedeckt sind kirchliche Organisationen. Nach karitativ ausgerichteten Vereinen folgen Rettungsorganisationen, Schützen-, Wander- und Kleingartenvereine, erst dann die Sportvereine mit durchschnittlich elf Prozent der Mitglieder im Ehrenamt. Nach einer aktuellen Auswertung des DSB gibt es 2,6 Millionen Ehrenamtliche, die mit über 500 Millionen Stunden pro Jahr in 87.000 Sportvereinen tätig sind.

Nicht nur Vorstände fehlen

Keine Bezahlung

Eines ist zunächst klar: Bei ehrenamtlichem Einsatz kommt eine Bezahlung bis auf eine geringe Aufwandsentschädigung nicht in Betracht (z. B. für Fahrtkosten, Porti, Telekommunikationskosten, Büromaterial etc.). Denkbar ist allenfalls, dass für bestimmte Tätigkeiten bezahlte Kräfte eingesetzt werden können, etwa als Geschäftsführer. Dies setzt aber zunächst einen gewissen finanziellen Rahmen beim Verein voraus, denn neben Gehalt müssen – wie bei einem sonstigen Arbeitsverhältnis in der freien Wirtschaft – Sozialabgaben geleistet werden.

Nur Aufwands-entschädigung

Übungsleiterpauschale
Auch über die Übungsleiterregelung (§ 3 Nr. 26 EstG) darf der Vereinsvorstand nicht einmal geringfügig, entschädigt werden. Wer dies nicht beachtet, riskiert die Gemeinnützigkeit für seinen Verein! ◄

Experten-Tipp

Die Förderung durch staatliche Stellen und Institutionen beschränkt sich auf wenige Ausnahmefälle, etwa durch Zuschüsse für Übungsleiter und geringe Aufwandsentschädigungen. Allenfalls bei Einstellung von arbeitslosen Mitbürgern zur Bewältigung der Vereinsarbeit bieten die Lohnzuschüsse oder AB-Maßnahmen der Arbeitsämter eine finanzielle Unterstützung.

Nur selten Förderung möglich

Im Regelfall bleibt aber die ausgesprochene Vorstandsarbeit ohne jegliche finanzielle Unterstützung, setzt also echtes ehrenamtliches Engagement voraus. Es bleibt bei geringen Aufwandsentschädigungen. Auch steuerlich gibt es leider keine Entlastung, es gibt weder einen besonderen Freibetrag

Auch keine steuerliche Entlastung

noch sonstige Steuervorteile. Allenfalls größere Vereine, Verbände und Organisationen sind aufgrund der Haushaltslage und des großen Betreuungsaufwands in der Lage, heute schon auf fest angestellte Vereins- oder Verbandsgeschäftsführer zurückzugreifen.

Weitere konkretere Hinweise zum Thema „Aufwandsentschädigung" im Steuerteil!

Delegieren Sie die Aufgaben

Um also den persönlichen Zeit- und Kostenaufwand für die Vorstandsarbeit zu reduzieren, sollten Sie gerade bei fehlenden Vereinsmitteln die Vorstandsarbeit aufteilen und auf weitere bereitwillige und interessierte Mitglieder delegieren. Prüfen Sie zudem im Steuerkapitel die Übersicht zu den steuerlichen Möglichkeiten beim Aufwandsersatz etwa durch Sitzungsgelder etc. als kleiner denkbarer finanzieller Ausgleich!   ◄

Wie kann der Verein seinen Vorstand entlasten?

Zu einem modernen Vereinsmanagement gehört es ganz einfach, dass man die Vereinsführung gleich auf mehrere Schultern verteilt und regelmäßig, auch einmal über eine interne Vorstandssitzung prüft, ob die bisherigen Organisationsregelungen noch ausreichend sind oder geändert werden müssen.

Veranstaltungen Steht eine größere Veranstaltung an, gehört es eben nicht unbedingt zu den Aufgaben des vertretungsberechtigten Vorstands, dass er die Vorbereitung, Durchführung und spätere Abwicklung komplett vornimmt. Finden Sie eine oder mehrere Personen aus dem Kreis der Vorstandschaft oder setzen Sie einen besonderen Ausschusses mit dem einen oder anderen Vorstandsmitglied und weiteren interessierten oder fachlich besonders geeigneten Mitgliedern ein.

Geschäftsstelle Eine Entlastung der Vorstandsmitglieder können Sie auch dadurch erreichen, dass Sie eine Geschäftsstelle einrichten, die zumindest für bestimmte Stunden während der üblichen Bürozeiten von verschiedenen Vereinsmitgliedern ehrenamtlich oder auf Mini-Job-Basis besetzt ist.

Darf man als Vorstandsmitglied angestellt werden?

Wenn es tatsächlich gegenüber dem Finanzamt gelingt, einen klaren Unterschied in den Tätigkeiten Vorstandsamt und Geschäftsführertätigkeit nachzuweisen, wird ein solches Beschäftigungsverhältnis möglicherweise noch akzeptiert.

Unabhängig von einer genauen Überprüfung durch das Finanzamt kann es jedoch durchaus sein, dass derartige Beschäftigungsverhältnisse nicht unbedingt auf eine positive Resonanz in Mitgliederkreisen stoßen. Einige Vereine nutzen jetzt die neuen Mini-Job-Regelungen als Vergütung für das eine oder andere Vorstandsmitglied. Wichtig: Zuvor wegen gemeinnützigkeitsrechtlicher Bedenken dies vorab mit dem Vereins-Finanzamt abklären!

> **Beschäftigung von Vorstandsmitgliedern**
>
> Regelrecht steuergefährlich wäre die Anstellung einer Geschäftsstellenleiterin eines Vereins, wenn diese Person als gewähltes Vorstandsmitglied die Vereinskasse betreut. Denn sicherlich gehört es zu den Aufgaben des Vereinskassierers, dass er auch im weitesten Sinne für die Mitgliederverwaltung, Finanzen u. Ä. zuständig ist. ◀

Wie beschäftigt man einen Geschäftsführer?

Gerade größere Vereine mit einem sehr starken Engagement im sozialen und kulturellen Bereich sind häufig wegen einer Flut von zu bewältigenden Organisationsaufgaben auf die Beschäftigung eines Geschäftsführers angewiesen, als direkte Unterstützung zur ehrenamtlichen Vorstandsarbeit. Es versteht sich von selbst, dass man natürlich auch bei einem Geschäftsführer, wie bei jedem sonstigen Beschäftigten im Verein, die steuer- und sozialversicherungsrechtlichen Vorgaben strikt beachten muss (Näheres im Kapitel „Was muss ich bei den Steuern beachten?").

Soweit es um die Einstellung eines hauptamtlichen Geschäftsführers für den Verein geht, sollten Sie zuvor innerhalb des Vorstands eine genaue Tätigkeitsbeschreibung erarbeiten.

Tätigkeitsbeschreibung

Satzung prüfen   Prüfen Sie in der Satzung, ob für den Verein eine Ermächtigung zur Einstellung eines Geschäftsführers besteht. Wenn nicht, sollten Sie vor dem Einstellungsverfahren unbedingt nach einem dokumentierten Vorstandsbeschluss die Zustimmung der Mitgliederversammlung zu dieser besonderen Maßnahme einholen.

Wie wird ein Geschäftsführer vergütet?

Abhängig von   Die Vergütung eines Geschäftsführers wird sich natürlich an seiner berufli-
Qualifikation   chen Qualifikation, seinen Vorkenntnissen und seinem Aufgabengebiet orientieren. Sicherlich ist hierfür ein von den sonstigen Vereinshelfern abweichender besonderer Geschäftsführervertrag zu erstellen. Regelrecht gesucht werden in der Vereinspraxis Geschäftsführer, die neben unbedingt notwendigen soliden kaufmännischen Kenntnissen auch über besondere Erfahrungen etwa für den Marketingbereich verfügen. Eine vorherige Ausschreibung beispielsweise über den Verband kann sich durchaus lohnen.

Natürlich kann man kaum einen Vergleich zu einem GmbH-Geschäftsführer in der gewerblichen Wirtschaft ziehen. Auch innerhalb der Vereinslandschaft bestehen große Unterschiede: Ein Geschäftsführer im Sport-Profibereich, die Führungskraft in einer größeren Spendenorganisation oder bei einer kulturellen Vereinigung wird sicherlich schon aufgrund seiner noch größeren gesamten Beanspruchung einen höheren Verdienstanspruch geltend machen als z. B. der Geschäftsführer in einem anderen Mittel- bis Großverein. Einen Muster-Geschäftsführervertrag finden Sie übrigens auf Ihrer Vereins-CD-ROM!

Regelung der Kompetenzen

Ganz unabhängig von der Vergütungsregelung sollten Sie unbedingt darauf achten, dass auch klare Kompetenzregelungen bestehen. Wer hat die Weisungsbefugnis gegenüber dem Geschäftsführer aus dem Kreis der Vorstandschaft? Hat der Geschäftsführer und, wenn ja, gegenüber wem, Befugnisse bzw. Vertretungsmacht? Wie wird der Geschäftsführer in Vorstandssitzungen eingebunden? Wie ist seine Position gegenüber Mitgliedern und Dritten geregelt? ◄

Was muss ich bei einem Vorstandswechsel beachten?

Auch der Wechsel im vertretungsberechtigten Vorstand ist dem Registergericht unverzüglich mitzuteilen. Dies gilt selbst dann, wenn die Vorstandsneuwahl lediglich einen (internen) Ämterwechsel bringt, etwa dass der 2. Vorsitzende künftig als 1. Vorsitzender amtiert.

Mitteilung ans Registergericht

Wie lange bleibt ein Vorstand im Amt?

Die Amtsperiode des Vorstands bestimmt sich nach der Regelung in der Vereinssatzung. Meist ist dort verankert, dass der Gesamtvorstand nach Ablauf seiner bisherigen Amtszeit neu zu wählen ist. Für die Dauer der Amtszeit gibt es an und für sich keine Beschränkungen. Ist laut Satzung eine Wiederwahl nicht ausgeschlossen, kann ein Vorstand auch für mehrere Perioden im Amt bleiben.

Üblich ist eine Dauer der Amtszeit von zwei bis vier Jahren. Innerhalb dieses Zeitraums lässt sich sehr deutlich ersehen, ob die Vereinsführung in der Lage ist, nicht nur die laufenden Geschäfte des Vereins zu führen, sondern auch neue Ideen zur Zweckverwirklichung des Vereins umzusetzen. Empfehlenswert ist auch eine Satzungsregelung dahin gehend, dass der bisherige Vorstand in seinem Amt verbleibt, bis der neue Vorstand satzungsgemäß bestellt ist. Lohnend für die Fälle, dass eine genaue Amtszeit festgelegt ist und z. B. die Mitgliederversammlung vielleicht einige Monate später erst stattfinden kann.

Zwei bis vier Jahre üblich

Was geschieht bei einer vorzeitigen Amtsniederlegung?

Manchmal legt ein Vorstandsmitglied etwa aus Verärgerung, aber auch aus anderen nachvollziehbaren Gründen (Wegzug vom Ort, Arbeitsüberlastung etc.) vorzeitig sein Amt nieder. Das Vorstandsamt ist ein Ehrenamt – Sie können einen Vorstand daher nicht verpflichten, sein Amt bis zur Neuwahl weiterzuführen.

Sensibilität beim Vorstandswechsel

Eine vorzeitige Amtsniederlegung macht sehr leicht nicht nur innerhalb des Vorstands, sondern auch im Kreis der Mitglieder sehr schnell seine Runden. Wird das Vorstandsamt wegen Meinungsverschiedenheiten aufgegeben, sollten Sie den Ausstieg innerhalb des Vorstands über eine allgemein verträgliche interne Regelung ermöglichen.

Versuchen Sie selbst bei ernsthaften Auseinandersetzungen innerhalb der Vorstandschaft, den bisher engagierten Vorstand wenigstens als Vereinsmitglied zu erhalten. Nicht selten schließt sich nämlich ein verärgerter Vorstand einem vergleichbaren Verein an oder gründet gar selbst einen Konkurrenzverein! ◀

Ersatzmitglied Besonders problematisch wird es natürlich, wenn es sich etwa um den 1. Vorstand handelt, der vielleicht auch in diversen weiteren Gremien bzw. Verbänden stark engagiert war. Enthält die Satzung die auch von uns empfohlene Regelung, dass bei einer vorzeitigen Amtsniederlegung der Vorstand befugt ist, ein vorläufiges „Ersatzmitglied" zu bestimmen, kann man wenigstens problemlos den Zeitraum bis zur anstehenden Vorstands-Neuwahl überbrücken.

Nachwahl Handelt es sich allerdings um ein vertretungsberechtigtes Vorstandsmitglied und liegt zwischen der Aufgabe des Vorstandsamts und der turnusmäßigen Neuwahl ein größerer Zeitraum, bleibt auch im Interesse der Mitglieder häufig nur der Weg, ggf. über eine außerordentliche Mitgliederversammlung eine Nachwahl durchzuführen. Ansonsten behilft man sich in der Vereinspraxis damit, bei der nächsten alljährlichen Mitgliederversammlung die Nachwahl mit auf die Tagesordnung zu nehmen.

Frühzeitig Vertreter suchen Wird das Vorstandsamt nicht aus Verärgerung, sondern etwa aus beruflichen Gründen niedergelegt, sollte sich der Vorstand alsbald über einen geeigneten Vertreter verständigen, soweit die Satzung hierzu eine Ermächtigung für den verbleibenden Zeitraum vorsieht. Nach Rücksprache mit dem geeigneten Kandidaten muss dann ein Vorstandsbeschluss herbeigeführt werden, der auch unbedingt in einem Vorstandsprotokoll vermerkt werden muss. Die frühzeitige Festlegung auf einen (neuen) Einzelkandidaten durch den bisherigen Vorstand hat natürlich für die anstehende Wahl keine weitere rechtliche Bedeutung, d. h. die Mitglieder können über die Hauptversammlung jederzeit entsprechend weiterer Vorschläge einen anderen Kandidaten nachwählen.

Ist eine solche Ermächtigung für den Vorstand in der Satzung nicht enthalten, bleibt der jeweilige Posten nach Amtsniederlegung unbesetzt, bis über die nächste Mitgliederversammlung die Nachwahl stattgefunden hat.

Gravierende Meinungsverschiedenheiten, starke Vorwürfe aus dem Kreis der Mitgliedschaft wegen heftiger Kritik bei der Amtsführung können auch gelegentlich dazu führen, dass eine regelrechte Abwahl stattfindet, z. B. über eine eigens hierzu einberufene außerordentliche Mitgliederversammlung.

Übrigens: Sie können bei der Wahl des Vorstands durchaus Mitglieder mit entsprechender Vereinsbindung berücksichtigen, indem Sie z. B. in der Satzung bei der Vorstandswahl vorsehen, dass für das Vorstandsamt eine mindestens einjährige Mitgliedschaft vorausgesetzt wird.

Für Notfälle, d. h. bei nicht mehr gegebener, fehlender Vertretungsbefugnis **Notvorstand** (als gesetzlicher Vertreter) müssen Sie beim Amtsgericht (Vereinsregister) einen Antrag auf Bestellung eines Notvorstands (§ 29 BGB) stellen. Findet sich auf Vorschlag aus dem Verein kein bereitwilliges und geeignetes Mitglied, bestellt das Registergericht gelegentlich sogar einen Rechtsanwalt als unabhängigen Vertreter.

Wie läuft die Wahl des Vorstands ab?

Sie sollten die Neuwahl von Vorständern intern mindestens drei bis sechs Monate vorbereiten, da die Kandidatensuche oft schwierig ist. Soweit sich außerhalb des vertretungsberechtigten Vorstands der ein oder andere Kandidat, etwa als Beisitzer, nicht findet, kann theoretisch die Position unbesetzt bleiben. Außerhalb des vertretungsberechtigten Vorstands (§ 26 BGB) ist auch eine Doppelbesetzung möglich, wenn die Satzung dies nicht ausschließt.

Soweit die Satzung (bitte nachprüfen!) keine Einzelwahl des Vorstands vorschreibt, kann auf Vorschlag und mit ausdrücklicher Billigung der Mitgliederversammlung zur Durchführung eines vereinfachten Wahlvorgangs der zur Kandidatur bereite Gesamtvorstand in einem Wahlgang, also als „Listenvorschlag", gewählt werden. Ein Verfahren, das bei kleineren Vereinen und einem bewährten, eingespielten Vorstand, der sich zur Wiederwahl stellt, aus Vereinfachungsgründen häufig praktiziert wird. Natürlich nur **Listenvorschlag** dann, wenn zeitlich komplett die Neuwahl des Gesamtvorstands ansteht und selbst bei Einzelposten keine Gegenkandidaten genannt werden! Wichtig ist aber die protokollierte Abfrage des Versammlungsleiters bei Vorstellung der Einzelkandidaten nach weiteren Vorschlägen aus dem Mitgliederkreis.

Hauptsatzung des Dachverbands beachten

Soweit Vereine an einen Dachverband angeschlossen sind und die Regelungen des Dachverbandes ergänzend verbindlich gelten, muss zur Sicherheit auf jeden Fall geprüft werden, ob sich über sog. „Hauptsatzungen" des Verbandes nicht ergibt, dass Vorstände einzeln zu wählen sind. So ist z. B. bei politischen Parteien, die als Verein organisiert sind, oft über die Hauptsatzung eine derartige Einzelwahl verbindlich vorgeschrieben. Die Nichtbeachtung dieser Vorgaben könnte dazu führen, dass die Durchführung der Gesamtwahl unwirksam wäre.

Für das Protokoll

Denken Sie bei einer Vorstandswahl daran, im Protokoll nicht nur die Bereitschaft zur Kandidatur, sondern auch die einzeln erteilte Zustimmung zur Annahme des Ehrenamts mit dem genauen Abstimmungsergebnis zu vermerken. Die Satzung schreibt den Abstimmungsmodus vor.   ◄

In welchem Zeitturnus wird gewählt?

In den häufigsten Fällen schreibt die Satzung für den Gesamtvorstand eine bestimmte Amtszeit verbindlich vor. Er muss dann insgesamt über die Mitgliederversammlung neu gewählt werden. Die Mitteilung eines Kandidaten, dass er z. B. nur ein Jahr statt zwei Jahre laut Satzung gewählt werden will, ist nicht möglich. Intern könnten Sie allenfalls vereinbaren, dass er dann z. B. nach dem Jahr sein Amt aufgibt.

Zeitversetzte Wahlen

Im Sportbereich, aber auch bei Gesangs- und Musikvereinen entscheidet man sich häufig für abweichende Zeiträume bei der Besetzung des Gesamtvorstands. Damit will man vermeiden, dass durch eine anstehende Generalversammlung plötzlich ggf. der gesamte Vorstand „ausgetauscht" wird. Gerade bei Vereinen, die auf eine langfristige, kontinuierliche Vorstandsarbeit Wert legen, bei der dann auch die Einarbeitung neuer Vorstandsmitglieder durch noch amtierende Vorstände gewährleistet ist, hat sich eine zeitversetzte Wahl bewährt.

Wahl des Vorstands

„Der Vereinsvorstand steht im zweijährigen Turnus wie folgt zur Wahl:

in ungeraden Jahren: der 1. Vereinsvorsitzende und der Vereinskassierer sowie zwei Mitglieder des Beirats;

in geraden Jahren: der 2. Vorsitzende, der Schriftführer sowie zwei Mitglieder des Beirats."   ◄

Positionen des Gesamtvorstands

Über die Satzung muss ergänzend genau festgelegt werden, mit welchen Positionen der Gesamtvorstand besetzt wird. Bei einzelnen Vereinen werden neben den klassischen Vorstandspositionen oft auch noch Abteilungsleiter, Jugendsprecher etc. für die Wahl vorgesehen.

Berücksichtigen Sie über die Satzung auch Einzelregelungen dahin gehend, wer als Vorstandsmitglied überhaupt wählbar ist – meist genügt der Hinweis, dass es sich um ordentliche Mitglieder entsprechend § x der Satzung handelt. Für den Vertreter der Jugendversammlung, soweit der Verein dies berücksichtigt hat, müssen Sie die insoweit einschlägige Jugendordnung mit als Satzungsregelung beachten. Beachten Sie auch die rechtlichen, zuvor dargestellten Vorgaben bei Minderjährigen als Kandidaten.

Wie informiere ich das Vereinsregister?

Hat ein Wechsel beim vertretungsberechtigten Vorstand (im Sinne des § 26 BGB) stattgefunden, so müssen Sie Kontakt zum Vereinsregister aufnehmen.

Welche Dokumente werden benötigt?

Sie müssen neben dem Anmeldungsschreiben eine Abschrift/Kopie des Sitzungsprotokolls über den Ablauf der Mitgliederversammlung vorlegen. Achten Sie darauf, dass das Sitzungsprotokoll in ordnungsgemäßer Weise unterzeichnet wird. Für die Mitteilung beim Vorstandswechsel an das Vereinsregister sind die Unterschriften von allen vertretungsberechtigten Vorstandsmitgliedern (dies können wieder- oder neu gewählte sein) erforderlich, die beglaubigt sein müssen (also wie bei Satzungsänderungen).

Enthält die Satzung (üblicherweise) keine Regelung, darf eine „Stimmenhäufelung" auf einzelne Kandidaten nicht erfolgen. Gleiches gilt für eine Vorstandswahl im schriftlichen Verfahren, die nur möglich ist, wenn alle Vereinsmitglieder diesem Verfahren zustimmen.

Musterschreiben wegen eines Vorstandswechsels

An das
Amtsgericht
Registergericht

                                                                Ort, den …

Betr.: Vorstandswechsel beim …-Verein e. V.
Registernummer: …

Aufgrund der Mitgliederversammlung vom … ergab die Vorstandswahl folgende Veränderungen, die zur Eintragung angemeldet werden:

1. Vorsitzender … (Name, Beruf, Anschrift, Unterschrift)
2. Vorsitzender … (Name, Beruf, Anschrift, Unterschrift)

Die bisherigen vertretungsberechtigten Vorstandsmitglieder … und … sind aus ihrem Amt ausgeschieden.

Abschrift des Versammlungsprotokolls vom … ist beigefügt.

Es wird versichert, dass die Versammlung satzungsgemäß einberufen und der heute mitgeteilte Beschluss ordnungsgemäß zustande gekommen ist.

(Datum, Unterschrift)

Beglaubigungsvermerk des Notars über die Echtheit der Unterschriften

---

Die Änderung beim vertretungsberechtigten Vorstand (nach § 26 BGB) wird – anders als bei der Vereinsgründung – nicht allgemein veröffentlicht.

Was gilt bei Wiederwahl?

Hier müssen Sie dem Registergericht lediglich durch formlose Mitteilung, zweckmäßigerweise mit einer einfachen Kopie des Protokolls der Mitgliederversammlungen mitteilen, dass eine Wiederwahl dieser vertretungsberechtigten Personen für x Jahre stattgefunden hat. Der Weg zum Notar wegen der Unterschriftsbeglaubigung ist nicht notwendig (§ 67 BGB)! Grundsatz: Der Vorstand kann, z. B. aus persönlichen/beruflichen Gründen, immer aus dem Amt ausscheiden, da es sich um ein „Ehrenamt" handelt. Die Mitgliederversammlung kann im Übrigen ausschließlich die Abwahl eines Vorstandsmitglieds vornehmen, also durch Abberufung z. B. aus wichtigem Grund.

Wissenswertes für den Vorstand

Wie weit geht die Auskunftspflicht des Vorstands?

Neben der Mitgliederversammlung hat der Vorstand auf Verlangen Auskunft über die Vereinsangelegenheiten zu erteilen (§ 666 BGB). Dies betrifft zumindest die wesentlichen Ereignisse und geschäftlichen Entwicklungen für das betreffende Vereinsjahr. Üblicherweise wird der Vorstand in der Jahresmitgliederversammlung dies im Rahmen seines Geschäfts- oder Rechenschaftsberichts vornehmen, wobei auch sachgemäße Fragen etwa zum Rechenschaftsbericht zu beantworten sind. Ansonsten geht die Rechtsprechung davon aus, dass außerhalb von Mitgliederversammlungen kein besonderer, umfassender Auskunftsanspruch gegenüber einzelnen Mitgliedern besteht. Der Vorstand steht ausschließlich zu dem Verein selbst in einem Rechtsverhältnis, nicht gegenüber einzelnen Mitgliedern. Bei Verletzung von Amtspflichten wird er nur vom Verein z. B. schadensersatzpflichtig gemacht.

Was bedeutet die Entlastung des Vorstands?

Meist wird regelmäßig nach dem Geschäftsbericht des Vorstands, der Erläuterung zum Kassenbericht und nach dem Bericht der Kassenprüfer die Entlastung des Vorstands beantragt. Die Mitgliederversammlung muss daher über die Entlastung abstimmen. Wird die Entlastung erteilt, bedeutet dies, dass die Mitgliederversammlung der bisherigen Geschäftsführung des amtierenden Vorstands für das abgeschlossene Vereinsjahr/den Berichtszeitraum zugestimmt hat.

Verzicht auf Ansprüche

Die Entlastung hat sehr große rechtliche Bedeutung, denn sie wirkt wie ein Verzicht, bedeutet also, dass auch etwaige Ersatzansprüche gegen den Vorstand damit erloschen sind. Mit einer Einschränkung: Die Entlastung betrifft natürlich alle „bekannten" Vorkommnisse, die bei verständiger Würdigung des Geschäftsberichts nachvollzogen werden können. Ist z. B. ein Rechenschaftsbericht unvollständig, verschweigt ein Vorstand „heikle" Geschäftsführungspunkte, kann dies im Einzelfall bedeuten, dass trotz einer erteilten Entlastung auch weiterhin Regressansprüche möglich sind.

Was geschieht, wenn die Entlastung verweigert wird?

Ein Vorstand, der seine Geschäfte ordnungsgemäß geführt hat, kann theoretisch mit einer Feststellungsklage vor Gericht gehen und seinen Anspruch auf Entlastung gerichtlich geltend machen. Wird die Entlastung jedoch einem Altvorstand verweigert, weil z. B. Ungereimtheiten der Vereinsgeschäftsführung bekannt werden, heißt es aufzupassen für den neu gewählten Vorstand: Er hat nun eine sachgemäße Prüfung durchzuführen, ob möglicherweise Regressansprüche gegen den ausgeschiedenen Amtsvorgänger, vielleicht sogar gerichtlich, geltend gemacht werden müssen. Wichtig ist also das Verhalten der Kassenprüfer, ob diese der Mitgliederversammlung insgesamt die Entlastung des Vorstands empfehlen.

Welche Funktion hat der Kassenprüfer?

Überprüfung sämtlicher Vereinsfinanzen

Egal, ob er als Kassenprüfer oder Revisor bezeichnet wird: Nahezu jede Satzung enthält den Hinweis, dass ein bis zwei Prüfer die Aufgabe haben, die Vereinsfinanzen etwas unter die Lupe zu nehmen, nicht nur die Barkasse, sondern alle Konten: Einsichtnahme in Belege/Unterlagen und zumindest eine stichprobenartige Überprüfung, ob die im Kassenbuch/Journal bis hin zum Jahresabschluss enthaltenen Zahlen mit den Einnahmen und Ausgaben übereinstimmen. In den hier veröffentlichten Satzungen finden Sie Hinweise zu Prüfungsumfang, Wahlen etc.

Richtige Wahl des Kassenprüfers

Vermeiden Sie auf jeden Fall, Kandidaten aus dem Mitgliederkreis für das Amt des Kassenprüfers zu berücksichtigen, die dem Vorstand angehören oder vielleicht auch Vereins-Arbeitnehmer sind. Denn das Prüfungsergebnis wäre wegen der Interessenkollision anfechtbar und damit u. U. auch die Entlastung des Vorstands!

Gibt es keine Kandidaten, ist es besser, mit Zustimmung der Mitgliederversammlung z. B. einen Steuerberater (gegen Honorar) zu beauftragen, selbst wenn das Amt dann für ein bis zwei Jahre unbesetzt bleibt. ◄

Brauchen wir eine Vorstandsordnung?

Empfehlenswert ist ggf. außerhalb der Satzung eine schriftliche Vorstandsordnung. Zulässig wäre natürlich die Aufnahme von Regelungen für die Arbeit des Vorstands auch in der Satzung.

Einer der wichtigsten Inhalte ist hierbei die Pflicht zur Führung von Protokollen, in denen alle Entscheidungen oder Beschlüsse festzuhalten sind, einschließlich der Abstimmungsergebnisse. Empfehlenswert ist auch die Art der Abstimmung (jedes Vorstandsmitglied hat eine Stimme, bei Stimmengleichheit entscheidet z. B. die Stimme des 1. Vorstands). Inhalte

Darüber hinaus sollte die Vorstandsordnung Vorgaben für einen bestimmten Sitzungsrhythmus enthalten („Der Vereinsvorstand tagt mindestens einmal monatlich. Sitzungen des Gesamtvorstands sollen mindestens einmal im Quartal oder nach Bedarf stattfinden"). Achten Sie bei der Einberufung der Vorstandssitzungen darauf, ob eine besondere Schriftformklausel unter Angabe des Einberufungsgrundes vorgeschrieben ist.

Die Leitung der Sitzung sollte dem Vereinsvorsitzenden übertragen sein; bei Verhinderung wird er durch seinen Stellvertreter (2. Vorstand) ersetzt. Empfehlenswert ist eine Regelung zur Beschlussfähigkeit.

Regelung zur Beschlussfähigkeit

Der Vorstand ist beschlussfähig, wenn zwei Drittel des gesamten Vereinsvorstands anwesend sind. Bei Beschlussunfähigkeit muss der Vereinsvorsitzende binnen sieben Tagen eine zweite Sitzung mit derselben Tagesordnung einberufen. Diese ist dann ohne Rücksicht auf die Zahl der anwesenden Vorstandsmitglieder beschlussfähig.   ◄

Dazu noch ein Hinweis: Klare Regelungen beim Verantwortungs- und Zuständigkeitsbereich in der Vorstandsordnung sind auch bei späteren Steuerprüfungen wichtig, wenn z. B. die Frage der Spendenhaftung im Raum steht und das Finanzamt neben dem Verein das eine oder andere Vorstandsmitglied per Haftungsbescheid angehen will.

Beteiligung der Jugendvertretung

Keine Sollvorschrift, aber auf jeden Fall empfehlenswert ist eine Regelung für den ständigen Kontakt mit vorhandenen Jugendvertretungen. In der Vorstandsordnung könnte also vorgesehen werden, dass der 1. oder 2. Vorsitzende die Interessen der jugendlichen Mitglieder vertritt und sich zum ständigen Kontakt mit den Jugendvertretern verpflichtet. Empfehlenswert und für die Einbindung auch durchaus von Vorteil ist die Teilnahme etwa des Jugendvertreters, soweit er nicht ohnehin zum Gesamtvorstand gehört, an bestimmten strategischen Vorstandssitzungen. Ohnehin sollte der Vorstand daran denken, bei fehlender Teilnahmeberechtigung über die Vorstandsordnung oder Satzung vorzusehen, dass in regelmäßigen Abständen bei den Vorstandssitzungen Jugend- oder Abteilungsvertreter teilnehmen, soweit es um zusammenhängende Probleme in der Vereinsarbeit oder aber auch um finanzielle Aspekte bei diesen Abteilungen geht.

Checklisten für die Vereinsführung

Die folgenden Checklisten finden Sie auf CD-ROM, so dass Sie sie direkt in Ihre Textverarbeitung zum Umlauf des Ausdrucks im Vorstand übernehmen können.

Checkliste für die Vorsitzenden (Vorstand)

Sind diese Fragen geklärt?	ja	nein
Wer unterschreibt, wofür sind Unterschriften der Vertretungsbefugnis notwendig (Bank, Behörden, Organisationen, Verbände etc.)?		
Wer muss über die Vereinsgründung, über die Vorstandswahlen unterrichten?		
Wer kümmert sich um Entwurf/Herstellung von Briefpapier mit Vereinsemblem, Bankverbindung, Anschrift der Geschäftsstelle etc. und Visitenkarten, soweit notwendig? Gibt es eine Internetadresse, kann ein Projektteam eine Homepage erstellen?		
Gibt es schon Aufnahmeformulare für Mitglieder? Ist der Inhalt mit dem Vereinskassierer wegen der Bankverbindung, Einzugsermächtigung abgestimmt?		
Ist eine Vorstandsordnung notwendig?		
Wie kann für die Repräsentanz bei Veranstaltungen/ öffentlichen Anlässen die Teilnahme ehrenamtlicher Vorstände zumindest für gewisse Zeiträume ermöglicht werden?		
Müssen Proberäume/Hallen/Sportstätten gemietet werden?		
Sollen für bestimmte Aktivitäten Ausschüsse gebildet werden? Wer aus dem Kreis der Mitglieder eignet sich hierfür?		
Kann über den Gesamtvorstand ein vorläufiger/langfristiger Finanzplan aufgestellt werden?		
Sind alsbaldige Initiativen durch Spendenaufrufe notwendig?		
Sind die wichtigsten versicherungsrechtlichen Fragen für den Verein und seine Mitglieder geklärt? Wer betreut/führt die Geschäftsstelle? Wird diese als Anlaufstelle überall kommuniziert?		
Zusammenarbeit mit Verbänden		
Will man sich einem Verband alsbald anschließen?		
Gibt es hier Informationen? Was kosten die Verbandsbeiträge/Umlagen, welche Hilfen bietet der Verband an?		

	ja	nein
Ist ggf. ein Verbandsbeitritt notwendig, um bei künftigen Leistungswettbewerben, etwa im musikalischen/sportlichen Bereich, mitwirken zu können? Gibt es einen Landes-/Bundesverband?		
Kann der Verband Unterstützung bei der Beschaffung notwendiger Vereinsgegenstände leisten (etwa Musikinstrumente, Sportgeräte)? Welche Fristen, welche Unterlagen sind hierfür nötig?		
Bei Spielbetrieb/Wettkampfmannschaften		
Wer vom Vorstand nimmt in nächster Zeit an den eigentlichen Vereinsaktivitäten teil?		
Müssen Ausschüsse gebildet werden?		
Gibt es konkrete Vorstellungen für gezielte Jugendarbeit/ Einrichtungen von Abteilungen, die von geeigneten und bereitwilligen Mitgliedern besetzt werden können? Muss eine Jugendordnung verabschiedet werden?		
Gibt es eine Beitragsordnung, Aufnahmeantrag für Mitglieder, Satzungskopien für Neueintritte?		

Checkliste für den Kassenwart

Sind diese Fragen geklärt?	ja	nein
Ist die Bankverbindung einschließlich der Frage der Kontovollmacht und Führung eines ggf. notwendigen Kassenbarbestandes geklärt?		
Wie wird die Vereinsbuchführung in der Anfangsphase oder nach einem gewissen Zeitraum abgewickelt (Führung Vereinsjournal, Vorbuchungen über Kontenblätter, Beschaffung eines PC-Programms für die Vereinsverwaltung bis hin zur Prüfung, ob für die weiterführende Buchführung einschließlich der steuerlichen Aufgaben ggf. ein Steuerberater eingeschaltet werden soll)?		
Können Zuschüsse und, wenn ja, wo können sie beantragt werden (Rücksprache mit Verband, Behörden, Sport-/Kulturamt, Gemeindeverwaltung etc.)?		
Ist ein Finanzplan des laufenden Vereinsjahres schon fällig?		

	ja	nein
Rückständige Mitgliedsbeiträge: Ist die dreijährige Verjährungsfrist in der Überwachung?		
Soll – langfristig – ein Förderkreis oder sogar Förderverein gegründet werden?		
Werden die neuen Spendenformulare eingesetzt? Wer unterschreibt? Wird ein Doppel der Spendenquittung aufbewahrt?		
Läuft die Abstimmung mit den Kassenprüfern?		

Checkliste für den Schriftführer

Sind diese Fragen geklärt?	ja	nein
Ist die Mitgliederliste aktualisiert, müssen für Vereinsaktivitäten (z. B. Sportbetrieb) Schreiben, Einladungen vorbereitet werden?		
Müssen Meldungen von Aktiven/Mitgliedern an Verbände oder weitere Organisationen weitergeleitet werden?		
Ist eine PC-Abwicklung des laufenden Schriftverkehrs möglich? Kann per E-Mail kommuniziert werden? Mit wem?		
Gibt es für die Anfangsphase bereits Versammlungs-/ Proberäume etc.?		
Soll in Absprache mit dem Gesamtvorstand die örtliche Gastronomie eingeschaltet werden?		
Müssen für anstehende größere Veranstaltungen/ Vereinsversammlungen Termine abgestimmt oder Einladungen vorbereitet werden?		
Datenschutz: Liegen für die Internetauftritte/die Homepage mit persönlichen Angaben/Bildern der Führungskräfte die Einverständniserklärungen vor?		

Checkliste für den Kassenprüfer/Revisor

Sind diese Fragen geklärt?	ja	nein
Wie lautet der Auftrag, gibt es Erfahrungen aus den Vorjahren? Wird nach Satzung/Übung im Verein eine rechnerische Prüfungsfähigkeit oder auch sachliche Prüfung erwünscht?		
Wurden alle Kontounterlagen, Auszüge, Belege (Ordner), Rechenschaftsbericht, Kassenbuch/Journal übergeben?		
Stimmen die Buchungen und Konten überein? Sind die Belege durchnummeriert, können diese stichprobenartig zutreffend zugeordnet werden?		
Muss ein schriftlicher Bericht – wenn ja: wann? – vorgelegt werden? Über welche finanziellen Vorgänge soll in der Mitgliederversammlung berichtet werden?		

Checkliste für die Pressearbeit

Sind diese Fragen geklärt?	ja	nein
Werden die Mitglieder laufend über Vereinsaktivitäten/ Veranstaltungen informiert?		
Soll eine Vereinszeitschrift erstellt werden?		
Sind Plakate notwendig für Veranstaltungen, gibt es Sponsoren/Mitglieder, die bei der Herstellung oder durch bezahlte Inserate/Anzeigen/Werbeaufdrucke helfen?		
Muss ein persönlicher Kontakt zu Pressevertretern hergestellt werden, gibt es einen Presseverteiler?		
Wer muss wann über Vereinsaktivitäten extern informiert werden? Wird der Vorstand über Presseaktivitäten, Öffentlichkeitsarbeit regelmäßig informiert?		

Checkliste für sonstige Aufgaben

Sind diese Fragen geklärt?	ja	nein
Besteht ein ausreichender Versicherungsschutz (Haftpflicht-, Sach- und Unfallversicherung)? Für viele Vereine besteht die Möglichkeit, über Verbände günstige Gruppenversicherungen (z. B. im Unfall-, Kranken- und Haftpflichtbereich) in Anspruch zu nehmen.		
Sind Arbeitnehmer des Vereins (z. B. Aushilfskräfte, auch Trainer oder Übungsleiter) über die Berufsgenossenschaft versichert?		
Bei Vereinsneubauten: Sind Vereinshelfer durch die Berufsgenossenschaft oder über Privatversicherer (Kostenvergleich notwendig!) abgesichert?		
Ist die Gesamtfinanzierung geklärt wegen ggf. rückläufiger Zuschüsse z. B. beim Sportanlagenbau?		
Für die neuen Bundesländer: Ist eine Beschäftigung von Vereinshelfern über ABM-Maßnahmen (Rücksprache Arbeitsamt) und, wenn ja, in welcher Zuschusshöhe möglich? Eine Einstellung ist erst nach Antragstellung möglich!		
Erfüllt der Verein alle sonstigen öffentlich-rechtlichen Verpflichtungen (z. B. in gewerberechtlicher Hinsicht beim Betrieb eines Vereinsheims)?		
Ist vor Durchführung einer Veranstaltung überprüft worden, ob für den Verein z. B. bei einer Tanz- oder Konzertveranstaltung GEMA-Gebühren zu entrichten sind? Auskunft und Infomaterial: GEMA-Generaldirektion, Bayreuther Straße 37, 10787 Berlin oder Rosenheimer Straße 11, 81667 München oder über die regionalen Bezirksdirektionen. Bei den Beitragsfestsetzungen sind die jährlich neu festgesetzten, aktuellen Gebührensätze zu beachten. Gibt es Gebührenbefreiung wegen Verbands-Rahmenabkommen? Lohnt sich ein Pauschalvertrag?		

Ist für den Verein ein allgemeiner Fristenkalender für das laufende Geschäftsjahr für Anträge z. B. auf Zuschüsse etc. angelegt, die bei den entsprechenden Verbänden/ Körperschaften (z. B. Stadt- bzw. Gemeindeverwaltung) gestellt werden müssen?		
Sind Termine für Vereinsfeste mit Stadt- bzw. Gemeindeverwaltungen abgestimmt? Wurden organisatorische Vorkehrungen getroffen (Polizeibehörde, Rotes Kreuz u. Ä.)? Bei größeren Veranstaltungen mit mehreren Vereinen sollte unbedingt geklärt werden, wer als verantwortlicher Träger dieser Veranstaltung auftritt. Die Finanzämter prüfen verstärkt, ob es sich statt einer Einzelveranstaltung ggf. um eine Festgemeinschaft handelt. Bei einer Festgemeinschaft liegt dem Grunde nach eine Gesellschaft des bürgerlichen Rechts vor. Beteiligte sind also die angeschlossenen Vereine, ggf. sogar Gemeinden oder Städte, soweit etwa aus Anlass einer Jubiläumsveranstaltung größere Aktivitäten gemeinsam durchgeführt werden.		
Stimmen neben der Hauptsatzung auch die sonstigen Ordnungen des Vereins (Geschäftsordnung des Vorstands, Finanzordnung etc.)?		
Ist die Einführung einer Jugendordnung z. B. für die Jugendarbeit erforderlich, um weiterhin zweckgebundene Zuschüsse aus Landes- bzw. Bundesmitteln erhalten zu können?		
Künstlersozialversicherung: Die verstärkten Aktivitäten der Künstlersozialversicherungskasse haben zur Überraschung vieler, auch schon bestehender, Vereine dazu geführt, dass oft Beitragsnachforderungen gestellt worden sind. Besonders sensibel müssen natürlich gerade Vereine mit einem Engagement im breiten kulturellen Bereich sein, da die Künstlersozialversicherungskasse – als Grundaussage – bei der Mitwirkung bezahlter Solisten und Künstler bis hin zu Gastorchestern/-chören aus Anlass von Veranstaltungen die Frage der Beitragspflicht sehr gründlich prüfen wird. Die Künstlersozialversicherungskasse (Anschrift: LVA Oldenburg-Bremen KSK, Langeoogstraße 12, 26384 Wilhelmshaven) anschreiben zwecks Zusendung entsprechender Merk-		

blätter mit Aussagen über Beitragspflichten und weitergehenden Informationen zur Höhe von Umlagen, auch über neue Beitragsklassen ab 2001. Gesangs- und auch etwa Karnevalsvereine sollten die Änderung des Künstlersozialversicherungsgesetzes beachten. Es gibt hier eine Befreiungsmöglichkeit beim Engagement von Künstlern, Solisten bzw. Darstellern, wenn sich das Engagement auf allenfalls zwei Vereinsveranstaltungen aus besonderem Anlass beschränkt.		
Euro-Umstellung ab 2002: Sind auch in anderen Ordnungen des Vereins neben der Beitragsordnung die Euro-Beträge berücksichtigt?		

Welche Bedeutung hat die Mitgliederversammlung?

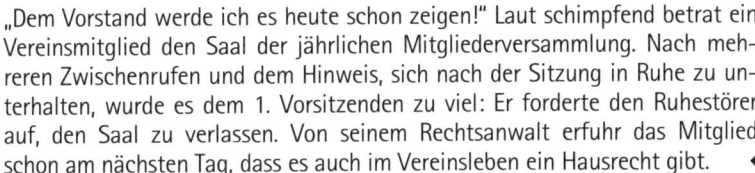

Störenfried bei der Versammlung

„Dem Vorstand werde ich es heute schon zeigen!" Laut schimpfend betrat ein Vereinsmitglied den Saal der jährlichen Mitgliederversammlung. Nach mehreren Zwischenrufen und dem Hinweis, sich nach der Sitzung in Ruhe zu unterhalten, wurde es dem 1. Vorsitzenden zu viel: Er forderte den Ruhestörer auf, den Saal zu verlassen. Von seinem Rechtsanwalt erfuhr das Mitglied schon am nächsten Tag, dass es auch im Vereinsleben ein Hausrecht gibt. ◄

In der Mitgliederversammlung werden Sie als Vorstand direkt aktiv gegenüber den Vereinsmitgliedern. Insbesondere müssen Sie Rechenschaft über Ihre Vorstandsaktivitäten ablegen und bekommen eine Rückmeldung, was die Mitglieder vom Verein und dessen Vorstand erwarten. Diese Rückmeldung muss freilich nicht so rigoros ausfallen wie in dem einführenden Beispiel. Übrigens: Über die Satzung läßt sich durchaus auch steuern, wer überhaupt stimmberechtigtes Mitglied ist. Je nach dem Willen der Vereinsgründer kann man in zulässiger Weise zwischen ordentlichen und außerordentlichen Mitgliedern differenzieren. Das Teilnahmerecht an Mitgliederversammlungen und die Rechte nach § 37 BGB (Einberufungsverlangen) werden gewährt, die außerordentlichen Mitglieder, z.B. Fördermitglieder haben dann jedoch nach der Satzung kein Stimmrecht in der Mitgliederversammlung. Diese Lösung wird bei überregional tätigen Vereinen gewählt, um durch die Einbindung der „aktiven" Mitglieder die Vereinsgeschicke vor Ort besser lenken zu können._ Was Sie alles zur Vorbereitung und Durchführung einer Mitgliederversammlung wissen müssen, verraten Ihnen die folgenden Abschnitte.

Wie lade ich richtig ein?

Die Ladungsfristen einhalten

Achten Sie unbedingt auf die Einhaltung der Ladungsfristen für Mitglieder-versammlungen. Machen Sie hier Fehler, kann dies unter Umständen dazu führen, dass gefasste Beschlüsse, oft rückwirkend, für ungültig erklärt werden. Entscheidend sind natürlich die genauen zeitlichen Vorgaben entsprechend der Satzung. Beweispflichtig im Streitfall ist übrigens der Verein für den rechtzeitigen Zugang der Einladung. Kalkulieren Sie also bei üblicher Zweiwochenfrist den Postlauf mit einigen Tagen ein. Kommt Post zurück, weil die Adresse nicht mehr stimmt, oder ging die Einladung durch ein Versehen an die falsche bzw. alte Anschrift, führt dies noch nicht automatisch zu einer Unwirksamkeit der gefassten Beschlüsse bei Mitgliederversammlungen. Dies ist nur dann der Fall, wenn der Beschluss oder die Abstimmung bei Teilnahme der „fehlenden" Mitglieder anders ausgefallen wäre.

Welche Form soll die Einladung haben?

Schriftliche Einladung Bei schriftlicher Einberufung der Mitgliederversammlung durch Übersendung der Tagesordnung innerhalb des in der Satzung vorgesehenen Zeitraums gibt es meist keine Probleme, insbesondere wenn man schon in der Satzung verankert hat, dass die letzte „ladungsfähige", d. h. dem Verein bekannte Anschrift des Mitglieds maßgebend ist. Achten Sie jedoch auf die Einhaltung der Frist zwischen dem Tag der Einladung und dem Termin der Mitgliederversammlung.

Öffentliche Bekanntmachung Neben der schriftlichen Einladung ist auch die ordnungsgemäße Bekanntmachung etwa in öffentlichen Mitteilungsblättern (Gemeindeblatt, Stadtanzeiger) möglich. Probleme tauchen hierbei meist erst dann auf, wenn man etwa auswärtige (durchaus auch passive) Mitglieder hat, die eben nicht im Einzugsbereich des Mitteilungsblattes wohnen. Der Schriftführer hat daher auf jeden Fall darauf achten, dass bei den möglicherweise wenigen auswärtigen Mitgliedern die Einladung schriftlich durch Übersendung der Tagesordnung, ggf. begleitet mit einem kurzen Anschreiben, vorgenommen wird. Wichtig ist also auch die Teilnehmerliste, die dem Grunde nach auch den

Nachweis für die Beschlussfähigkeit erbringt. Darüber hinaus bietet sie Ihnen die Möglichkeit, gleichzeitig Anschriftenänderungen abfragen.

Fristgerechte Einladung ins Protokoll aufnehmen

Sie sollten unbedingt berücksichtigen, dass zu Beginn der Mitgliederversammlung auch für das Protokoll aufgenommen wird, dass ordnungsgemäß entsprechend der Satzung, also fristgerecht, zur Mitgliederversammlung eingeladen wurde. Nach einer Entscheidung des LG Gießen v. 23.06.1998, 7 T 278/98, können Hauptversammlungsbeschlüsse nicht angegriffen werden, wenn eine beschlussfähige Mitgliederversammlung hierüber entschieden hat und kein Vereinsmitglied in der Versammlung, trotz Hinweis durch den Versammlungsleiter oder Vorstand, die Nichteinhaltung der Ladungsfrist gerügt hat. Dies gilt nach dieser Entscheidung sogar dann, wenn nachweisbar die Ladungsfrist um zwei Tage zu kurz bemessen war.   ◄

Porto sparen?

Die schriftliche Einladung kostet Geld. Ein denkbar kostengünstiger Ausweg bietet sich durch die Übersendung der Einladung per E-Mail an. Aber die Ladung über die dem Verein mitgeteilte E-Mail-Adresse setzt eine Berücksichtigung in der Satzung voraus. Nehmen Sie dies bei Neugründungen gleich mit auf, bei bestehenden Vereinen berücksichtigen Sie es gelegentlich anlässlich von Satzungsänderungen mit.

Wer darf die Mitgliederliste einsehen?

Ein allgemeines Einsichtsrecht in die Mitgliederliste besteht nicht. Für ein derartiges Verlangen muss ein besonderes begründetes Interesse an der Einsicht vom Vereinsmitglied vorgetragen werden.

Auskunftsrecht

Ein Mitglied hat Bedenken, dass ein Beschluss in der Hauptversammlung als Mehrheitsbeschluss nicht ordnungsgemäß zustande gekommen ist. Um feststellen zu können, ob bei den Teilnehmern auch tatsächlich nur ordentliche, stimmberechtigte Mitglieder abgestimmt haben, wäre dieses Auskunftsverlangen wohl berechtigt. Wenn also Minderheitenrechte (§ 37 BGB) tangiert werden, besteht ein Einsichtsrecht. ◄

Um so wichtiger ist also die Teilnehmerliste, die dem Grunde nach auch den Nachweis für die Beschlussfähigkeit erbringt. Zudem können darüber, oder ergänzend, gleichzeitig Anschriftenänderungen abgefragt werden.

Den Datenschutz beachten!

Der Vorstand muss bei dem Auskunftsverlangen auch auf die Persönlichkeitsrechte der Mitglieder achten, also auch die datenschutzrechtlichen Belange im Auge behalten. Die Aushändigung von Fotokopien der Mitgliederliste oder die Überlassung des Gesamtdatenbestands darf keinesfalls ohne ein besonders begründetes, nachgewiesenes und feststellbares Interesse vorgenommen werden. Abzulehnen wären z. B. das Ansinnen eines Vereinsmitglieds auf Überlassung der kompletten Mitgliederliste mit der Begründung, dass man den Mitgliedern z. B. ein besonderes Angebot (etwa Versicherungsangebote) unterbreiten möchte.

Wie sollte eine Einladung zur Mitgliederversammlung aussehen?

Für die Einladung kann das folgende Muster verwendet werden, wobei bei Neuwahlen des Vorstands auch oft die Bezeichnung „Generalversammlung" statt „Hauptversammlung" verwendet wird. Das Muster sieht Neuwahlen vor. Bei „normalen Hauptversammlungen" ohne Wahlen lassen Sie die entsprechenden Passagen einfach weg. Weitere Tagesordnungspunkte, die ggf. nach Einzelfall zu ergänzen sind, wären z. B. Beitragserhöhungen, Gedenken der verstorbenen Mitglieder, außerordentliche Beschlussfassung über … etc.

Einladung zur Hauptversammlung

(Name des Vereins, Ort), den …

Anschrift

Sehr geehrtes Mitglied,

hiermit laden wir Sie zu der am …, den … um … Uhr in der Gaststätte …/im Vereinshaus … in … (Ort) stattfindenden ordentlichen Mitgliederversammlung ein.

Tagesordnung:
1. Begrüßung/Feststellung der Beschlussfähigkeit
2. Jahresbericht des 1. Vorsitzenden
3. Bericht der Abteilung …
4. Bericht der Abteilung …
5. Kassenbericht
6. Bericht über Kassenprüfung
7. Aussprache über die Berichte
8. Anträge
9. Ehrungen
10. Entlastung des Vorstands
11. Neuwahlen: Vorstandschaft/Kassenprüfer
12. Vorschau auf das neue Vereinsjahr/Finanzplan 200…
13. Verschiedenes

Ergänzende Anträge sind innerhalb der satzungsmäßig vorgesehenen Frist beim Vorstand einzureichen.

Mit freundlichen Grüßen
…

Verein e. V.
Der Vorstand

Was muss ich zum Ablauf beachten?

Bei satzungsmäßigen Neuwahlen sollte der bisherige Vorstand darauf achten, dass er bis zu den Neuwahlen alle Tagesordnungspunkte vorzieht, über die er selbst berichten bzw. noch direkt Stellung beziehen kann. Wenn somit Vorstandswahlen anstehen, empfiehlt es sich, dass der Altvorstand vor seiner Entlastung auch die ggf. kurz- oder langfristige Finanzplanung (noch) erläutert. Denn der bisherige Vorstand kennt ja sicher die finanzielle Situation besser. Dann erst sollte ein Wahlleiter gefunden werden, der mit Zustimmung der Anwesenden die Wahlen durchführt. Nach dem Tagesordnungspunkt greift dann der neue Vorstand in das Geschehen ein und führt die Versammlung bis zum Ende durch!

Wer darf an der Mitgliederversammlung teilnehmen?

Eine heikle Frage, die eigentlich der Entscheidung der Mitgliederversammlung (§ 32 Abs. 1 BGB) vorbehalten bleibt, ist, ob Nichtmitglieder von der Versammlung ausgeschlossen werden können oder nicht. Ist ein Versammlungsleiter tätig, kann dieser beantragen, dass die Mitgliederversammlung hierüber entscheidet.

Soweit eine Satzung keine diesbezüglichen Regelungen enthält, gilt der Grundsatz, dass eine Mitgliederversammlung nicht öffentlich ist. Ein besonderes Recht auf Anwesenheit für Dritte besteht daher nicht, nicht einmal für einen Pressevertreter. Sie sollten allerdings nicht so weit gehen, für den Zutritt einen Mitgliederausweis oder sonstigen Berechtigungsnachweis zu verlangen. Denn eine Mitgliederversammlung hat natürlich immense Bedeutung in der Außenwirkung, für die Öffentlichkeitsarbeit etc.

Rechte von Gästen Falls, wie üblich, auch Gäste anwesend sein dürfen, haben diese allerdings kein besonderes Recht zu Wortmeldungen, es sei denn, dies wird zugelassen. An Abstimmungen dürfen sie erst recht nicht teilnehmen.

Wie zählen die Stimmen bei Abstimmungen und Wahlen?

Geht es nach dem Bundesgerichtshof, zählt eindeutig bei Wahlen, aber auch bei sonstigen Beschlüssen in der Mitgliederversammlung, nur die Zahl der abgegebenen Ja- und Nein-Stimmen. Stimmenthaltungen werden nicht mitgezählt (§ 38 Abs. 2 BGB).

Stimmenzählung

Bei 40 stimmberechtigten Mitgliedern stimmen 19 Mitglieder für den Vorstandskandidaten A, 20 Mitglieder für den Kandidaten B. Ein Mitglied enthält sich der Stimme: Damit ist B gewählt. ◀

Dies kann im Einzelfall bei regelrechten Kampfabstimmungen sogar zu grotesken Ergebnissen führen, da Beschlüsse auch nur durch die Minderheit von erschienenen Mitgliedern zustande kommen können.

Minderheitenbeschluss

Die Hauptversammlung stimmt über einen langfristigen Sponsorenvertrag ab. Von den 70 anwesenden Vereinsmitgliedern spricht sich nur die Vorstandschaft und ein kleiner Kreis weiterer Mitglieder, insgesamt 20, für diesen Antrag aus. Der Rest der anwesenden Mitglieder enthält sich der Zustimmung, was so auch protokolliert wird.

Ergebnis: Es liegt eine ordnungsgemäße Beschlussfassung vor, dem Antrag auf Abschluss des Vertrags ist damit stattgegeben, obwohl demonstrativ die überwiegende Mehrheit dies nicht ausdrücklich befürwortet. ◀

Ungültig abgegebene Stimmen werden wie Stimmenthaltungen nicht berücksichtigt. Gleiches gilt übrigens, wenn ein erschienenes Vereinsmitglied dem Versammlungsleiter schon vor Beginn der Abstimmung erklärt, dass es sich weigert, an einer Abstimmung teilzunehmen. Enthält die Satzung für bestimmte Vorgänge, z. B. Satzungsänderung etc., keine abweichende Regelung (qualifizierte Mehrheit), gilt für die Beschlussfassung der Grundsatz, dass die Mehrheit der anwesenden, stimmberechtigten Mitglieder über das Zustandekommen eines Beschlusses entscheidet (§ 32 Abs. 1 Satz 3 BGB). Bei festgestellter Stimmengleichheit (Ja-/Nein-Stimmen) ist der Beschluss damit nicht zustande gekommen.

Stimmenthaltungen zählen nicht

Darf ich mein Stimmrecht übertragen?

Zunächst kommt es auf den Satzungsinhalt an: Schweigt sich die Satzung hierzu aus, gilt der Grundsatz, dass ein Mitglied nur persönlich abstimmen darf, eine Stimmrechtsübertragung, auch soweit die Abstimmung durch einen bevollmächtigten Vertreter vorgenommen wird, ist unzulässig (§ 38 Abs. 2 BGB).

| **Stimmrechtsübertragung** |
| Satzungen in Großvereinen/Verbänden sehen zum Teil die Möglichkeit der Stimmrechtsübertragung vor, dann aber auch mit gewissen Nachweispflichten (Vollmachtsvorlage etc.). Empfehlenswert ist die Beschränkung auf eine bestimmte Stimmenzahl, die man auf eine Person vereinigen darf. Dies vermeidet mögliche „Blockabstimmungen".   ◄ |

Wie gehe ich mit Anträgen zur Mitgliederversammlung um?

Ein hochsensibler Punkt ist die Behandlung von Anträgen zur Mitgliederversammlung. Bereits die Satzung sollte klare Aussagen darüber enthalten, wie man mit Anträgen außerhalb der Tagesordnung noch umzugehen hat.

Rednerliste Der Versammlungsleiter hat die einzelnen Tagesordnungspunkte aufzurufen und im Rahmen der Aussprache die Wortmeldungen der anwesenden Mitglieder zu berücksichtigen. Die Befugnis, in der Mitgliederversammlung sprechen zu können, gehört zu den elementaren Grundrechten der Mitglieder. Bei größerem Diskussionsbedarf hilft eine Rednerliste weiter, in der Reihenfolge der Wortmeldungen. Redezeitbeschränkungen bedürfen zuvor der Zustimmung der Mitglieder in der Versammlung. Bei wiederholten unsachlichen oder nur polemischen ständigen Wortmeldungen eines aufgebrachten Mitglieds könnte der Versammlungsleiter mit einem Antrag auf Übergang zum nächsten Tagesordnungspunkt unnötige Debatten im Interesse der anderen Anwesenden verhindern.

Was ist mit Dringlichkeitsanträgen?

Üblich sind Klauseln wie „Über Anträge, die nicht in der Tagesordnung verzeichnet sind, kann in der Mitgliederversammlung nur abgestimmt werden, wenn sie mindestens zwei Wochen vor der Versammlung schriftlich beim 1. Vorstand eingegangen sind und den Mitgliedern mindestens eine Woche zuvor zur Kenntnis gebracht wurden" oder: „Dringlichkeitsanträge dürfen in der Mitgliederversammlung nur behandelt werden, wenn die

Versammlung mit einer Zweidrittelmehrheit der anwesenden Mitglieder beschließt, dass sie als weitere Tagesordnungspunkte aufgenommen werden."

Soweit keine besondere Regelung über Dringlichkeitsanträge berücksichtigt wurde, was bei älteren Satzungen häufig der Fall ist, muss der Vorstand bzw. Versammlungsleiter sehr sensibel damit umgehen. Es versteht sich von selbst, dass ein sachgerechter ergänzender Antrag auch durch die Mitgliederversammlung behandelt werden sollte. Sog. „Erforschungsanträge", also Anträge auf Auskunft, Vorlage von Unterlagen zu Einzelprojekten etc., führen allerdings meist dazu, dass auf einmal größere Diskussionen auftreten, die bis zur Störung des gesamten Versammlungsablaufs führen können. *Sensibler Umgang erforderlich*

Soweit ein satzungsmäßiges Recht auf Aufnahme eines Zusatzantrags nicht besteht, ist stets im Einzelfall zu prüfen, ob man die Mitglieder nicht kurzfristig auffordert, über den ergänzenden (nicht fristgerecht eingebrachten) Antrag abzustimmen. *Evtl. abstimmen lassen*

Detailfragen zur finanziellen Lage des Vereins etc. können von einem gut vorbereiteten Vorstand durchaus auch in seinem Rechenschaftsbericht mit berücksichtigt werden. Vielleicht reicht auch die Zusage, dass in der Aussprache hierzu Stellung genommen wird. Damit kann der Vorstand die Versammlung beruhigen, zumal der Antragsteller dann bemerkt, dass sein Anliegen ernst genommen wird. *Detailfragen*

Auf jeden Fall sollten aber auch für die Mitgliederversammlung abgelehnte Dringlichkeitsanträge sofort vom Vorstand noch weiter berücksichtigt werden, mit der Möglichkeit auch einer anschließenden Aussprache mit dem Mitglied, damit nicht der Eindruck entstehen kann, der Vorstand übergeht angeblich berechtigte Mitgliederinteressen.

Auch Änderungen der Reihenfolge und Beschlussfassung der Tagesordnung bedürfen über den Versammlungsleiter der Zustimmung der anwesenden Teilnehmer. Gleiches gilt für einen Beschluss der Anwesenden, einen Tagesordnungspunkt abzusetzen.

Enthält die Satzung im Übrigen keine Vorgabe über die Art der Abstimmung, kann in bisher üblicher Weise z. B. durch Handheben, Vorzeigen einer Stimmkarte oder auch durch einfaches Schweigen auf die Frage, ob es Gegenstimmen gibt, reagiert werden. Bei Ausgabe von Stimmzetteln, etwa für Wahlen, sollten Sie daran denken, genügend Platz für Neuvorschläge von Bewerbern zu lassen.

Müssen Abstimmungen geheim sein?

Ist eine geheime Abstimmung nicht laut Satzung vorgeschrieben, muss dem überraschenden Antrag während der Mitgliederversammlung nicht unbedingt stattgegeben werden. Wie für jeden sonstigen Antrag gelten hierfür die erforderlichen Mehrheiten, d. h. der Antrag auf Geheimabstimmung muss der Mitgliederversammlung zur Beschlussfassung vorgelegt werden.

Experten-Tipp

Nicht zu oft geheim abstimmen

Satzungsregelungen dahin gehend, dass dem Antrag eines Mitglieds auf geheime Abstimmung entsprochen werden muss, sind nicht unbedingt empfehlenswert. Dies kann in der Vereinspraxis dazu führen, dass nicht nur der Ablauf erheblich gestört wird, sondern es kann bei neuen Vereinsinteressenten oder aber auch bei Gästen oder Teilnehmern aus dem Bereich der öffentlichen Verwaltung der Eindruck entstehen, dass es mit der „Vereinshygiene" nicht ganz stimmt.   ◀

Qualifizierter Beschluss Wenn also eine Regelung über geheime Abstimmung fehlt, ist ein entsprechender qualifizierter Beschluss der anwesenden Mitglieder erforderlich. Bilden Sie auch mit Zustimmung der Mitglieder eine kleine Wahlkommission bzw. einen Wahlausschuss zur späteren Stimmenzählung. Prüfen Sie auch hier z. B. bei einer Verbandszugehörigkeit über die dortige Hauptsatzung nach, ob für bestimmte Beschlussfassungen (z. B. Vorstandswahlen) eine geheime Abstimmung zwingend vorgeschrieben ist.

Wenn eine Satzungsänderung ansteht

Oft wird nach Jahren eine Satzungsänderung notwendig, weil sich z. B. der Vereinszweck geändert hat oder einzelne Bestimmungen in der Satzung modifiziert werden müssen.

Wünsche zur Satzungsänderung werden zum Teil aus dem Kreis der Mitgliederschaft vorgetragen. Gelegentlich wird auch von Seiten des Finanzamts verlangt, dass insbesondere ältere Satzungen an die geänderte steuerliche Betrachtungsweise der Finanzverwaltung angepasst werden.

In der Einladung berücksichtigen

Bringen Sie Satzungsänderungen rechtzeitig in die jährliche Mitgliederversammlung ein! Wichtig ist, dass bei der Einladung zur Mitgliederversammlung in der Tagesordnung im Einzelnen aufgeführt wird, welche Satzungsänderung angestrebt wird. Satzungsänderungen müssen ausdrücklich als besonderer Tagesordnungspunkt in der Einladung angekündigt werden. Über einen TOP „Verschiedenes" kann eine Satzungsänderung nicht rechtswirksam beschlossen werden. Gegenstand einer Satzungsänderung kann jede Änderung des Inhalts/des Wortlauts sein. Vorgeschrieben ist nach § 33 BGB die Mehrheit von drei Vierteln der erschienenen Mitglieder, es sei denn, die Satzung enthält andere vorgeschriebene Mehrheiten (§ 40 BGB). Zur Änderung des Vereinszwecks wird die Zustimmung aller Mitglieder benötigt, wobei nicht anwesende Mitglieder auch schriftlich ihre Zustimmung erteilen können (§ 33 BGB). Abänderungen nur des Wortlauts, also sprachliche Korrekturen, sind im Regelfall keine Änderung des Vereinszwecks.

Ausdrücklich in die Tagesordnung!

Mehrheitsregelung in der Satzung

Da es manchmal sehr schwer ist, tatsächlich alle Mitglieder zu erreichen, sollten Sie in der Satzung des Vereins zur Änderung des Vereinszwecks, aber auch zur Auflösung z. B. die übliche Dreiviertelmehrheit verankern. ◄

Nachfolgend zwei Beispiele einer Satzungsänderung als Tagesordnungspunkt, wobei kurze Begründungen für den Anlass stets empfehlenswert sind – gerade für abwesende bzw. auswärtige Mitglieder, damit sie den Anlass nachvollziehen können:

Tagesordnung

1.   Tätigkeitsbericht …

2.   …

3.   …

4.   Antrag des Vorstands auf folgende Satzungsänderungen:

§ … Mitgliederversammlung (Ergänzung): „Die Mitgliederversammlung hat u. a. den Haushalt und die Jahresfinanzplanung zu genehmigen."
Ergänzt wird: „einschließlich den von den jeweiligen Vereinsabteilungen vorgelegten Haushaltsplänen."

§ … Haftung (neu): „Ehrenamtlich Tätige haften für Schäden, die sie in Erfüllung ihrer ehrenamtlichen Tätigkeit ausführen, nur bei Vorsatz und grober Fahrlässigkeit."

5.   …

6.   …

(Der Vorstand)

Das Vereinsregister unterrichten

Ist die Satzungsänderung von der Mitgliederversammlung beschlossen worden, so müssen Sie das Vereinsregister davon unterrichten. Dazu benötigen Sie den Beschluss, also Original und Kopie des Protokolls der Mitgliederversammlung (§ 71 BGB). Dafür können Sie folgendes Muster verwenden:

Mitteilung einer Satzungsänderung

An das
Amtsgericht …
– Registergericht –
Postfach
PLZ Ort

Satzungsänderung des … Vereins e. V.
Registernummer …
Auf der ordnungsgemäß einberufenen Mitgliederversammlung vom …
wurde beschlossen, die Satzung wie folgt zu ändern:

§ … (kompletter Wortlaut)

In der Anlage übersende ich Urschrift und Abschrift des Versammlungsprotokolls vom …

Als alleinvertretungsberechtigter Vorstand wird versichert, dass die Mitgliederversammlung satzungsgemäß mit Vorlage der Tagesordnung einberufen wurde, Beschlussfähigkeit bestand und der Beschluss ordnungsgemäß zustande gekommen ist.

Die Satzungsänderung wird hiermit zur Eintragung in das Vereinsregister angemeldet.

(1. Vorstand)

Satzungsänderungen sind vom vertretungsberechtigten Vorstand, bei Einzelvertretungsbefugnis natürlich z. B. vom 1. Vorsitzenden anzumelden. Auch bei Neufassung der Satzung müssen die Änderungen stichwortartig bezeichnet werden, mit der Mitteilung, dass die beigefügte Neufassung ebenfalls angemeldet wird.

Nicht vergessen: Sie benötigen den Beglaubigungsvermerk des Notars über die Echtheit der Unterschrift des Vorstands. Für eine Satzungsänderung ist – im Gegensatz zur Erstanmeldung – die Unterschrift nur eines (vertretungsberechtigten) Vorstands erforderlich.

Beglaubigungsvermerk des Notars

Neben den Beglaubigungskosten durch den Notar (11,60 € inkl. MwSt. bei einem Regel-Geschäftswert) verlangt das Registergericht 26 € Bearbeitungsgebühren.

Gebühren

Satzungsänderungen werden mit Eintragung im Vereinsregister im Regelfall wirksam. Besondere zeitliche Vorgaben, dass z. B. bestimmte Änderungen erst ab dem 01.01. des nächsten Vereinsjahres in Kraft treten sollen, müssen Sie unbedingt zuvor mit dem Registergericht wegen der Eintragungsfähigkeit bei Bedingungen/Befristungen abstimmen.

Wie sollte das Protokoll aussehen?

Die Protokollpflicht über den Ablauf und die Ergebnisse der Mitgliederversammlung ist meist schon in der Satzung verankert. Bestimmen Sie vor Beginn und Eröffnung der Versammlung zunächst den Protokollführer bestimmt werden, soweit die Satzung diese Aufgabe nicht bereits einer bestimmten Person, zum Beispiel dem Schriftführer, zugewiesen hat. Bringen Sie ebenfalls gleich zu Beginn eine Anwesenheitsliste in Umlauf mit der Angabe, ob es sich jweils um ein Mitglied (wegen Stimmberechtigung) oder z. B. um einen Gast handelt.

**Beschluss-
fähigkeit
feststellen** Wichtig ist nach Eröffnung der Versammlung die Feststellung der Beschlussfähigkeit entsprechend der Anzahl der erschienenen Mitglieder. Für Satzungsänderungen und Vorstandswechsel muss das Protokoll dem Registergericht vorgelegt werden. Sogar das Finanzamt fordert häufig und zum Teil wesentlich später das Versammlungsprotokoll zur Einsichtnahme an. Das nachfolgende Muster berücksichtigt Neuwahlen, also den Ablauf einer sog. „Generalversammlung".

CD-ROM

Protokoll über die Mitgliederhauptversammlung 200...

Protokoll der Mitgliederhauptversammlung des … Verein e. V. vom … in …

Beginn der Veranstaltung: … Uhr

TOP 1: Begrüßung durch den Vorstand
Der 1. Vorsitzende … eröffnet die Mitgliederversammlung und begrüßt die anwesenden Mitglieder Es wird zunächst festgestellt, dass die Mitgliederversammlung ordnungsgemäß einberufen wurde und beschlussfähig ist. Die mit dem Einladungsschreiben übersandte Tagesordnung wird nochmals bekannt gegeben. Begrüßt wird die Anwesenheit von Herrn Bürgermeister … und weiterer Vorstände örtlicher Vereine sowie Vertreter der örtlichen Presse.

TOP 2: Protokoll der Hauptversammlung …
Der Schriftführer verliest das Protokoll der Hauptversammlung vom … Das Protokoll wird von den Anwesenden gebilligt.

TOP 3: Geschäftsbericht des Vorstands
Der 1. Vorsitzende berichtet über die verschiedenen Vereinsaktivitäten im laufenden Kalenderjahr. Erfreulicherweise kann festgestellt werden, dass sich die Mitgliederzahl des Vereins wiederum erhöht hat.

TOP 4: Behandlung von Anträgen:
Es wurden mehrheitlich folgende Beschlüsse gefasst:

a) Der durch den Vorstand eingebrachten Änderung der Beitragsordnung mit einer Erhöhung der Mitgliedsbeiträge ab dem Vereinsjahr 200… wurde mehrheitlich und satzungsgemäß Zustimmung erteilt (Abstimmungsergebnis: …).

b) Dem Antrag des Vorstands lt. Vorstandsbeschluss vom … auf Gewährung eines Aufwandsersatzes für ehrenamtlich Tätige nach Maßgabe der steuerlichen Reisekostensätze wurde einstimmig Zustimmung erteilt.

c) Der dargelegten Kreditaufnahme für die Vereinsheim-Renovierung wurde mehrheitlich Zustimmung erteilt (Abstimmungsergebnis: …).

TOP 5: Kassenbericht
Im Anschluss daran gibt der Kassierer einen Rechenschaftsbericht ab. Es wird ein ausgeglichener Kassenbestand festgestellt. Anschließend geben die Kassenprüfer das Ergebnis ihrer Prüfung bekannt. Es können keine Beanstandungen festgestellt werden.
Auf Vorschlag der Kassenprüfer wird sodann dem Vorstand durch die Mitgliederversammlung einstimmig Entlastung erteilt.

TOP 6:
Es folgen weitere Jahresberichte der einzelnen Abteilungen und Aussprache hierüber.

TOP 7: Finanz- und Haushaltsplanung
Der von Seiten des Vorstands vorgelegten Finanz- und Haushaltsplanung für das Geschäftsjahr 200… wurde mehrheitlich Zustimmung erteilt (Angabe des Abstimmungsergebnis).

TOP 8: Vorstandswahlen
Aus dem Kreis der Mitglieder wird ein Wahlausschuss benannt, bestehend aus Herrn/Frau … und Herrn/Frau …
Herr/Frau … wird als Wahlleiter gewählt. Herr/Frau … als Wahlleiter führt dann die Vorstandswahlen durch.
Die Neuwahlen ergeben folgendes Ergebnis: Zum 1. Vorsitzenden wird Herr …, Beruf, Anschrift gewählt (Angabe des Abstimmungsverhältnisses).
Zum 2. Vorsitzenden wird Frau …, Beruf, Anschrift gewählt (Angabe des Abstimmungsverhältnisses).
1. Kassierer: Herr …, Beruf, Anschrift.
Jugendwart …, Schriftführer …, Beisitzer (falls in der Satzung vorgesehen), Kassenprüfer etc.
Die Gewählten nehmen die Wahl an. Der neue Vorstand übernimmt daraufhin die Versammlungsleitung.

TOP 9: Vorschau über anstehende Termine/Planungen für das laufende Vereinsjahr.

TOP 10: Verschiedenes
Über weitere Anregungen aus Kreisen der Mitglieder wird diskutiert.

Die Mitgliederversammlung wird um … Uhr von dem 1. Vorsitzenden geschlossen.

Als Versammlungsleiter … für die Richtigkeit

(eigenhändige Unterschrift)   (Protokollführer/Schriftführer)

Wie finanziere ich meinen Verein?

Lücke in der Vereinskasse

Das glaube ich nicht – mit dieser Äußerung reagierte der besorgte 1. Vorstand auf die Mitteilung seines Vereinskassierers in der Vorstandssitzung Mitte des Jahres, dass wegen rückläufiger Beitragseinnahmen und bereits zwei abgesprungenen Sponsoren bei der anstehenden Clubheim-Renovierung eine unerwartete Finanzierungslücke in der Vereinskasse vorhanden ist. Echte Krisenstimmung wegen möglicher Haushaltsdefizite für den Rest dieses Vereinsjahres! ◀

Die Vereinsfinanzierung ist ein schwieriges Kapitel. Einerseits benötigt man dringend Reserven, andererseits möchte man auch möglichst steuerfrei bleiben. Die folgenden Abschnitte geben Ihnen Hilfestellung, welche Finanzierungsmöglichkeiten es für Ihren Verein gibt und was Sie wegen der steuerlichen Auswirkungen beachten sollten.

Mitgliedsbeiträge sind nicht genug

Jeder Vereinsvorstand kennt das Problem: Nur mit Mitgliedsbeiträgen und Einzelspenden lässt sich ein vernünftiger Vereinshaushalt das Jahr über nicht finanzieren. Denn auch Vereine spüren zwischenzeitlich einen gewissen Konkurrenzdruck – nicht nur durch andere Vereine mit etwa gleicher Zielrichtung. Weitere Konkurrenten, insbesondere für den sportlichen Bereich, sind z. B. kommerzielle Fitnesscenter, die individuelle Sportbetätigungen anbieten.

Dadurch, dass etwas größere Vereine immer weitere Abteilungen aufbauen und zusätzliche Vereinsangebote unterbreiten, stagniert häufig der Mitgliederstand bei sog. Mono- oder Einspartenvereinen oder sinkt sogar. Darüber hinaus führt die wirtschaftlich angespannte Lage in der breiten Bevölkerungsschicht dazu, dass Mitglieder spätestens bei Zugang der Jahresmitglie-

Mitglieder-schwund

derrechnung sehr genau prüfen, ob sich eine Vereinsmitgliedschaft für sie noch lohnt. Die Folgen sind Kündigungen von Vereinsmitgliedschaften oder Wechsel von einer aktiven in eine passive Mitgliedschaft, natürlich verbunden mit wesentlich geringeren Einnahmen für den Verein.

Wer sich nicht von Anfang an gleich sehr aktiv in den Verein einbringen will, wird sich zudem überlegen, ob er nicht besser bei einem Förderverein zum Hauptverein aufgehoben ist, wenn es ihm lediglich darum geht, regelmäßig oder bei Gelegenheit finanzielle Zuwendungen zu leisten.

Kann ich die Mitgliedsbeiträge beliebig erhöhen?

Ein gesteigertes Vereinsangebot für Mitglieder und höhere Belastungen der Vereinskasse, u. a. auch durch reduzierte Zuschüsse, müssen Sie unbedingt mit der Frage in die Vorstandssitzung einbringen, ob und in welchem Umfang Sie Mitgliedsbeiträge anpassen können und sollten. Hierbei müssen Sie drei Grundsätze beachten:

Grundsätze
1. Eine Erhöhung der Mitgliedsbeiträge muss über die Jahres-Mitgliederversammlung laufen, egal ob es hier einen Einzelbeschluss gibt oder eine vorhandene Beitragssatzung/Beitragsordnung geändert/angepasst wird.

2. Selbst geringfügige Erhöhungen von Mitgliedsbeiträgen können Kündigungen bei Mitgliedern auslösen. Also sind moderate Erhöhungen dem Grunde nach angesagt. Wichtig ist auch, dass der Vorstand zumindest in der Mitgliederversammlung sofort in der Lage ist, den Grund für die Beitragserhöhung plausibel zu erklären. Hilfreich sind dabei natürlich Fremdvergleiche, soweit z. B. ähnliche Leistungen durch gewerbliche Anbieter angeboten werden. Ein gutes Argument ist z. B. der Vergleich, dass die Beitragserhöhung dem Grunde nach einer Kino-/Konzertkarte entspricht, zudem damit auch noch die Jugendarbeit nachhaltig mitgefördert wird.

3. Sie sollten jede beabsichtigte Erhöhung von Mitgliedsbeiträgen zum Anlass nehmen, insgesamt über die Beitragsstruktur nachzudenken. Ergibt sich aus den Mitgliederlisten, dass es z. B. viele Kinder im Nachwuchsbereich gibt, sollten Sie prüfen, ob Sie nicht auf einen Familienbeitrag ausweichen, der dann auch den Erwachsenen die Möglichkeit bietet, aktiv im Verein mitzuwirken und Leistungen in Anspruch zu

nehmen. Müssen Sie beim Verein mit mehreren Abteilungen im Hinblick auf den vielleicht verschiedenen laufenden finanziellen Aufwand in der einzelnen Abteilung differenzierte Aktivenbeiträge erheben? Sieht die Beitragsordnung vor, dass aktiv tätige Senioren einen geringeren Mitgliedsbeitrag erbringen müssen als z. B. Berufstätige?

4. Nicht vergessen: Die Euro-Umstellung ab 2002. Die Mitgliederversammlung muss informiert werden, wenn es z. B. durch den Euro bereits zu Beitragserhöhungen gekommen ist.

Für die bestehenden Vereine in den neuen Bundesländern lässt sich feststellen, dass zum Teil über Jahre hinweg im Vergleich zu West-Vereinen ohnehin schon sehr geringe Mitgliedsbeiträge erhoben wurden. Eine zu große Erhöhung von einem Vereinsjahr auf das andere würde sicherlich zu einer erhöhten Abwanderung von Mitgliedern führen. Als verantwortungsvoller Vorstand müssen Sie daher überaus sensibel mit Beitragserhöhungen umgehen.

Neue Bundesländer

Ist ein Mitglied berechtigt, wegen einer Beitragserhöhung (fristlos) zu kündigen?

Nur in bestimmten Ausnahmefällen ist das verärgerte Mitglied nach der bisherigen Rechtsprechung zu einer fristlosen Kündigung berechtigt. Entscheidende Kriterien sind hierbei grundsätzlich die Höhe des bisherigen Vereinsbeitrags, der Vergleich zu der von der Mitgliederversammlung beschlossenen Erhöhung im Einzelfall sowie die Frage, ob damit eine unzumutbare Belastung eintritt.

Allgemein kann man sagen, dass bei einer Erhöhung etwa im Bereich von 50 % oder mehr das Mitglied zur außerordentlichen Kündigung berechtigt ist. Nach einer Entscheidung des LG Hamburg (Urteil v. 29.04.1999, Az.: 302 S 128/98) kann ein um 300 % angehobener Mitgliedsbeitrag nicht verlangt werden. Eine rückwirkende Erhöhung verstößt gegen Treu und Glauben (§ 242 BGB) und berechtigt zur fristlosen Kündigung der Mitgliedschaft. In der Rechtsprechung wird auch berücksichtigt, ob der Grund für die Beitragserhebung plausibel ist. Wichtig bei der Beurteilung der Angemessenheit der Erhöhung ist nach der Rechtsprechung auf jeden Fall die dafür gelieferte Begründung für den Beitragsanstieg.

Fristlose Kündigung bei Erhöhung von 50 % und mehr

Mit der fristlosen Kündigung kann man sich ohnehin nur während des laufenden Vereinsjahrs vorzeitig lösen. Entsprechend der üblichen Kündigungsfristen in den Vereinssatzungen, z. B. mit einer ordentlichen Kündigung zum Ende des Vereinsjahrs, kann man ohne größere juristische Auseinandersetzung auf Mitgliederseite mit einer „normalen" Kündigung reagieren, insbesondere wenn z. B. im Frühjahr oder Mitte des Jahres über die Jahresmitgliederversammlung eine Beitragsanpassung erst für das Folgejahr beschlossen wird.

Kann ich Umlagen beliebig einfordern?

Achten Sie bei der Einforderung von Umlagen auf ein ordnungsgemäßes Verfahren. Es gibt schon zahlreiche Urteile, die nur dann einen durchsetzbaren Umlageanspruch des Vereins anerkennen, wenn der Vorstand sich genau an Satzung und Beitragsordnung gehalten hat.

Verfahren zur Einforderung von Umlagen

- Sieht Satzung/Beitragsordnung eine Umlagemöglichkeit vor?
- Ist die Zustimmung der Mitgliederversammlung nötig? (Im Regelfall ja, auf jeden Fall empfehlenswert!)
- Prüfen Sie, von welchen Mitgliedern für welchen Zweck die Umlage erhoben werden soll. Vermeiden Sie rückwirkende Umlagen.
- Legen Sie den genauen Verwendungszweck dar und vollziehen Sie ihn dann auch. Fordern Sie keinesfalls pauschale Sonderumlagen, die versteckte Beitragserhöhungen sind! ◄

Wie bekomme ich Zuschüsse für meinen Verein?

Mögliche Ansprechpartner für Zuschüsse sind die Kommunen und die Verbände. Regelmäßig informieren natürlich auch von sich aus bereits die Verbände, soweit sie die zuständige „Verteilungsstelle" für Regional-, Landes- oder Bundeszuschüsse sind. Eine Verbandszugehörigkeit vorausgesetzt, sollte es daher auch zur Aufgabe des den Verein im Verband vertretenden

Vorstands gehören, dass er sich zumindest einen groben Überblick über laufende oder neue Förderprogramme verschafft.

Welche kommunalen Zuschüsse gibt es?

Um in den Genuss kommunaler Zuschüsse zu kommen, müssen Sie sich zunächst einmal über die vorhandenen Möglichkeiten in Ihrer Stadt oder Gemeinde erkundigen.

Bei Stadtverwaltungen stehen über die Haushaltspläne meist mindestens ein Jahr im Voraus die Zuschussprogramme fest. Nehmen Sie also, je nach Zielrichtung Ihres Vereins, regelmäßig Kontakt mit den zuständigen Stellen auf. Meist ist dies das Sportreferat, und auch in den Bereichen Kultur, Umwelt und Soziales gibt es oft noch relativ klare Zuständigkeiten. *Stadtverwaltungen*

Bei kleineren Gemeinden sind direkte Ansprechpartner der Hauptamtsleiter, der Kassenleiter oder auch der jeweilige Bürgermeister. *Kleinere Gemeinden*

Ob es um Unterhaltskosten, Renovierungen oder Neubauten geht – fragen Sie beim angeschlossenen Verband nach, wann und in welcher Höhe Zuschüsse beantragt werden müssen. Übrigens: Auch bei angespannter Finanzlage in den Kommunen sind außerplanmäßige Zuschussanträge für Kinder und Jugendliche für Vereinsfahrten bzw. Veranstaltungen meist immer noch erfolgreich.

Welche Voraussetzungen müssen erfüllt sein?

Im Regelfall bedarf es eines besonderen Antrags mit entsprechender Begründung, wenn es um Zuschüsse für bestimmte Anschaffungen etc. geht. Konkrete Kostenvoranschläge mit Nachweis einer Eigenfinanzierungsquote etc. sind, soweit dies nicht ohnehin im Antragsweg bereits vorgeschrieben ist, auf jeden Fall sinnvoll. *Antrag*

Geht es um außerordentliche Zuschüsse, die eben nicht über laufende Programme/Haushaltmittel abgedeckt sind, wird sich im Regelfall der Stadt- oder Gemeinderat damit beschäftigen müssen, ggf. zuvor auch die zuständigen Ausschüsse. Empfehlenswert ist daher eine persönliche Kontaktaufnahme zu den betreffenden Entscheidungsträgern. Soweit erforderlich, sollten Sie bei öffentlichen Beratungen/beratenden Sitzungen mit einem kompetenten Vorstandsmitglied anwesend sein. *Außerordentliche Zuschüsse*

Förderung im Sport- bzw. Musikbereich

Auf dem Sportgelände ist eine größere Reparatur sofort auszuführen, die über die laufenden Vereinsfinanzen nicht kurzfristig abgedeckt werden kann.

Der Musikverein erhält während des laufenden Vereinsjahrs überraschenderweise als besondere Auszeichnung eine besondere Einladung zu einer Musikveranstaltung im nahen Ausland. Der Verein stellt einen Antrag auf einen finanziellen Zuschuss je Teilnehmer.   ◀

Fristen beachten

Sowohl für Zuschussprogramme, die über die zuständigen Verbände laufen, als auch bei einer unmittelbaren Antragstellung müssen Sie unbedingt die Antragsfristen zu beachten. Beschaffen Sie rechtzeitig die prüffähigen Unterlagen, die den Anträgen beizufügen sind.

Welche Zuschussmöglichkeiten gibt es im Personalbereich?

Können wir Ausbilderzuschüsse bzw. Übungsleitervergünstigungen beanspruchen? Können wir einen zusätzlichen Personalbedarf über ABM- oder aktuelle Lohnzuschuss-Fördermaßnahmen des Arbeitsamts abdecken?

Erst beantragen, dann einstellen

Nehmen Sie auf jeden Fall Rücksprache sowohl mit dem Verband bzw. der Kommune als auch mit dem Arbeitsamt, bevor Sie jemanden einstellen. Die Zubilligung von Zuschüssen wird nämlich meist davon abhängig gemacht, dass die Antragstellung vor der Einstellung erfolgt. Stellen Sie dabei deutlich heraus, ob es sich um eine neue (zusätzliche) Stelle handelt oder nur um die Neubesetzung einer vorhandenen Position.   ◀

Nutzungsgewährung statt finanzieller Förderung?

Viele Vereine beklagen sich, dass gerade in den letzten Vereinsjahren die allgemeinen Geldzuschüsse durch Kommunen und auch durch die bisherigen Landesprogramme wegen schwieriger wirtschaftlicher Verhältnisse immer stärker abgebaut werden. Dabei übersehen sie vielfach, dass ein Zuschuss einer Stadt oder Gemeinde auch durchaus darin liegen kann, dass sie dem Verein bestimmte Nutzungen gewährt.

Sporthalle kostenlos nutzen

Die Gymnastikgruppe des Sportvereins erhält aufgrund des Hallenverteilungsplans die Möglichkeit, zweimal in der Woche in einem bestimmten Umfang die gemeindeeigene Sporthalle kostenlos zu nutzen – verbunden mit den bestehenden Duschmöglichkeiten, Nutzung der vorhandenen Geräte usw. ◄

Leider ist hier zum Teil ein gewisses Ost-West-Gefälle erkennbar: Wegen noch beschränkterer Fördermöglichkeiten werden in den neuen Bundesländern immer mehr Vereine damit konfrontiert, dass sie die bisher kostenlosen Nutzungsmöglichkeiten diverser Sportanlagen und sonstiger Einrichtungen aus haushaltspolitischen Zwängen nicht mehr gewährt bekommen. So werden sie mit Umlagen für die Nutzung gemeindeeigener Anlagen überrascht.

Ost-West-Gefälle

Nutzungsgebühren

Soweit erkennbar wird, dass die Gemeinde/Stadt vor Ort erstmals Nutzungsgebühren einführt oder eine kräftige Erhöhung ansteht, sollten Sie den Vorgang mit anderen betroffenen Vereinen besprechen.

Können Gegenvorschläge unterbreitet werden? Wie kann man in Eigenregie durch Vereinsmitarbeiter den sicherlich vorhandenen Kostenaufwand der Kommunen reduzieren? Ist eine kleine Gegenfinanzierung für den Verein dadurch möglich, dass ein geringes Entgelt von den Mitgliedern, etwa für die Benutzung von Duschanlagen etc., erhoben wird? Können Überlegungen dahin gehend realisiert werden, dass man spezielle Sportanlagen insgesamt in Eigenregie übernimmt, unterhält und pflegt, bis hin zu einer möglichen Eigentumsüberführung auf den Verein? Gibt es neben Geld sonstige Unterstützungsleistungen? ◄

Alternative Möglichkeiten

Der örtliche Schützenverein baut sein Schützenhaus einschließlich der vorhandenen Schießanlage um. Nach Antrag wird durch Beschluss des Gemeinderats ein bestimmtes Kontingent von Nutzholz aus dem Gemeindewald kostenfrei zur Verfügung gestellt.

Der Fußballverein muss den vorhandenen Hartplatz erneuern, es müssen neue Drainagen etc. gelegt werden. Durch Absprache mit der Gemeinde können der gemeindeeigene Bagger sowie sonstige notwendige Baumaschinen kostenlos genutzt werden, um den Großteil des Aufwands durch Eigenleistung erbringen zu können.

Für das geplante Sommerfest oder die größere Veranstaltung im Winter wird dem örtlichen Musikverein die Nutzung der vorhandenen Gemeinde- bzw. Stadthalle kostenlos oder wesentlich verbilligt gewährt.   ◄

Frei nach dem Motto „Tue Gutes und rede nicht viel darüber" sollten Sie in Einzelfällen durchaus mit den entscheidenden Funktionsträgern der politischen Gemeinde versuchen, für die eine oder andere Veranstaltung oder Maßnahme diese dem Grunde nach durchaus mögliche Unterstützung zu erreichen. Sicherlich gibt es nicht nur mithelfende Vereinsmitglieder, sondern auch tätige Handwerksbetriebe, die in dem einen oder anderen Fall nicht nur verbilligte Materialien gerade für Umbau- oder Anbaumaßnahmen überlassen, sondern auch technische Unterstützung anbieten.

Schriftverkehr   Selbst die Übernahme von Portokosten, z. B. durch den Versand von Einladungen oder Infobriefen durch ein Vereinsmitglied, kann die Vereinskasse spürbar entlasten. Vielleicht können Sie einen Teil des Schriftverkehrs per E-Mail abwickeln? Soweit Mail-Adressen von Mitgliedern und Interessenten vorhanden sind und die Mitglieder zustimmen, können Sie so nicht nur Porto, sondern auch einiges an Kopier- und Druckkosten einsparen!

Große Probleme bestehen derzeit für die Bezuschussung beim Sportanlagenbau. Landes-, aber auch städtische Mittel werden z. T. drastisch reduziert. Nehmen Sie bei einer Neuplanung, aber auch bei laufenden Vorhaben unbedingt Rücksprache mit dem Verband!

Wie funktionieren Sponsoring und Werbung?

Sponsoring und Werbung sind Marketinginstrumente, also beliebte Maßnahmen von Unternehmen, um Produkte, Marken oder auch den eigenen Betrieb in der Bevölkerung bekannt zu machen.

Mögliche Bereiche   Werbeauftritte gibt es in fast allen Bereichen, in nahezu in allen Medien und insbesondere natürlich bei Veranstaltungen. Wussten Sie, dass sich z. B. Banken, Versicherungen, Energie- und Chemiegroßunternehmen mit über 60 % vorrangig für den Kunst- und Musikbereich engagieren? Und mit ca.

37 % bevorzugt der Handel das Kultursponsoring. Auf Platz 1 steht natürlich der Sport. Das Schlusslicht sind leider immer noch die Bereiche Soziales und Umwelt.

Ausgehend davon, dass Vereine und Verbände ideale Zielgruppen sind, mit denen man durch mehr oder weniger intensive Zusammenarbeit auch zahlreiche Mitglieder oder Vereinsinteressen erreichen kann, gewinnen entsprechende Marketingmaßnahmen durch gewerbliche Anbieter immer mehr Bedeutung auf den hart umkämpften Märkten. Je nach der Bedeutung des Vereins, sei es wegen seiner Größe oder seiner Erfolge, gibt es immer häufiger vertragliche Abschlüsse mit dem Ziel, dass einerseits der Verein aus dieser Zusammenarbeit entsprechende Einnahmen erzielt und andererseits der Vertragspartner mehr oder weniger intensiv in die Werbung durch oder mit dem Verein einsteigen kann.

Ideale Zielgruppen

Natürlich handelt es sich dabei bei weitem nicht immer um Millionenverträge. Bei ca. 95 % aller Verträge fließen relativ bescheidene Einnahmen. Die bezahlte Anzeige in der Vereinszeitung, der Abschluss eines Bandenwerbungsvertrags für eine Spielsaison und die Ausstattung der Mannschaft mit Trikots und dem Werbeaufdruck sind die bekannten Beispiele.

Wie finde ich einen geeigneten Werbepartner?

Eigentlich können Sie bei dem Geschäft gleich um die Ecke beginnen, wenn es darum geht, dass der Händler bzw. Gewerbetreibende Ihren Verein, bei dem er vielleicht sogar Mitglied ist, durch eine mehr oder weniger regelmäßige Anzeige, Banden- oder Trikotwerbung unterstützt.

Potenzielle Ansprechpartner sind natürlich auch Banken, Versicherungen, Zusammenschlüsse von Gewerbetreibenden bis hin zu den Verbänden als mögliche erste Anlaufstellen bei der Suche nach möglichen Werbeinteressenten.

Außerdem gibt es spezialisierte Werbeagenturen, im Bereich Sponsoring sogar eine Sponsoringbörse im Internet (www.esb.de).

Was wird für Werbung gezahlt?

Konkrete Untersuchungen mit nachvollziehbaren Werbeleistungen gibt es eigentlich nur für den sehr hart umkämpften Bereich des Profisports. Bei dem kleinen bis mittelgroßen Verein spielt oft neben dem wirtschaftlichen Interesse durchaus auch eine gewisse „Spendierfreudigkeit" des gewerblichen Werbepartners eine Rolle. Allgemein lässt sich leider feststellen, dass ab 2002/2003 die gewerbliche Wirtschaft ihr bisheriges Sponsoring-Engagement sehr deutlich zurückgefahren hat. Sogar laufende Verträge sind von Etat-Kürzungen betroffen.

Breitenwirkung Grundsätzlich: Das Interesse des Werbepartners hängt sehr oft von der mehr oder weniger gelungenen Selbstdarstellung des Vereins ab, also inwieweit er schriftlich oder mündlich kommunizieren kann und welche Breitenwirkung sich aus der Zusammenarbeit mit dem Verein ergibt. Legen Sie auf jeden Fall dar, welche einzelnen Werbemittel Sie mit welcher Intensität und mit welchem Umfang anbieten können.

Persönlicher Kontakt Eine sicherlich entscheidende Rolle spielt der persönliche Kontakt, d. h. das Interesse des Werbepartners an dem Verein, seiner Zielrichtung und den Mitgliedern. Gerade bei kleineren Werbeaufträgen, sei es z. B. die Banden- oder Trikotwerbung, lässt sich ein großer Anteil einer grundsätzlichen Förderbereitschaft zugunsten des Vereins erkennen, weniger der angestrebte wirtschaftliche Erfolg.

Annonce in Vereinszeitung

Sicherlich liegen die Anzeigenpreise für eine Annonce in der Vereinszeitschrift in üblicher Höhe, auch zur Abdeckung der für den Verein anfallenden Druckkosten. Ein besonderer Vereinsservice, der sich durchaus auch im Entgelt niederschlagen kann, kann etwa in der individuellen Beratung und Gestaltung einer Werbeanzeige liegen, wenn nicht – wie sonst üblich – nur ein vorgefertigtes Klischee zum Abdruck in der Zeitschrift zur Verfügung gestellt wird. ◄

Wenn Zuwendungen gekürzt werden Wichtig: Denken Sie bei plötzlich festgestellten Kürzungen der Zuwendungen an den Verein sofort über die finanziellen Auswirkungen für den laufenden Vereinshaushalt nach:

- Gibt es vielleicht die Chance, dass der zugesagte Betrag zeitverzögert ausbezahlt wird?
- Wer kommt als neuer, zusätzlicher Sponsor in Betracht?
- Gibt es Empfehlungen aus dem Kreis der Mitglieder?

Was ist der Unterschied zwischen Sponsoring und Werbung?

Werbung und Sponsoring unterscheiden sich sicherlich einerseits bei der Höhe der Einnahmen, die an den Verein fließen, andererseits in den steuerlichen Auswirkungen.

Welche Zusagen darf man an einen Sponsor machen?

Ein Verein, also jede gemeinnützige Körperschaft, darf auf Plakaten, Veranstaltungshinweisen, in Ausstellungskatalogen oder in nahezu jeder denkbaren sonstigen Weise auf das Engagement durch einen oder mehrere Sponsoren hinweisen. Hierbei darf sogar das Logo oder Emblem des Sponsors verwendet werden. Nur: Der Hinweis darf nicht in besonderer Weise „hervorgehoben" sein!

Im Folgenden finden Sie zwei Praxisbeispiele, die auf eventuelle Probleme beim Sponsoring aufmerksam machen:

Theatergruppe

Zum Jahresende findet als Höhepunkt des Vereinsjahrs das Theaterstück der Theatergruppe e. V. in der großen Vereinshalle statt. Vier Monate vor dem Ereignis wird bereits mit dem Filialdirektor einer größeren Versicherungsgesellschaft geredet, der dafür bekannt ist, dass er aufgrund seines Marketingetats auch gewisse kulturelle Ereignisse „sponsert". 5.000 € werden von der Versicherung zur Verfügung gestellt. Einzige Bedingung: Vor der Halle müssen die drei vorhandenen Fahnenmasten mit der deutlich sichtbaren Flagge der Versicherung ausgestattet werden. Im Hallenvorraum darf die Versicherung einen Stand aufbauen, der nicht nur Abfragen zu Versicherungsproblemen ermöglicht, sondern auch über die Produktpalette informiert. In der Halle selbst befinden sich deutlich sichtbar zwei große, flächendeckende Plakate mit Hinweisen auf die Versicherung, ihrem Leistungspaket etc.

Die 5.000 € fließen auf das Vereinskonto. Dies ist wohl unstreitig eine Betriebsausgabe bei der Versicherung. Obwohl aus Anlass der Veranstaltung der Sponsor gar nicht erwähnt wird, wird der Vereinskassierer Probleme haben, gegenüber dem Finanzamt diesen Auftritt des Sponsors noch als übliche untergeordnete Sponsormaßnahme rechtfertigen zu können. Also droht die Zuordnung zum (steuerpflichtigen) wirtschaftlichen Geschäftsbetrieb! Denn hier geht es um Werbung!   ◄

Sportverein

Angesichts des eben geschilderten Beispiels geht Vereinsvorstand Clever bei der Jubiläumsveranstaltung seines Sportvereins in der gleichen Halle anders vor. Er vereinbart mit dem Sponsor, dass dieser sein ohnehin in der Öffentlichkeit sehr bekanntes Firmenlogo lediglich zur Verfügung stellt. Bereits in der Einladung und auf Plakaten ist für die Vereinsmitglieder, die Honoratioren und sonstige Interessenten das Firmenlogo erkennbar. Auch die Eintrittskarte trägt das Firmenlogo, darüber hinaus auch die Festzeitschrift aus Anlass dieser Veranstaltung. Bei seiner Begrüßungsrede bedankt sich der Vorstand zudem vor versammeltem Publikum für die finanzielle Unterstützung des Sponsors, ohne dessen Mithilfe diese Veranstaltung mit all seinen anstehenden Überraschungen nicht durchgeführt werden könnte.

Folge: Der Schatzmeister des Sportvereins verbucht die erhaltene Sponsorleistung im (steuerunschädlichen) Bereich der Vermögensverwaltung.   ◄

Mit entsprechender Zurückhaltung kann man also einiges an Steuern für den Verein sparen. Es darf also weder aus dem Vertrag noch aus der Durchführung der tatsächlichen Sponsoring-Unterstützung erkennbar werden, dass der Verein „aktive" Hilfe für Marketingmaßnahmen des Sponsors leistet. Falls der Sponsor ein größeres Leistungspaket vom Verein verlangt, sollten Sie zweckmäßigerweise die Vereinbarung in eine „wasserdichte" Sponsoringvereinbarung und einen separaten Werbevertrag aufgliedern.

Wie verhält es sich mit der Werbung?

Soweit der Verein optisch mitwirkt, also die Produkt- oder Anzeigenwerbung des Vereinsförderers unterstützt, kommen die erhaltenen Werbeeinnahmen grundsätzlich in den steuerpflichtigen wirtschaftlichen Geschäftsbetrieb. Körperschaft- und Gewerbesteuer fällt aber zunächst noch nicht an, wenn die Einnahmen des Vereins für das Vereinsjahr aus dem steuerlichen wirtschaftlichen Geschäftsbetrieb einschließlich der Umsatzsteuer nicht mehr als 30.678 € betragen (Besteuerungsgrenze nach § 64 Abs. 3 AO). Schon bei größeren Logo-Werbetafeln rutscht man, dies als Hinweis zum obigen „dezenten" Sponsoring, in den Bereich der steuerpflichtigen Werbeeinnahmen.

Nur bei höheren Einnahmen muss der Gewinn genau ermittelt werden. Dabei können die Betriebsausgaben bei Werbegeschäften (selbst betriebene Bandenwerbung, Trikotwerbung, Inserate/Anzeigengeschäfte) mit den tatsächlichen Betriebsausgaben hierfür oder wahlweise pauschal mit 25 % der Einnahmen gemindert werden.

Hinzu kommt, dass bei der Ermittlung des dann verbleibenden „steuerpflichtigen Einkommens" jeweils ein Freibetrag bei der Körperschaftsteuer mit 3.835 € und bei der Gewerbesteuer mit 3.900 € abgezogen wird. Der übersteigende Betrag wird dann allerdings kräftig besteuert!

Das Ziel, steuerfreie Einnahmen im Bereich der Vermögensverwaltung zu erzielen, kann auch dadurch erreicht werden, dass der Verein seine Werbemöglichkeiten, also dem Grunde nach das Recht zur Werbung mit entsprechenden Nutzungsmöglichkeiten, nicht selbst vermarktet (also der Verein selbst einen Werbevertrag schließt), sondern das Recht zur Nutzung der Werbemöglichkeiten insgesamt an einen unabhängigen Werbeunternehmer (z. B. Werbeagentur, Veranstalter etc.) verpachtet (Schreiben des BMF vom 18.02.1998). Wenn hier z. B. die Werbeagentur also ein bestimmtes Entgelt zahlt, bleibt dies beim Verein steuerfrei, wird also nicht bei der 30.678 €-Besteuerungsgrenze als Umsatz mit berücksichtigt.

Bei Verpachtung der Werbung muss dem „Pächter", z. B. einer Werbeagentur, ein rechnerischer Gewinn von mindestens 10–15 % verbleiben. Sie sollten das steuerliche „Schicksal" bei Werbeeinnahmen im Zusammenhang mit Vereinsveranstaltungen unterscheiden. Liegt keine Veranstaltung vor, die in den wirtschaftlichen Geschäftsbetrieb fällt, sondern handelt es sich um eine als Zweckbetrieb einzustufende sportliche, soziale oder kulturelle Veranstaltung, gibt es eine besondere Regelung. Den Gewinn aus erzielten Werbeleistungen für diese steuerbegünstigten Tätigkeiten dürfen Sie auf Antrag pauschal mit 15 % der Netto-Einnahmen ansetzen (§ 64 Abs. 6 AO). Aber aufgepasst: Nicht zulässig ist die Verrechnung dieses Werbeaufwands mit sonstigen Werbeeinnahmen aus dem wirtschaftlichen Geschäftsbetrieb

(Trikot-/Bandenwerbung). Trennen Sie besondere steuerbegünstigte Vereinsvorstellungen mit nur dafür anfallenden Einnahmen von allgemeinen Werbeeinnahmen!

Umsatzsteuer Soweit keine reinen Spenden vorliegen und somit die Einnahmen im ideellen Bereich des Vereins verbucht werden können, bieten Sponsorenverträge auch Umsatzsteuervorteile. Bei Einnahmen aus der Vermögensverwaltung gilt der ermäßigte Umsatzsteuersatz von 7 % (§ 12 Abs. 1 Nr. 8 UStG), bei Einnahmen mit Zuordnung zum wirtschaftlichen Geschäftsbetrieb in Höhe von 16 %.

Umsatzsteuerhinweis: Mehr zum Thema Sponsoring enthält die Verfügung der OFD Karlsruhe/Stuttgart vom 5. März 2001, bei Einsatz von Werbemobilen die Verfügung der OFD Erfurt vom 28. Februar 2001 – abrufbar über Ihre CD.

Internet-Werbung Vorsicht bei Werbemaßnahmen auf der Vereins-Homepage: Laufen hier Fremd-Werbebanner, gibt es für Werbeauftritte „Geld" von Werbepartnern, liegen Einnahmen im steuerpflichtigen wirtschaftlichen Geschäftsbetrieb beim Verein vor. Nur das Logo, aber mit der Möglichkeit eines Links mit dahinter steckenden werblichen Aussagen dürfte auch bereits die Grenzen der steuerfreien Vermögensverwaltung überschreiten. Stimmen Sie die zutreffende Verbuchung ggf. mit dem Finanzamt ab, da derzeit weder Rechtsprechung noch Verwaltungsanweisungen bekannt sind.

Verpachtung von Werberechten über Vereinsmitglied

Soweit die Verpachtung von Werberechten praktisch über ein Vereinsmitglied läuft, darf dies keinesfalls eine Gefälligkeitshandlung sein. Es muss ein echter unternehmerisch tätiger Dienstleister eingeschaltet werden, der also selbst mit einer eigenen Steuernummer in diesem Bereich tätig wird. Der Dienstleister darf auch gegenüber dem Verein nicht zu großzügig sein. Achten Sie darauf, dass die von ihm erzielten Erlöse nach Abzug seiner Betriebsausgaben für die Erbringung der Werbeleistungen nicht komplett, etwa durch die Abschlüsse von Werbeverträgen mit Dritten, an den Verein zurückfließen. Auf der sicheren Seite dürften Sie allenfalls sein, wenn mindestens 10–15 %, besser noch darüber, des aus dem Werbevertrag erzielten Gewinns (Nettoüberschuss) tatsächlich bei dem Dienstleister verbleiben. ◀

Was muss ich bei Vertragsabschluss beachten?

Bei Abschluss größerer Sponsoring- oder Werbeverträge sollten Sie vorhandene Vertragsentwürfe zuvor durch einen Rechtsanwalt prüfen lassen. Als verantwortungsvoller Vorstand sollten Sie z. B. darauf zu achten, ob man sich und, wenn ja, wie lange tatsächlich in die Hand nur eines Hauptsponsors begeben will.

Was passiert, wenn die Leistung z. B. an bestimmte sportliche Erfolge geknüpft ist und diese nicht eingehalten werden können? Welchen Freiraum benötigt der Verein neben dem Sponsorenvertrag, um z. B. im laufenden Vereinsjahr noch weitere kleinere Werbe- oder Sponsorverträge abschließen zu können? Also nach Möglichkeit keine Exklusivverträge! Ein klassisches Thema für die Vorstandssitzung.

Wenn der Verein Kredite benötigt

Das gibt es immer wieder in der Vereinspraxis: Für den Bau des Clubheims, einer Vereinsanlage oder wegen unvorgesehener Zahlungsverpflichtungen versucht der Vorstand, sich über vorhandene Vereinsreserven hinaus Geldmittel zu beschaffen. Gibt es kein vereinseigenes Grundvermögen oder sonstige Geldreserven, sind die Banken oft nicht bereit, mehr als über eine Erhöhung des Kontokorrent-Kreditrahmens zu reden. Meist werden für separate Kredite zusätzliche Sicherheiten verlangt, bis hin zu persönlichen Bürgschaftserklärungen des Vorstands.

Darlehen durch Mitglieder?

Oft behelfen sich Vereine dann dadurch, dass sie in den eigenen Reihen finanzkräftige Mitglieder ansprechen, um auf diesem Wege vielleicht ein zinsgünstigeres Privatdarlehen für den Verein zu erhalten. Zivilrechtlich ist dies völlig zulässig, aber spätestens wenn es mit der Darlehenstilgung nicht mehr so richtig klappt, kann dies zu nicht unerheblichen Auseinandersetzungen im Vorstand führen. Meist spricht sich dies auch sehr schnell in der Öffentlichkeit herum und kann dem Ansehen des Vereins schaden.

Vertrag Unerlässlich ist, dass Sie wie bei Kreditaufnahmen bei der Bank einen schriftlichen Darlehensvertrag abschließen. Neben dem Darlehensgeber muss klipp und klar geregelt werden, wer der Darlehensschuldner ist, ggf. sogar noch ergänzt mit einem Hinweis darauf, für welchen Zweck der Verein dieses Darlehen verwenden soll. Bei einem Verein in der Rechtsform eines e. V. muss der Verein als Darlehensnehmer genannt werden, er wird hierbei durch den vertretungsberechtigten Vorstand gesetzlich vertreten.

Rückzahlung Genau vorgegeben werden muss natürlich die Frage der Rückzahlung des Darlehens (monatlich, halbjährlich, bis hin zu Einzelvereinbarungen, ob Sondertilgungen möglich sind). Sie können durchaus auch vereinbaren, dass Sie erst nach ein oder zwei Jahren mit der Tilgung beginnen. Klären Sie sehr sorgfältig die Frage der Verzinsung.

- Sind laufende Zinsen zu entrichten?
- In welcher Höhe?
- Werden die Zinsen erst zum Darlehensrückzahlungstermin fällig?
- Welche Sonderkündigungsrechte gibt es neben der gesetzlichen Regelung, wenn z. B. vereinbarte Tilgungsraten eben nicht erbracht werden?
- Kann der Verein dem Darlehensgeber übliche Sicherheiten gewähren?

Bei wem liegt die Haftung?

Grundsätzlich haftet der e. V. nur mit seinem vorhandenen Vereinsvermögen. Kommt der Verein seiner Darlehensrückzahlungsverpflichtung nicht nach oder kann das Darlehen bei einem vereinbarten kompletten Rückzahlungstermin nicht zurückgezahlt werden, erhält der Verein als Beklagter den Mahnbescheid bzw. die Zahlungsklage zugestellt.

Vollstreckbarer Titel Erst wenn ein vollstreckbarer Titel vorliegt, kann in das Vereinsvermögen vollstreckt werden. Ist der Verein zahlungsunfähig, kann dies zur Einleitung eines Insolvenzverfahrens führen, bis hin zur Auflösung des Vereins wegen Vermögenslosigkeit. Hier trägt zunächst der Darlehensgeber (z. B. das Mitglied) das Prozessrisiko.

Eine Möglichkeit, den etwas langwierigen gerichtlichen Weg zur Durchsetzung der Rückzahlung der privaten Darlehensforderung zu vermeiden, wäre

die Erstellung eines Schuldanerkenntnisses vor einem Notar, also die Ausstellung einer vollstreckbaren Urkunde.

Haftet der Vorstand?

Im Regelfall wird der vertretungsberechtigte Vorstand bei der Aufnahme
eines Darlehens keinen Alleingang machen. Geht es nicht um einen kurzfristigen finanziellen Engpass, sind Sie als Vereinsvorstand sicherlich auch
gut beraten, die Finanzierungspläne der Mitgliederversammlung vorzustel-
len, sich also auch von dort die Zustimmung einzuholen.

Eine persönliche Haftung des Vereinsvorstands, etwa durch Kreditvertrag, **Keine**
wird wohl in den seltensten Fällen durchsetzbar sein, höchstens wenn die **persönliche**
Kreditmittel nicht ordnungsgemäß dem Verein zufließen und dort verwen- **Haftung**
det werden oder aber in den Fällen, in denen sich das vertretungsberechtigte
Vorstandsmitglied trotz eines entgegenstehenden Beschlusses innerhalb des
Vorstands oder durch die Mitgliederversammlung doch zu einem Alleingang entschließt.

Prüfen Sie in diesem Zusammenhang auf jeden Fall auch die Vertretungsbe- **Vertretungs-**
rechtigung. Sieht die Satzung eine Gesamtvertretung vor, müssen im Re- **berechtigung**
gelfall zwei oder mehrere vertretungsberechtigte Mitglieder den Kreditver- **prüfen**
trag unterschreiben. Beachten Sie auch, ob nicht bereits die Satzung oder
ein Beschluss des Vorstands oder der Mitgliederversammlung eine Beschränkung in Bezug auf rechtliche Verpflichtungen etwa der Höhe nach
vorsieht. Wird der Vertretungsrahmen überschritten, kann eine persönliche
Haftung des Handelnden durchaus in Betracht kommen, insbesondere
dann, wenn der Verein das Rechtsgeschäft nicht genehmigt.

Die durch die Rechtsprechung im Steuerrecht entwickelte Vorstandshaftung bei rückständigen Steuerschulden wird zivilrechtlich nur in wenigen
Ausnahmefällen gerichtlich durchsetzbar sein. Etwa dann, wenn der Vorstand aufgrund eigener Kenntnis schon weiß, dass der Verein sich in einer
absolut desolaten finanziellen Lage befindet und er sich ohne Rücken-
deckung in der Versammlung zu einer risikoreichen, zusätzlichen Darlehensaufnahme entschließt. Dieser Vorstand handelt in vergleichbarer Weise
wie ein GmbH-Geschäftsführer, der trotz Kenntnis der Zahlungsunfähigkeit
nochmals eine Darlehensaufnahme tätigt, um das drohende Insolvenzver-
fahren zu vermeiden.

Wie ist das bei Bürgschaften?

Persönliche Haftung Wer sich neben dem Verein zusätzlich als gesamtschuldnerisch haftender Bürge verpflichtet, muss natürlich damit rechnen, dass ihm bei einer vielleicht auch erst später eintretenden Zahlungsunfähigkeit eine persönliche Inanspruchnahme droht. Unterschreiben Sie als Bürge einen Darlehensvertrag, kommen Sie von dieser gesamtschuldnerischen Haftung selbst dann nicht mehr weg, wenn Sie schon längst kein aktives Vorstandsmitglied mehr sind. Denn hier geht es um eine zusätzliche Haftung neben dem Verein als juristischer Person. Im Gegensatz zum Vereinsvermögen haften Sie als weiterer Kreditnehmer bzw. Bürge unbeschränkt mit Ihrem persönlichen Vermögen.

Zeitliche Beschränkung der Bürgschaft Eine Möglichkeit, eine solche Haftung in späteren Jahren zu vermeiden, könnte beispielsweise darin bestehen, die Haftungserklärung nur für einen bestimmten Zeitraum wirksam zu vereinbaren, sodass sie etwa nach Ablauf von ein oder zwei Jahren automatisch erlischt. Gibt es bis dahin keine Zahlungsprobleme beim Verein, kommen Sie auch als Bürge aus dieser persönlichen Haftung wieder frei.

Auch wenn Sie als Vorstandsmitglied nur kurzfristig finanziell weiterhelfen wollen, sollten Sie eine Vermischung zwischen privatem Engagement und Vereinsführungstätigkeit grundsätzlich vermeiden.

Um Liquiditätsprobleme zu vermeiden: Erstellen Sie unbedingt einen Finanzplan! Ein Muster hierfür finden Sie auf Ihrer Vereins-CD-ROM.

> **Finanz- und Haushaltsplan**
>
> Stellen Sie regelmäßig einen kurzfristigen Finanzplan und einen groben Haushaltsplan für drei bis fünf Jahre auf. Bei mehreren Abteilungen rechtzeitig und stichtagsbezogen zur Vorstandssitzung die Einzelpläne der Abteilungsleiter anfordern! ◀

Natürlich kann ein Ratgeber hier nur Tipps geben. Sollten Sie ausführlichere Informationen zum Thema Werbung, Finanzen u. a. benötigen, empfehlen wir Ihnen das Handbuch „Der Verein" aus dem WRS-Verlag. Sie können es entweder unter der Nummer (089) 8 95 17-250 telefonisch bestellen oder aber über den Buchhandel beziehen.

Der traurige Insolvenzfall

Auch ein Vorstand muss darauf achten, bei schrumpfendem Vereinsvermö- **Vorstand haftet**
gen und nicht bezahlten Rechnungen bzw. Steuerforderungen des Finanzamts oder der Sozialversicherungsträger nicht in die Insolvenz (früher Kon-
kurs) zu schlittern. Liegt Zahlungsunfähigkeit oder eine Überschuldung vor,
was im Krisenfall anhand eines Vermögensstatus bzw. einer Bilanz ermittelt
werden muss, ist der vertretungsberechtigte Vorstand beim örtlichen Amtsgericht insolvenzantragspflichtig (§ 42 BGB). Eine verzögerte Antragstellung kann, wenn Gläubiger, z. B. auch das Finanzamt, geschädigt werden,
zur persönlichen Inanspruchnahme der Vorstandsmitglieder führen. Lässt
sich ein Verschulden nachweisen, haften die einzelnen „geschäftsführenden" Vorstandsmitglieder sogar als Gesamtschuldner für geltend gemachte
Schadensersatzansprüche. Durch die Eröffnung des Insolvenzverfahrens
wird der Verein gelöscht, damit enden auch die Mitgliedschaftsrechte.

Eine Möglichkeit wäre die unverzügliche Neugründung eines Vereins mit
gleicher Zielsetzung, um dann auf finanziell „gesunder" Basis, ggf. sogar mit
dem früheren Vorstand, weiterarbeiten zu können. Ob da die früheren Mitglieder gleich wieder mitmachen, ist natürlich nicht voraussehbar. Dennoch
reagieren Sportvereine teilweise mit diesem Neuanfang.

Was muss ich bei den Steuern beachten?

Teures Versäumnis

„Warum wurde die Satzung nicht von Anfang an dem Finanzamt vorgelegt?"
Erst nach einem Brief des Fiskus wurde dem Vorstand bewusst, dass es trotz
erfolgter Eintragung ins Vereinsregister keine Gemeinnützigkeitsbescheini-
gung gibt, weil eine Regelung zur Mittelverwendung des Vereins fehlte. Eine
außerordentliche Mitgliederversammlung und die kostenpflichtige Eintragung
der Satzungsänderungen ins Register sowie nochmalige Beglaubigungsge-
bühren beim Notar waren die Folge.   ◄

Ihr Verein wurde neu ins Vereinsregister eingetragen. Er kann nun als e. V.
unter seinem Vereinsnamen sein Vereinsgeschehen gestalten, was sich häufig in Aktivitäten wie z. B. Veranstaltungen, Vorträgen etc. niederschlägt.
Mitgliederbeiträge werden angefordert, Spendenaufrufe getätigt, Zuschüsse
beantragt und vieles mehr. Spätestens zu diesem Zeitpunkt beginnt eine
„Zwangsehe" mit dem Finanzamt – der Vereinsvorstand muss zusammen
mit dem Vereinskassierer bestimmte steuerliche Grundregeln beachten, da
der Verein in vielen Fällen hinsichtlich der steuerlichen Pflichten einem im
sonstigen Wirtschaftsleben tätigen Unternehmer nahezu gleichgesetzt wird.

Über die Gemeinnützigkeit zu Steuervorteilen!

Übersehen Sie nicht, dass die Eintragung im Vereinsregister für sich gesehen
keinesfalls zu einer automatischen Steuerbefreiung führt. Dies ist selbst
dann nicht der Fall, wenn die Vereinsmitglieder streng nach der Satzung
dann sofort rein ideelle Zwecke verfolgen. Das Finanzamt am Vereinssitz
wird sich früher oder später direkt melden, um sich über die gesamte Ge-
schäftstätigkeit und Kassenführung zu informieren. Und die muss die Voraussetzungen zur Anerkennung der Gemeinnützigkeit erfüllen.

Auch ein nicht eingetragener Verein kann Steuervorteile genießen

Der nichtrechtsfähige Verein kann bei Tätigkeiten, die als besonders förderungswürdig anerkannt sind, in gleichem Umfang Steuervergünstigungen beanspruchen. Allerdings: Die Zeiten, in denen ein nichtrechtsfähiger Verein über Jahrzehnte hinweg, völlig unbelangt vom Finanzamt und damit verbundenen steuerlichen Auskunftspflichten agieren durfte, sind wohl endgültig vorbei. Gerade wenn Vereine mit Veranstaltungen an die Öffentlichkeit treten, wird das Finanzamt direkt oder indirekt, etwa über Lieferantenrechnungen, auf den Verein stoßen. Aus der Steuerpraxis lässt sich zunehmend feststellen, dass selbst Vereine, die bisher, aus welchen Gründen auch immer, auf einen Kontakt mit dem Finanzamt verzichtet haben, aufgefordert werden, ihre Jahresrechnungen und Protokolle der Mitgliederversammlung zumindest für die letzten (meist drei) Jahre vorzulegen. Gibt die „Buchführung" keinen Anlass zu berechtigten Zweifeln und kann man aufgrund der offiziellen Protokolle feststellen, dass der bereits aktive Verein seine Satzungszwecke tatsächlich verwirklicht (und sich nicht nur als „Geselligkeitsclub" darstellt), kann über die durchgeführte Veranlagung von Seiten des Finanzamts sogar eine nachträgliche Anerkennung als gemeinnütziger Verein herbeigeführt werden. Dies führt dann gerade für den Bereich der Einnahmen zu zahlreichen steuerlichen Vergünstigungen und auch zur Berechtigung zur Ausstellung von Spendenbescheinigungen.

Was muss ich in der Satzung beachten?

Mustersatzung des Finanzamts

Damit Ihr Verein, ob nun eingetragen oder nicht, in den Genuss der Steuervorteile kommt, sollte sich seine Satzung inhaltlich an der Mustersatzung des Finanzamts orientieren. Ist der Verein steuerlich noch überhaupt nicht erfasst, kann an dieser Stelle nur die Empfehlung gegeben werden, zeitnah den bisherigen Inhalt der Satzung einmal mit der steuerlichen Mustersatzung zu vergleichen, um bei etwaigen größeren „Differenzen" baldmöglichst eine Satzungsänderung über die anstehende Generalversammlung herbeizuführen. Sie sollten nie übersehen: Die Frage der (endgültigen) Gemeinnützigkeit wird oft Jahre später nochmals vom Finanzamt vor Erteilung des Körperschaftsteuer-Befreiungsbescheids intensiv nach der Satzung und tatsächlicher Geschäftsführung des Vereins überprüft.

Welche Vereine werden als gemeinnützig aner-kannt?

Für Vereine mit ideeller Zielrichtung gibt es verschiedene Vergünstigungen im steuerlichen Bereich. Dies gilt allerdings nur für Vereine, deren Satzungszweck die Förderung von Aufgaben und Zielsetzungen beinhaltet, die im öffentlichen Interesse liegen. Gemeinnützige Zwecke werden – grob gesagt – verfolgt, wenn die Allgemeinheit auf materiellem, geistigem oder sittlichem Gebiet selbstlos gefördert wird. Es reicht daher aus, wenn die Förderung nur eines dieser Gebiete betrifft. Es müssen Belange der Allgemeinheit gefördert werden, somit Ziele, deren Erreichung das allgemeine Wohl fördern und daher auch von öffentlichen Stellen verfolgt werden könnte oder müsste. Werden Aufgaben dieser Art von Vereinen übernommen, d. h. ein uneigennütziger Beitrag für das Gemeinwesen geleistet, sind diese „gemeinnützigen Vereinigungen" steuerlich begünstigt.

Steuerlich begünstigte Zwecke

Bereits an dieser Stelle der Hinweis: Die Satzung muss während des gesamten Steuerveranlagungszeitraums die gemeinnützigkeitsrechtlichen Vorgaben erfüllen. Spätere Änderungen, also nach Beanstandungen durch das Finanzamt, wirken grundsätzlich nicht zurück, sondern erst für das beginnende neue Steuerjahr!

Die Kernvorschrift aus der Abgabenordnung

Nach § 52 AO sind als Förderung der Allgemeinheit insbesondere anzuerkennen die Förderung von Wissenschaft und Forschung, Bildung und Erziehung, Kunst und Kultur, Religion, der Völkerverständigung, Entwicklungshilfe, des Umwelt-, Landschafts- und Denkmalschutzes, des Heimatgedankens, der Jugend- und Altenhilfe, des öffentlichen Gesundheitswesens, des Wohlfahrtswesens und des Sports; daneben aber auch die allgemeine Förderung des demokratischen Staatswesens (etwa durch politische Parteien). Es handelt sich hierbei nicht um einen abschließenden „Katalog". Eine Förderung der Allgemeinheit kann z. B. auch durch die Verbraucherberatung, Verkehrssicherheit, Unfallverhütung, Feuerschutz, Zivilschutz oder der Gleichberechtigung von Männern und Frauen in Betracht kommen. Als gemeinnützig gelten insbesondere auch die in § 48 der Einkommensteuer-

CD-ROM

Durchführungsverordnung als förderungswürdig anerkannten Zwecke mit den neuen Vorgaben ab 2000 zum Spendenrecht.

Was sagt das Vereinsförderungsgesetz?

30.678 €-
Grenze

Seit 1990 gelten die wesentlichen Grundsätze für die Vereinsbesteuerung. Die wichtigste Änderung, die vor allem die vielen gemeinnützigen Vereine betreffen wird, ist die Einführung einer Besteuerungsgrenze für den sog. wirtschaftlichen Geschäftsbetrieb (§ 64 Abs. 3 AO). Hier gilt der Grundsatz, den eigentlich jeder Vorstand kennen muss: Alle Einnahmen im Kalenderjahr einschließlich der Umsatzsteuer bleiben völlig von der Körperschaft- und Gewerbesteuer befreit, wenn der hierfür maßgebende Grenzwert von 30.678 € (früher: 60.000 DM) nicht überschritten wird.

Bei welchen Vereinsaktivitäten können Steuern anfallen?

In der folgenden Tabelle können Sie ablesen, für welche Vereinsaktivitäten Sie vom Finanzamt zur Kasse gebeten werden:

Steuerfreier Bereich	
Ideeller Bereich	Vermögensverwaltung
■ Mitgliedsbeiträge ■ Spenden ■ Zuschüsse	■ Zinserträge ■ Einnahmen aus Vermietung von Vereinsvermögen, „dezente" Sponsoringmaßnahmen

	Steuerpflichtiger Bereich
Zweckbetrieb	Wirtschaftlicher Geschäftsbetrieb
■ Sportliche Veranstaltungen (Bruttoeinnahmen bis zu 30.678 € oder Option nach § 67 a AO ohne Teilnahme bezahlter Sportler) ■ Kulturelle Veranstaltungen und Einrichtungen (ohne Verkauf von Speisen und Getränken) ■ Lotterien, Tombolas ■ Einrichtungen der Wohlfahrtspflege, Krankenhäuser, Volkshochschulen, Behindertenwerkstätten etc. (§§ 66–68 AO)	■ Verkauf von Speisen und Getränken ■ Erlöse aus selbst bewirtschafteter Vereinsgaststätte ■ Sportveranstaltungen mit Einnahmen über 30.678 € (§ 67a AO) oder Option nach § 67a Abs. 2 AO mit Teilnahme bezahlter Sportler ■ Werbeeinnahmen ■ Vereinsfeste, gesellige Veranstaltungen ■ Steuerpflicht nur, wenn Einnahmen (einschl. USt) über 30.678 € liegen und für Körperschaft-/Gewerbesteuer der Freibetrag von 3.538 € überschritten ist. ■ Einnahmen aus Altkleider-/Altmaterialsammlungen ■ Nutzungsentgelte für kurzfristige Vermietung von Sporteinrichtungen an Vereinsfreunde ■ Basare, Flohmärkte, Schützenfeste

Euro-Einführung

Die Euro-Einführung für Vereinsjahre ab 2002 führt auch bei Steuerbeträgen zu Veränderungen. Die Faustregel 50 % gegenüber der D-Mark bleibt aber bei den wichtigsten Besteuerungsgrenzen erhalten. Die konkreten Euro-Beträge werden nachfolgend bereits berücksichtigt.   ◀

Experten-Tipp

Weitere gemeinnützige Vereinszwecke

Als gemeinnützig werden auch Vereine anerkannt, die als Vereinszweck folgende Betätigungen haben:

- Tier- oder Pflanzenzucht
- Kleingärtnerei
- Pflege des traditionellen Brauchtums einschließlich des Karnevals, der Fastnacht und des Faschings
- Soldaten- und Reservistenbetreuung

- Amateurfunken
- Modellflug
- Hundesport
- Betätigungen mit identischen Merkmalen wie z. B. Drachenflugmodell-bau, CB-Funken, Eisenbahnmodellbau etc.

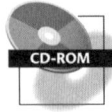

Rechtsgrundlage für diese Erweiterung der gemeinnützigen Zwecke ist § 52 Abs. 2 Nr. 4 AO. Nach Auffassung des Gesetzgebers handelt es sich hierbei um eine abschließende Aufzählung. Entgegen der ursprünglichen parlamentarischen Beratungen bzw. Vorschläge vor Verabschiedung des Vereinsförderungsgesetzes sind danach Vereinszwecke wie z. B. Skat, Tischfußball, Amateurfotografie, Briefmarkensammeln oder andere Karten- oder Brettspiele steuerlich nicht förderungswürdig.

Sport Bei der großen Kategorie „Sport" im Sinne v. § 52 Abs. 2 Nr. 2 AO werden hingegen z. B. auch Dart-Vereine anerkannt, wenn diese Betätigung nach den Wettkampfregeln des Verbandes ausgeübt wird. Unschädlich ist es z. B., wie auch bei Billard und Sportkegeln, wenn die Wettkämpfe in Gaststätten ausgetragen werden.

Auch die Finanzverwaltung ist zunächst dieser strengen Auslegung gefolgt und hat bislang bei Vereinen mit etwa gleicher Zielrichtung, zum Beispiel sonstigen Modellbauvereinen, die Anerkennung als gemeinnütziger Verein verweigert. Der Bundesfinanzhof hat aber durch seine höchstrichterliche Rechtsprechung diese Verwaltungsauffassung zugunsten der Vereine korrigiert. Durch Urteil v. 14.09.1994, BStBl 1995 II S. 499 wurde abweichend zur Auffassung der Finanzverwaltung klargestellt, dass § 52 Abs. 2 Nr. 4 AO nicht als abschließende Aufzählung zu verstehen ist. Damit müssen auch Freizeitbetätigungen grundsätzlich als gemeinnützig anerkannt werden, wenn der Nachweis erbracht wird, dass sie mit den im Katalog des § 52 Abs. 2 Nr. 4 AO genannten Freizeitbetätigungen vergleichbar sind.

Kämpfen lohnt sich

Schon auf der Grundlage der BFH-Rechtsprechung mit der Maßgabe, dass die Abgabenordnung keine abschließende Aufzählung in Bezug auf Freizeitbetätigungen mit im Wesentlichen identischer Zielrichtung enthält, sollten Sie den Kampf um die Gemeinnützigkeit keinesfalls aufgeben. Soweit Ihnen nach Prüfung der Steuerlage von Seiten des Finanzamts eine ablehnende Körperschaftsteuer-Freistellungsbescheinigung erteilt wird, sollten Sie auf jeden Fall rechtzeitig Einspruch einlegen. Bei dieser nunmehr in Bewegung geratenen Entwicklung der steuerrechtlichen Beurteilung der Gemeinnützigkeit bestimmter Freizeitbetätigungen dürfte auf lange Sicht eine Erweiterung in Betracht kommen. Bei negativer Beurteilung des Steuersachverhalts durch das örtliche Finanzamt sollten Sie ggf. ergänzend einen entsprechenden Antrag auf Überprüfung dieser (negativen) Verwaltungsauffassung beim Länderfinanzministerium stellen.   ◀

Wann gibt es Zweifel an der Gemeinnützigkeit?

Bedenken in Bezug auf die Gemeinnützigkeit können die Finanzämter etwa gegen Vereine vorbringen, die zwar nach der Gesetzesdefinition nach § 52 Abs. 2 Nr. 4 AO grundsätzlich seit 1990 den Gemeinnützigkeitsstatus erreichen können, aus deren Vereinsgeschäftsführung sich aber erkennen lässt, dass dem Grunde nach eine „gewerbliche" Tätigkeit ausgeübt wird. Dies kann z. B. für den Tierzuchtbereich bedeutsam werden, wenn es vorrangig um den Verkauf von Zuchterfolgen geht und dadurch – vielleicht sogar entgegen dem Vereinsziel in der Satzung – überwiegend wirtschaftliche Ergebnisse angestrebt werden.

Besondere Vorsicht besteht bei Vereinen, wenn sich bereits aus der Satzung ergibt, dass es sich in Wirklichkeit um Zusammenschlüsse gewerblicher Interessenten in der Rechtsform eines eingetragenen Vereins handelt. Taucht bereits in der Satzung unter § 2 „Zweck und Aufgabe des Vereins" ein wie auch immer gearteter Hinweis auf die Unterstützung der „Wirtschaft" auf, kann man damit rechnen, dass das Finanzamt sehr intensiv in die gemeinnützigkeitsrechtliche Prüfung einsteigt und im Regelfall bereits von vornherein der angestrebte gemeinnützige Zweck nicht erreicht wird.

Gewerbliche Zusammenschlüsse

Das Finanzamt hat es insoweit leicht: Die angestrebten Steuerbegünstigungen können nur dann gewährt werden, wenn eine Körperschaft ausschließlich und unmittelbar gemeinnützige Zwecke verfolgt. Der Satzungszweck und die Zweckverwirklichung müssen daher bereits so klar gefasst sein, dass man auch auf Anhieb erkennen kann, auf welche Weise die Förderung der Allgemeinheit ausschließlich und unmittelbar realisiert wird.

Orientieren Sie sich also an der Vorschrift des § 52 AO und dokumentieren Sie dies auch über die Satzung, das Gründungsprotokoll und die tatsächliche Geschäftsführung. Die Bereiche „Wissenschaft und Forschung, Kultur

sowie Weiterbildung der Bevölkerung" sollten entsprechend herausgearbeitet und in sprachlicher Hinsicht bei Zweck und Aufgabe des Vereins in der Satzung nachvollziehbar aufgenommen werden.

Förderung und Pflege des Fremdenverkehrs

Wird z. B. ein Verein zur Förderung und Pflege des Fremdenverkehrs in einer bestimmten Region geschaffen, muss klar zum Ausdruck kommen, dass sich der Verein aktiv um eine Verbesserung der dem Fremdenverkehr dienenden Einrichtungen bemüht und sich damit auch für die Mitarbeit bei der Schaffung, Erhaltung und Verbesserung vorhandener Kulturgüter einsetzt.   ◄

Umstritten ist die Gemeinnützigkeit für Amateurfilmen, Kochen, Brettspiele, Oltimer-Vereine sowie Tätigkeiten im Reise- und Touristikbereich oder bei Wertpapierclubs.

Neue Medien Sehr ablehnend verhält sich die Finanzverwaltung auch gerade in letzter Zeit etwa bei Gründungen im Zusammenhang mit der Nutzung neuer Medien auf der Grundlage eines Vereins. Bei Vereinen mit der Zielrichtung zur Förderung des Umgangs mit neuen elektronischen Medien, egal was man hierzu rechnet, ist es erforderlich, dass die Bildung der Allgemeinheit (also durch Angebote von Bildungsveranstaltungen etc.) bis hin zur Verankerung der Durchführung von Forschungseinrichtungen bzw. -aufträgen mitberücksichtigt wird. Die Förderung von Wissenschaft und Lehre, auch entsprechend dokumentiert etwa über die Beteiligung von Hochschulen, Lehrstühlen und Forschungseinrichtungen, muss sich daher auf jeden Fall beim Satzungszweck wiederfinden.

Netzwerke Der Aufbau, die Förderung und auch der Unterhalt sog. Netzwerke im Bereich der elektronischen Medien, sei es zur Nutzung durch Mitglieder oder aber auch durch außenstehende Dritte (die Allgemeinheit), stellt nach Ansicht der Finanzverwaltung keine Verfolgung eines gemeinnützigen Zwecks dar.

Satzung und tatsächliche Geschäftsführung

Wichtig ist auf jeden Fall, dass sich dieser Gemeinnützigkeitsgedanke aus der Satzung und der tatsächlichen Geschäftsführung des Vereins ergibt. Oft wird beispielsweise übersehen, dass etwa ein Verein, der ausschließlich den Zweck der Unterhaltung/Geselligkeit verfolgt (Freizeitvereine etc.), nicht als steuerlich begünstigt eingestuft wird. Keinesfalls dürfen daher in der Satzung bereits die deutlichen Hinweise auf wirtschaftliche Betätigung auftauchen, selbst wenn man damit als Verein später zumindest teilweise seinen Vereinshaushalt finanziert.   ◄

Welche Voraussetzungen gelten für die Gemeinnützigkeit?

Zur Kernfrage, wann von Seiten des Finanzamts die Anerkennung als gemeinnützig gewährt wird und man dann noch später die Steuervorteile für den Verein in Anspruch nehmen kann, sind vier Grundvoraussetzungen zu beachten:

- Ausschließlichkeit
- Unmittelbarkeit
- Förderung der Allgemeinheit
- Selbstlosigkeit

Ausschließlichkeit (§ 56 AO)

Dieser Grundsatz setzt voraus, dass die gesamte Tätigkeit des gemeinnützigen Vereins ausschließlich einem steuerbegünstigten Satzungszweck dient. Selbstverständlich dürfen Sie Nebenzwecke verfolgen, die mit der gemeinnützigen Tätigkeit eng zusammenhängen, also auch notwendige Einnahmen über den wirtschaftlichen Geschäftsbetrieb, z. B. Werbung, Verkauf von Speisen und Getränken, erzielen. Beachten Sie jedoch, dass durch ein zu hohes wirtschaftliches Engagement die mit der Gemeinnützigkeit verbundenen Steuervergünstigungen entfallen können.

Eine Ausnahme hiervon wird im sog. Zweckbetrieb (nach §§ 65 ff. AO) gesehen, zu der unter Umständen auch gesellige Veranstaltungen eines Vereins zählen können; hier bleibt trotz der wirtschaftlichen Betätigung die Steuervergünstigung erhalten.

Zweckbetrieb

Unmittelbarkeit (§ 57 AO)

Der Grundsatz der Unmittelbarkeit verlangt, dass die steuerbegünstigten Zwecke durch die gemeinnützige Vereinigung selbst, also unmittelbar, verwirklicht werden. Die Unmittelbarkeit wird dann noch gewahrt, wenn der Verein für seine Tätigkeit Hilfspersonen einschaltet, etwa wenn ein Sportverein den Sportbetrieb mit Hilfe von Angestellten oder freiberuflichen Übungsleitern, Trainern etc. durchführt.

Verbände Bei Verbänden als e. V. wird die gemeinnützige Tätigkeit unterstellt, wenn die einzelnen angeschlossenen Vereine im Verband als gemeinnützig anerkannt sind oder aber der Dachverband über seine Tätigkeit hinreichend dokumentieren kann, dass er selbst unmittelbar gemeinnützig tätig ist.

Ein gemeinnütziger Verein darf auch anderen Vereinen bzw. Körperschaften eigene Vereinsgelder oder Sachmittel spenden, allerdings maximal in Höhe von 50 % aus eigenem Vermögen, soweit die Satzung die Förderung anderer Körperschaften nicht vorsieht.

Nach § 57 Abs. 1 Satz 2 AO muss der gemeinnützige Verein seinen steuerbegünstigten Zweck nicht unbedingt selbst verwirklichen, sondern kann dies auch durch Hilfspersonen tun. Nach dem BMF-Schreiben v. 10.9.2002, BStBl 2002 I S. 867 kann dies z. B. durch Arbeits-, Werk- oder Dienstverträge erfolgen, durch Personen oder Personenvereinigungen/juristisch Personen. Mit einer Übergangsregelung bis Ende 2003 müssen bis dahin auch diese „Hilfspersonen" gemeinnützig sein. Die Auswirkungen sollten insbesondere soziale bzw. karikative Körperschaften beachten.

Förderung der Allgemeinheit (§ 52 AO)

Förderung der Allgemeinheit bedeutet, dass der Kreis der durch die Betätigung des Vereins geförderten Personen nicht begrenzt ist. Hier wird jedoch anerkannt, dass es aus finanziellen, technischen oder anderen Gründen oft unmöglich ist, eine – wie gefordert – breite Förderung zu ermöglichen. Achten Sie jedoch grundsätzlich darauf, dass der Kreis der Personen, dem die Förderung dienen soll, nicht nach räumlichen oder beruflichen Merkmalen so abgegrenzt ist, dass der Mitgliederkreis auf längere Sicht nur in kleinem Umfang bestehen kann. Zulässig ist aber, dass z. B. ein Tennisverein eine Aufnahmebeschränkung bereits in der Satzung vorsieht, weil die

Mitgliederzahl durch eine geringe Anzahl von Spielmöglichkeiten begrenzt ist.

Mitgliedsbeiträge dürfen pro Jahr höchstens 1.023 € je Mitglied, Aufnahmegebühren höchstens 1.534 € je Mitglied betragen (BMF-Schreiben vom 20.10.1998). Dies sind Durchschnittswerte für alle Mitglieder, sodass im Einzelfall höhere Einzelbeträge möglich sind, wenn z. B. für Familienmitglieder oder etwa Studenten niedrigere Jahresbeiträge vorgesehen sind.

Zudem können Sie zur Finanzierung von Vereinsvorhaben innerhalb von zehn Jahren eine sog. Investitionseinlage von 5.113 € je Mitglied ohne gemeinnützigkeitsschädliche Sanktionen verlangen.

Selbstlosigkeit (§ 55 AO)

Was die Förderung der Allgemeinheit in selbstloser Weise angeht, so müssen die Vermögensmassen der Körperschaft zeitnah für satzungsgemäße begünstigte Zwecke tatsächlich verwendet werden. Gefordert wird daher, dass die Körperschaft nicht in erster Linie eigene wirtschaftliche Zwecke verfolgen darf. Wie ausdrücklich in den Satzungsmustern erwähnt, dürfen keine Personen durch zweckfremde Ausgaben oder unverhältnismäßig hohe Vergütungen begünstigt werden. Auch Vergütungen an haupt- oder nebenberufliche Mitarbeiter eines Vereins müssen daher angemessen sein und vergleichbaren Tätigkeiten entsprechen.

Die Selbstlosigkeit wird nicht in Frage gestellt, wenn der wirtschaftliche Geschäftsbetrieb untergeordnet bleibt, z. B. Überlassung von Sportanlagen des Vereins auch an Nichtmitglieder. Steuerschädlich ist es hingegen, wenn z. B. Neumitglieder als Eintrittsvoraussetzung zur Gewährung unverzinslicher Darlehen verpflichtet werden. Auch überzogene Mitgliederwerbung durch Provisionsgeschäfte mit Vermittlern können den Gemeinnützigkeitsstatus gefährden.

Abzugrenzen sind ggf. konkrete Nutzungsrechte durch Gebühren für die Nutzung von Vereinsanlagen (z. B. bei Golfclubs, Tennisvereinen), wenn dies nicht zur Pflichtzahlung für Neumitglieder führt.

Gebühren für Nutzungsrechte

Sachzuwendungen an Mitglieder

Sachzuwendungen an Mitglieder aus Anlass eines besonderen Ereignisses können bis zu einem Wert von ca. 40 € pro Jahr steuerunschädlich erfolgen. ◄

Die Angemessenheit der Zuwendung ist bei Vereinsprüfungen immer Prüfungsgegenstand. Jubiläumsgeschenke in diesem Rahmen werden akzeptiert, auch die Bewirtung der Mitglieder als Dank für besonderes Vereinsengagement bzw. für besondere Erfolge.

„Steuergefährlich" wird es hingegen, wenn z. B. der Großteil des Gewinns aus einem Vereinsfest über ein internes „Helferfest" gleich wieder den Mitgliedern zufließt.

Was gilt für Telekommunikationskosten?

Soweit der Vereinsvorstand einen privaten Telefonanschluss hat und für den Verein telefoniert, sollte er für drei Monate Aufzeichnungen vorlegen und der Verein erst danach den Mittelwert als Pauschale (Vereinfachungsregelung) monatlich zahlen. Es gelten also die für Arbeitnehmer vergleichbaren Grundsätze zum Ersatz von Telefonaufwendungen. Vereinsmitgliedern kann ansonsten bei Aufwendungen für Telefon, Telefax oder für sonstige Kommunikationsmittel (Internetgebühren) der Betrag gegen Nachweis (Beleg!) erstattet werden.

Eintrittsvergünstigungen bei Veranstaltungen

Ein neues Prüfungsfeld der Finanzämter sind verbilligte bzw. kostenlose Eintritte von Mitgliedern zu Veranstaltungen. Faustregel: Der Ermäßigungsbetrag, also wirtschaftliche Vorteil für das Mitglied, darf keinesfalls den Jahres-Mitgliedsbeitrag übersteigen. Oder aber es wird im Einzelfall ganz einfach eine Präsenz eines Mitarbeiters bei der Veranstaltung für erforderlich erklärt! ◄

Dürfen wir Verluste verrechnen?

Immer wieder taucht für den Vereinskassierer die Frage auf, ob er Verluste aus verschiedenen Geschäftsbereichen beim Verein verrechnen kann.

Bislang galt für die Vereinsbesteuerung der uneingeschränkte Grundsatz, dass man etwaige Verluste, die im steuerpflichtigen wirtschaftlichen Geschäftsbetrieb entstehen, grundsätzlich nicht mit anderen Mitteln des Vereins ausgleichen darf. Dies hat auch zunächst keinerlei besondere Auswirkungen für die Frage der Gemeinnützigkeit, von Einzelfällen abgesehen.

Mit einem recht harten Urteil vom 13.11.1996 (BStBl 1998 II S. 711) hat das höchste deutsche Steuergericht den Ausgleich von Verlusten aus dem wirtschaftlichen Geschäftsbetrieb mit Gewinnen des ideellen Bereichs nur noch dann als unschädlich für die Gemeinnützigkeit angesehen, wenn der Verlust auf einer eigenen Fehlkalkulation beim Verein beruhte und die aus dem ideellen Bereich (also Mitgliedsbeiträge etc.) vorhandenen Zuschüsse wieder spätestens ein Jahr später dem ideellen Bereich zugeführt werden. **Rechtsprechung**

Wenn man bedenkt, dass z. B. eine in Eigenregie betriebene Vereinsgaststätte sicherlich Anlaufverluste verursacht, die nach dieser sehr strengen Rechtsprechung nur kurzfristig mit anderen Kapitalreserven des Vereins ausgeglichen werden dürfen, hätte dies für unzählige Vereine fatale Folgen. Das Bundesfinanzministerium hat hierauf reagiert und diese Entscheidung zum Anlass genommen, den Gesamtbereich zur Verlustberechnung neu festzulegen (BMF-Schreiben vom 19.10.1998, BStBl 1998 I S. 1432). Empfehlung: Der Vereinskassierer sollte unbedingt für jeden Sachverhalt prüfen, für welche Fälle ein Verlustausgleich oder aber ein Vor- oder Rücktrag möglich ist.

Von diesen Grundsätzen darf man ausgehen:

- Soweit ein Verein verschiedene wirtschaftliche Geschäftsbetriebe hat, dürfen in einzelnen Bereichen entstehende Verluste unproblematisch miteinander verrechnet werden. **Zur Verlustberechnung**

- Für den Verlustausgleich dürfen nun auch Umlagen und Zuschüsse verwendet werden, nicht jedoch Spenden.

- Auch ein Verein darf beim Aufbau eines neuen wirtschaftlichen Geschäftsbetriebs, also z. B. der Vereinsgaststätte, der Veranstaltungshalle oder Ähnlichem, grundsätzlich sog. Anlaufverluste einkalkulieren. Wichtig ist, dass es innerhalb eines Zeitraums von drei Jahren (statt zwölf Monaten nach der BFH-Rechtsprechung) möglich ist, aus dem ideellen Bereich entnommene Mittel wieder zurückzuführen.

Wie hoch dürfen die Verwaltungsausgaben beim Verein sein?

Wiederum ausgehend von dem Grundsatz, dass nach § 55 AO eigentlich sämtliche Mittel nur für satzungsmäßige Zwecke des Vereins eingesetzt werden dürfen, gab es in der Vereinspraxis eine sehr große Verunsicherung darüber, wie man sich in Bezug auf angefallene allgemeine Verwaltungskosten verhalten muss. Unstreitig dürfte sein, dass z. B. die Kosten für den Steuerberater, den Betrieb der Geschäftsstelle und auch Reisekosten Aufwendungen sind, die eben zwangsläufig anfallen und daher aus dem gesamten Vereinsetat bestritten werden müssen. Aber gerade mildtätige bzw. karitative Vereine, meist Großorganisationen, setzen einen nicht unerheblichen Teil ihres Vereinsvermögens jedes Jahr dafür ein, Spendenaufrufe zu tätigen. Das Gesetz besagt hier lediglich, dass die Verwaltungsausgaben insgesamt in einem angemessenen Rahmen liegen müssen.

Experten-Tipp

Verwaltungsausgaben

Der Bundesfinanzhof hat auch zu dieser Frage Stellung genommen. Geht man nach der Rechtsprechung (Urteil v. 23.09.1998, I B 82/98), steht die Gemeinnützigkeit auf dem Spiel, wenn ein Verein mehr als 50 % seiner Einnahmen aus den Spenden wiederum für allgemeine Verwaltungsausgaben einsetzt, einschließlich der Aufwendungen für die Spendenwerbung.

Gefährlich für die Gemeinnützigkeit wird es danach selbst dann, wenn in den ersten drei Jahren nach der Gründung der Anteil der Ausgaben noch etwas höher ist. Orientieren Sie sich also grundsätzlich einmal an diesem Grenzwert. Im Einzelnen siehe hierzu auch das BMF-Schreiben v. 10.5.200, BStBl I 2000 S. 814. ◄

Gibt es Probleme, wenn wir für die Spendenwerbung Werbeagenturen einschalten?

Gerade die Großorganisationen schalten öfter denn je für ihre Spendenaufrufe Werbeagenturen oder sonstige Dienstleister ein, mit dem Auftrag, nicht nur entsprechende Spendenbriefe zu konzipieren, sondern diese auch an eine große Anzahl möglicher Interessenten zu verschicken. Ziel ist es dem Grunde nach, eine Gesamtentwicklung für die Spendenwerbung vorzunehmen. Völlig unabhängig davon, ob der Verein selbst diese Werbemaßnahme durchführt oder, wie dargelegt, einen fremden Dienstleister beauftragt, hat dies dann keine Konsequenzen für die Gemeinnützigkeit, wenn er für die Werbung der neuen Mitglieder nicht mehr als zehn Prozent seiner gesamten Jahres-Mitgliederbeiträge verwendet.

Zehnprozentgrenze

Die Zehnprozentgrenze sollten Sie unbedingt auch dann beachten, wenn Sie eine Vereinbarung mit einem fremden Dienstleister dahin gehend abschließen, dass dieses Unternehmen eine erfolgsabhängige Vergütung erhält, die sich z. B. danach richtet, wie viele neue Mitglieder durch die Werbung gewonnen werden können. Sprechen Sie den Vorgang in Zweifelsfällen bereits vor Abschluss derartiger Vereinbarungen mit einem steuerlichen Berater durch. ◄

Wie sieht das mit der Beschäftigung von Vorstandsmitgliedern aus?

Bei der Beschäftigung von Vorstandsmitgliedern ist es wegen des Selbstlosigkeitsprinzips unbedingt erforderlich, dass Aufgabenstellung und angemessene Vergütung (Fremdvergleich mit Dritten notwendig) genau schriftlich fixiert und die sonstigen Arbeitgeberpflichten des Vereins erfüllt werden. Besondere Vorsicht gilt bei „Entlohnung" von Vorstandsmitgliedern. Die Vorstandstätigkeit ist ein echtes Ehrenamt – außer Reisekostenersatz bzw. Ersatz nachzuweisender Aufwendungen für Büromaterial, Fax, Telefon etc. wäre allenfalls das Modell des fest angestellten „Vereinsmanagers" denkbar und wird auch so bei Großvereinen gelöst. Eine bezahlte Tätigkeit für die organisatorische Leitung der Geschäftsstelle neben dem ehrenamtlichen Vorstandsamt ist nur unschädlich, wenn die klare Abgrenzung der Tätigkeiten gelingt, der Vorstand also „nebenher" an Stelle einer Fremdkraft Bürotätigkeiten ausübt. Eine vorherige Abstimmung mit dem Finanzamt ist wegen des Risikos dieser Tätigkeit notwendig.

Arbeitgeberpflichten erfüllen

Denn bereits § 55 AO schreibt hierzu vor, dass keinesfalls eine unverhältnismäßig hohe Vergütung erfolgen darf. Es gibt da keine genauen Euro-Festbeträge. Bei dem Präsidenten eines Bundesligaclubs wird man sicherlich noch eine Gehaltshöhe wie bei einem vergleichbaren Manager in der freien Wirtschaft akzeptieren. Vorsicht aber bei „normalen" Vereinen. Denn durch einen gemeinnützigen Verein darf kein Vorstand, übrigens auch kein Mit-

Vergleiche ziehen

glied, besondere finanzielle Vorteile erhalten. Ziehen Sie also einen Fremdvergleich mit ähnlichen Tätigkeiten und beachten Sie den Grundsatz, keinesfalls die gemeinnützigkeitsrechtliche Aufgabenstellung durch starke Beeinträchtigung des Vereinsvermögens zu gefährden. Im Regelfall sind dies Arbeitnehmereinkünfte, beim Vorstandsgehalt ist also die Lohnsteuerkarte notwendig, der Verein als Arbeitgeber muss ihn bei der Sozialversicherung anmelden usw. Möglichkeit für kleine Vereine: Beschäftigung auf 400 € Mini-Job-Basis.

Wie können Sie sonst die ehrenamtliche Arbeit „honorieren"? Das geltende Steuerrecht für sich gesehen bietet keinerlei Vergünstigungen oder Freibeträge für die Vorstandstätigkeit. Keinesfalls dürfen Sie z. B. für das Vorstandsamt die begünstigte Übungsleiterpauschale von 1.848 € einsetzen. Die folgenden Checkliste, die Sie auch auf Ihrer CD-ROM finden, zeigt Ihnen einige Möglichkeiten in Abhängigkeit von den finanziellen Verhältnissen Ihres Vereins auf.

Checkliste: „Honorierungs"möglichkeiten ehrenamtlicher Arbeit

Was	ja	nein
Ersatz jeglichen nachgewiesenen Aufwands für den Verein, z. B. Auslagenersatz für gekauftes Büromaterial etc.		
Zahlung von Reisekosten, jedoch bei Beachtung der steuerlichen Reisekostengrundsätze als Obergrenze. Also z. B. 0,30 € je gefahrenen Kilometer, Verpflegungsaufwand, Übernachtungskosten, etwa für Auswärtstermine, Besprechungen beim Verband etc.		
Ersatz von Telekommunikationskosten, ob Fax, Telefon, Handy oder Internetgebühren. Problemlos bei entsprechenden Aufzeichnungen und Abrechnungen derartigen Aufwands für den Verein. Ggf. auch möglich: Zahlung einer Aufwandspauschale für Vereins-Telekommunikationskosten in Höhe von 20 € pro Monat. Dies setzt aber, vergleichbar mit der Regelung für Arbeitnehmer nach R 112 der Lohnsteuerrichtlinien, voraus, dass mindestens für drei Monate zuvor in tatsächlicher Höhe mit Nachweisen abgerechnet wurde und auch später beim Vorstandsmitglied ein vergleichbarer Eigenaufwand für Belange des Vereins entstanden ist.		

Zahlung eines angemessenen Sitzungsgeldes als pauschaler Ersatz für Fahrtkosten, Abwesenheit bei Teilnahme an Vorstandssitzungen. Bei bis zu 256 € pro Jahr dürfte es weder im gemeinnützlichkeits- noch in einkommensteuerrechtlicher Hinsicht Probleme geben.

Regelung in Vereinssatzung

Beachten Sie, dass in allen Fällen einer Vergütung an Mitglieder und Vorstände, egal ob Lohn- oder nur Aufwandsersatz, Sitzungsgeld etc., dies einer besonderen Regelung im Verein bedarf. Das Gemeinnützigkeitsrecht verlangt, dass eine Vergütungs- oder Aufwandsersatzregelung entweder in der Vereinssatzung festgelegt sein muss oder die Zahlung einer vorherigen Zustimmung der Mitgliederversammlung bedarf. Je nach der finanziellen Leistungsfähigkeit des Vereins kann dies allgemein für die Vorstandsarbeit oder auch nur beschränkt auf einzelne Führungskräfte festgelegt werden. Das Finanzamt überprüft die „Rechtsgrundlage"! ◄

Reisekostenersatz für Einsatz des eigenen Pkw

Sollen allgemein auch Mitglieder für den Einsatz ihres eigenen Pkw für Fahrten im Vereinsinteresse einen Reisekostenersatz erhalten (maximal 0,30 € pro Kilometer oder weniger), sollten Sie dies mit dem Abrechnungsmodus in den Vereinsmitteilungen (Aushang/Vereinszeitschrift) kommunizieren. Denn das Gebot der Selbstlosigkeit gilt nicht nur für den Vorstand, sondern für jedes Mitglied! ◄

Unproblematisch sind ernsthaft durchgeführte Arbeitsverhältnisse, also Dauerbeschäftigungen, Aushilfstätigkeiten etc. Möglich ist auch eine Vergütung für die nachfolgend noch näher erläuterte Übungsleiter- oder vergleichbare Betreuungstätigkeit. Ansonsten dürfen Vereinsmitglieder nur aus besonderem Anlass, z. B. Vereinjubiläum, als Dank für besonderen Erfolg/Einsatz ein Präsent in Höhe von 40 € pro Person erhalten, dies für jedes Ereignis. Die traurige Ausnahme: Gemeinnützigkeitsrechtlich unproblematisch ist die „Kranzspende" des Vereins aus Anlass des Ablebens eines Mitglieds.

Dürfen Mitglieder eine Anerkennung erhalten?

Experten-Tipp

Bewirtung von Mitgliedern

Vorsicht bei Mitgliederbewirtungen: Die Abgabe kostenloser oder verbilligter Speisen und Getränke darf nur aus Anlass eines besonderen Ereignisses erfolgen, etwa über das „Helferessen" bei vorheriger ehrenamtlicher Tätigkeit der Mitglieder oder z. B. aus Anlass einer internen Vereinsschulung, Tagung, Mithilfe bei Vereinsanlagenrenovierung bis hin zum Katastropheneinsatz. Freibier für alle Mitglieder beim Schützenfest oder die Freikarten für das Musikkonzert für Vereinsmitglieder wären daher bereits gemeinnützigkeitsschädlich.

Akzeptiert wird allerdings die Einladung zum Vereinsausflug, die Bewirtung aus Anlass der Weihnachtsfeier, wenn die Grenze von 40 € pro Jahr und Mitglied eingehalten wird. Achten Sie bei größeren Ausflügen also auf die genaue Zuschusshöhe und die Restfinanzierung aus Eigenmitteln der Mitglieder. Nach dem Erlass des FinMin Baden-Württemberg v. 06.06.1986, S 0174 A-7/86 werden höhere Zuschüsse über 40 € toleriert, wenn der Zuschuss nicht mehr als 10 % der Gesamtausgaben im steuerbegünstigten Tätigkeitsbereich beträgt. Angemessene Kosten kann der Verein insgesamt übernehmen, z. B. die Sportmannschaft bei Teilnahme an einem auswärtigen Training, der Musik- oder Gesangsverein bei auswärtigen Auftritten oder Konzerten.   ◄

Achten Sie sowohl für die erstmalige Anerkennung als auch für den Erhalt der Gemeinnützigkeit wegen des Grundsatzes der Selbstlosigkeit bei der Vereinsführung darauf, dass vorhandene Mittel im Vereinsvermögen ausschließlich für satzungsgemäße Zwecke verwendet werden. Ausnahmen:

Förderverein
- Der Fördererverein kann entsprechend seinem Satzungszweck vorhandene Mittel für den lt. Satzung begünstigten Verein/den gemeinnützigen Zweck einsetzen.

Freiwillige Reserven
- Freiwillige Reserven müssen spätestens im Folgejahr zu steuerbegünstigten Zwecken eingesetzt werden.

Allerdings ist eine Rücklagenbildung möglich, und zwar:

- eine Betriebsmittelrücklage etwa für Löhne, Steuern Abgaben etc.,
- eine freie Rücklage von 33 1/3 % der Überschüsse aus der Vermögensverwaltung, 10 % der zeitnah zu verwendenden Mittel aus den Einnahmen aus dem ideellen Bereich, der Gewinne aus Zweckbetrieb und wirtschaftlichen Geschäftsbetrieben,
- die Einstellung einer zweckgebundenen Rücklage etwa für die Anschaffung von Geräten oder Bauvorhaben, dann sogar für drei bis fünf Jahre.

Rücklagenbildung protokollieren

Protokollieren Sie unbedingt jegliche Rücklagenbildung, ggf. in der Vereins-buchführung, ggf. sogar über den Beschluss in der Mitgliederversammlung. Empfehlenswert ist zudem die Erwähnung der gebildeten Rücklagen im Re-chenschaftsbericht/beim Jahresabschluss für den Verein als Anhang.   ◄

Vorteile für Fördervereine

Ausnahmen von den Grundsätzen der Selbstlosigkeit, Ausschließlichkeit oder Unmittelbarkeit bestehen für die sog. Fördervereine: Hier ist die Wei-tergabe von Mitteln an andere Körperschaften (also Vereine) für die Ver-wirklichung steuerbegünstigter Zwecke zulässig. Da der Verein eine eigene Körperschaft ist, können Einnahmen ohne Steuerkonsequenzen über den Förderverein laufen, wenn die 60.000 DM-/30.678 €-Freigrenze beachtet wird.

Ab 2001 dürfen Mittel aber nur an andere Körperschaften gegeben werden, die selbst steuerbegünstigt sind. Auch Fördervereine müssen darauf achten, dass die wirtschaftliche Tätigkeit nicht überwiegt. Fehlen also vergleichbare Einnahmen aus dem ideellen Bereich (z. B. Spenden, Mitgliedsbeiträge), d. h. überwiegen die steuerschädlichen Einnahmen (z. B. Werbung, Bewir-tungsumsätze etc.), kann dies als Verstoß gegen den Selbstlosigkeitsgrund-satz nach § 55 AO gelten und zum Wegfall der Gemeinnützigkeit führen. Eine exakte Prozentgrenze gibt es dafür leider nicht!

Der Weg in die Gemeinnützigkeit

Für jeden Verein empfiehlt es sich, sich sofort nach der Gründung gegen-über dem Finanzamt darum zu bemühen, eine sog. vorläufige Bescheini-gung über die Gemeinnützigkeit zu erhalten. Damit verbunden sind näm-lich einige wichtige Privilegien, u. a. das Recht zum Spendenempfang; der Gemeinnützigkeitsstatus ist in finanzieller Hinsicht auch oft Antragsvoraus-setzung für staatliche Zuschüsse, Verbandshilfen etc. Fordern Sie als Vor-stand (Antrag erforderlich) unter Beifügung einer Kopie der Satzung, des Gründungsprotokolls sowie der Eintragungsbekanntmachung diese vorläufige Bescheinigung nach § 5 Abs. 1 Nr. 9 KStG beim Finanzamt Ihres Vereinssitzes an.

Kosten-
befreiung

Wird die vorläufige Bescheinigung vom Finanzamt erteilt, sollten Sie diese unbedingt wiederum dem Registergericht vorlegen, um die Kostenbefreiung für die anfallenden Eintragungsgebühren zumindest vorläufig zu erreichen, soweit die Gebührenbefreiung landesrechtlich möglich ist.

Freistellungs-
bescheid:
18 Monate

Die Geltungsdauer der vorläufigen Bescheinigung des steuerbegünstigten Vereins ist auf 18 Monate ab Ausstellungsdatum befristet. Erst nach Überprüfung der Geschäftätigkeit des Vereins, also zunächst über Vorlage der Steuererklärungen, wird über die endgültige Anerkennung als gemeinnütziger Verein durch den sog. Freistellungsbescheid entschieden. Die Erteilung der vorläufigen Bescheinigung (Vordruck Gem 5 des Finanzamts) gibt dem Verein aber das Recht, (steuerbegünstigte) Spenden zu erhalten. Die Eintragung als „e. V." ins Vereinsregister reicht also für steuerliche Zwecke noch nicht aus, die Kontaktaufnahme mit dem Finanzamt ist erforderlich.

Spenden

Die vorläufige Bescheinigung (Vordruck Gem 5) ist für den Verein auch wegen der Spendenpraxis/Ausstellung von Zuwendungsbestätigungen von großer Bedeutung. Aus der Bescheinigung geht u. a. genau hervor, ob der Verein zur Ausstellung der Spendenbescheinigungen entsprechend gemeinnützigkeitsrechtlicher Beurteilung durch das Finanzamt anhand der vorgelegten Satzung berechtigt ist. Mehr darüber im Kapitel „Welche Bedeutung hat das neue Spendenrecht für meinen Verein?"

Juristisch nicht
anfechtbar

Die vorläufige Bescheinigung ist – so überraschend es klingen mag – juristisch nicht anfechtbar. Erst mit dem Freistellungsbescheid (Gem 2) ergibt sich die Möglichkeit für betroffene Vereine, durch Einspruch/Klage gegen eine benachteiligende Beurteilung vorzugehen. Und ausgestellt wird der Festellungsbescheid ohnehin erst dann, wenn die erste Prüfung der Jahresabschlüsse nach Vorlage/Einreichung beim Finanzamt stattgefunden hat.

Wichtig ist also gerade bei neu gegründeten Vereinen, dass die Fristen nach der vorläufigen Bescheinigung zum Spendenempfang beachtet werden. Denken Sie bei drohendem Zeitablauf rechtzeitig an die Vorlage der Jahressteuererklärungen.

So erlangen Sie die vorläufige Bescheinigung

- Die Satzung muss an die steuerlichen Mindestvoraussetzungen angepasst sein. Egal also, ob erst eine Gründungsversammlung einberufen werden muss oder eine Hauptversammlung bei einem bestehenden Verein: Die Mitgliederversammlung muss der Satzungsänderung bzw. -erstellung entsprechend den qualifizierten Mehrheiten laut Satzung zugestimmt haben.

- Beim eingetragenen Verein muss die Anmeldung der Satzung bzw. der Satzungsänderung gegenüber dem Vereinsregister erfolgt sein.

- Stellen Sie nach Eintragung der geänderten Satzung bzw. Neusatzung beim Finanzamt den Antrag auf Erteilung eines (auch vorläufigen) Freistellungsbescheids. Meist wird vom Finanzamt ergänzend zur Satzung die Kopie des Versammlungsprotokolls verlangt. ◀

Die an steuerliche Mindestanforderungen ausgerichtete Satzung, von der Hauptversammlung verabschiedet und im Vereinsregister eingetragen, hat die Wirkung, dass ab dem folgenden Kalenderjahr (Veranlagungszeitraum) die Steuervorteile bei der Körperschaft- und Gewerbesteuer vom Verein in Anspruch genommen werden können.

Der Weg in die Gemeinnützigkeit ist oft nicht ganz einfach. Nicht unproblematisch ist zum Beispiel die Definition des Vereinszwecks (meist § 2 einer Satzung). Eine Rücksprache zwecks Orientierung beim Dachverband dürfte sich auf jeden Fall lohnen. Auch sollten Sie sich nicht davor scheuen, beim Finanzamt (Körperschaftsteuerstelle) Rücksprache mit dem dortigen, mit der Besteuerung der Vereine eingearbeiteten Sachbearbeiter zu nehmen. Diese Beratungsleistung wird im Regelfall erbracht. So haben Sie gleich den Vorteil, die Meinung des Finanzamts vorab zu erfahren, und erhalten vielleicht auch Hinweise, welche „konkreten" Formulierungen gewünscht und notwendig sind. Holen Sie erst dann die Beschlussfassung über die Mitgliederversammlung ein! Dies gilt sowohl für Neusatzungen als auch für Satzungsänderungen bei bestehenden, noch nicht gemeinnützigen Vereinen. Auf jeden Fall muss die Zweckverwirklichung konkret dargestellt werden.

Rücksprache mit Finanzamt nehmen

Vereinszweck Karnevalverein

§ 1 (Name, Sitz des Vereins)

§ 2 Zweck/Ziel des Vereins

„Der Verein verfolgt unmittelbar und ausschließlich den Zweck der Förderung und Pflege des traditionellen heimatlichen Karnevalsgebrauchs im Vereinsgebiet, der Gestaltung der Karnevalssession und der ständigen Kontaktpflege zu anderen Vereinen, in- und ausländischen Karnevalsgesellschaften und Organisationen mit gleicher Zielrichtung.

Der Satzungszweck wird insbesondere verwirklicht durch die Förderung und Unterstützung des regionalen Brauchtums, die Teilnahme/Durchführung von Karnevalsumzügen im Interesse der Öffentlichkeit und des Gemeinwohls sowie Durchführung heimischer Karnevalsveranstaltungen. Der Verein verfolgt unmittelbar und ausschließlich gemeinnützige Zwecke im Sinne des Abschnitts „Steuerbegünstigte Zwecke der Abgabenordnung".   ◀

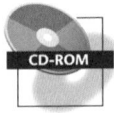

Weitere Formulierungshilfen enthalten die auf Ihrer CD-ROM enthaltenen Satzungsmuster, z. B. für den Sportbereich.

Wenn Sie Probleme mit der Satzung haben

Soweit bereits nach Vorlage der Gründungssatzung insgesamt die Gemeinnützigkeit vom Finanzamt nicht positiv beurteilt wird, bleibt also zunächst nur der Weg, die Satzung entsprechend den Vorstellungen des Finanzamts zu modifizieren. Sonst können Sie erst, ggf. Jahre später, über den dann negativen (abgelehnten) Körperschaftsteuer-Freistellungsbescheid einen Rechtsbehelf einlegen. Suchen Sie also, soweit vertretbar, durch eine entsprechende Satzungskorrektur und Ausrichtung der gemeinnützigen Ziele den Kompromiss mit dem Finanzamt.

Steuerpflicht der nichtbegünstigten Vereine

Die nichtbegünstigten Vereine sind allgemein steuerpflichtig. Die Zweckbetriebsgrenze von 30.678 € kommt nicht zum Zuge, auch die Steuervorteile im ideellen Bereich entfallen. Mitgliedsbeiträge bleiben zwar weiterhin steuerfrei, es entfällt aber die Möglichkeit zum (steuerfreien) Spendenempfang. Entsteht ein Überschuss von mehr als 3.835 € pro Vereinsjahr, greift für den weiteren Überschuss sofort der Körperschaftsteuersatz in Höhe von 25 % ab dem Steuerjahr 2001, in Höhe von 26,5 % für das Vereinsjahr 2003.

Die steuerliche Mustersatzung und ihre Bedeutung

Ausgehend von den bereits gesetzlich festgelegten Grundvoraussetzungen, wird das Finanzamt insbesondere bei neu gegründeten Vereinen die Einhaltung der steuerlichen Mindest-Satzungsinhalte beachten. Die wenigen „Pflichtbestimmungen" gelten auch für nicht eingetragene Vereine, wenn diese aufgrund ihrer Aktivitäten eine Anerkennung als gemeinnütziger Verein anstreben. Bundeseinheitlich gilt die auf der CD-ROM enthaltene Mustersatzung (Anlage 1 zu § 60 AO), die jeder Finanzbeamte bei der Prüfung mit der vorgelegten individuellen Vereinssatzung zur Hand nimmt.

Nichtangabe des künftigen Verwendungszwecks

Kann aus zwingenden Gründen der künftige Verwendungszweck jetzt noch nicht angegeben werden (§ 61 Abs. 2 AO), so kommt folgende Bestimmung über die Vermögensbildung in Betracht:

„Bei Auflösung des Vereins oder bei Wegfall steuerbegünstigter Zwecke ist das Vermögen zu steuerbegünstigten Zwecken zu verwenden. Beschlüsse über die künftige Verwendung des Vermögens dürfen erst nach Einwilligung des Finanzamts ausgeführt werden."   ◄

Mustersatzung für einen eingetragenen Verein
(enthält nur die wichtigsten Bestimmungen aus steuerlicher Sicht – ohne Berücksichtigung der vereinsrechtlichen Vorschriften des BGB)

§1 Der … (e. V.) mit Sitz in … verfolgt ausschließlich und unmittelbar – gemeinnützige – mildtätige – kirchliche – Zwecke (nicht verfolgte Zwecke streichen) im Sinne des Abschnitts „Steuerbegünstigte Zwecke" der Abgabenordnung.
Zweck des Vereins ist … (z. B. die Förderung von Wissenschaft und Forschung, Bildung und Erziehung, Kunst und Kultur des Umwelt-, Landschafts- und Denkmalschutzes, der Jugend- und Altenhilfe, des öffentlichen Gesundheitswesens, des Sports, die Unterstützung hilfsbedürftiger Personen).

Der Satzungszweck wird verwirklicht insbesondere durch … (z. B. Durchführung wissenschaftlicher Veranstaltungen und Forschungsvorhaben, Vergabe von Forschungsaufträgen, Unterhaltung einer Schule, einer Erziehungsberatungsstelle, Pflege von Kunstsammlungen, Pflege des Liedgutes und des Chorgesangs, Errichtung von Naturschutzgebieten, Unterhaltung eines Kindergartens, Kinder-, Jugendheims, Unterhaltung eines Altenheims, eines Erholungsheims, Bekämpfung des Drogenmissbrauchs, des Lärms, Errichtung von Sportanlagen, Förderung sportlicher Übungen und Leistungen).

§ 2 Der Verein ist selbstlos tätig; er verfolgt nicht in erster Linie eigenwirtschaftliche Zwecke.

§ 3 Mittel des Vereins dürfen nur für die satzungsmäßigen Zwecke verwendet werden. Die Mitglieder erhalten keine Zuwendungen aus Mitteln des Vereins.

§ 4 Es darf keine Person durch Ausgaben, die dem Zweck der Körperschaft fremd sind, oder durch unverhältnismäßig hohe Vergütungen begünstigt werden.

§ 5 Bei Auflösung des Vereins oder bei Wegfall steuerbegünstigter Zwecke fällt das Vermögen des Vereins

a) an den/die/das …

(Bezeichnung einer juristischen Person des öffentlichen Rechts oder einer anderen steuerbegünstigten Körperschaft), der/die/das es unmittelbar und ausschließlich für gemeinnützige, mildtätige oder kirchliche Zwecke zu verwenden hat.

oder

b) an eine juristische Person des öffentlichen Rechts oder eine andere steuerbegünstigte Körperschaft zwecks Verwendung für … (Angabe eines bestimmten gemeinnützigen, mildtätigen oder kirchlichen Zwecks, z. B. Förderung von Wissenschaft und Forschung, Bildung und Erziehung, der Unterstützung von Personen, die im Sinne von § 53 AO wegen … bedürftig sind, Unterhaltung des Gotteshauses in …

Alternative zu § 5:

Kann aus zwingenden Gründen der künftige Verwendungszweck jetzt noch nicht angegeben werden (§ 61 Abs. 2 AO), so kommt folgende Bestimmung über die Vermögensbildung in Betracht:

„Bei Auflösung des Vereins oder bei Wegfall steuerbegünstigter Zwecke ist das Vermögen zu steuerbegünstigten Zwecken zu verwenden. Beschlüsse über die künftige Verwendung des Vermögens dürfen erst nach Einwilligung des Finanzamts ausgeführt werden."

Experten-Tipp

Inhalte der Mustersatzung beachten

Neu gegründete Vereine sollten unbedingt auf die wenigen vorgeschriebenen Satzungsinhalte achten und sie wörtlich an geeigneter Stelle in den Satzungsentwurf einbauen. Vermeiden Sie unbedingt abweichende Formulierungen gegenüber dem vorgegebenen Text nach der Steuer-Mustersatzung. Da bestehende Vereine zum Teil erst Jahre später geprüft werden, lässt sich aus der Praxis feststellen, dass die Finanzämter trotz früherer vorläufiger Zusagen die endgültige Anerkennung als gemeinnützig verweigern, wenn sich etwa aus der bisherigen Vereinstätigkeit und dem Satzungszweck Zweifel ergeben. Häufig wird hier das Finanzamt die Anpassung älterer Satzungen an die Mindestinhalte der vorgenannten steuerlichen Mustersatzung verlangen.

Das bedeutet für den Verein, dass er eine Satzungsänderung hinsichtlich der beanstandeten Klausel herbeiführen muss. Nach durchgeführter Satzungsänderung und deren Anmeldung beim Vereinsregister muss dann die geänderte Satzung zusammen mit einer Abschrift des Versammlungsprotokolls dem Finanzamt wieder vorgelegt werden.   ◄

Probleme bei Dachverbänden als e. V.

Beanstandungen durch das Finanzamt lassen sich auch insbesondere bei sog. Dachverbänden als bereits eingetragene, bisher gemeinnützige Vereine feststellen. Oft ergibt sich hier aus der Satzung, auch unter Zugrundelegung der bisherigen Aktivitäten, nicht einwandfrei, dass der als gemeinnützig anzusehende Dachverband nach dem Satzungszweck selbst unmittelbar gemeinnützige Zwecke verfolgt. Das Finanzamt geht häufig davon aus, dass der Dachverband in tatsächlicher Hinsicht ggf. mittelbar nur der Koordinierung und Unterstützung angeschlossener Mitgliedsvereine dient, z. B. durch Erbringung von Dienstleistungen/Beratungen. Hier wird verlangt, dass auch angeschlossene Vereine, die etwa dem Dachverband untergeordnet sind, ihrerseits zumindest alle Voraussetzungen für die Steuervergünstigung im Sinne des Gemeinnützigkeitsrechts erfüllen.

Keine Vorteile für Abteilungen

Zudem hat man über das neue Vereinsförderungsgesetz eine Sperre dahin gehend eingebaut, dass sog. „Untervereine" sich vielleicht nur wegen der mehrfach möglichen Inanspruchnahme der Zweckbetriebsgrenze aufgliedern. Hier gilt allgemein: Funktionale Untergliederungen, also z. B. Vereinsabteilungen, werden nicht als selbstständige Steuersubjekte anerkannt. Lediglich sog. regionale Untergliederungen (also z. B. Bezirks- oder Landesvereine) können als gemeinnützige Vereine anerkannt werden, wenn sie auf

Vereins-
förderungs-
gesetz

eine strikt getrennte Buchführung, eigene Vereinsorgane und selbstständige Satzung achten.

Welche Aktivitäten sind steuerbegünstigt?

Entsprechend dem Muster für die Steuererklärung sind nur Aktivitäten zur direkten Erfüllung der satzungsmäßigen Zwecke von der Körperschaftsteuer insgesamt befreit, also nur die sog. ideelle Tätigkeit. Dies betrifft im Wesentlichen etwa die eingehenden Mitgliedsbeiträge, Zuschüsse und Spenden, darüber hinaus auch Zinserträge, also auch die Vermögensverwaltung des Vereins.

Zusätzliche Einnahmequellen Diese Erträge reichen jedoch oft nicht aus, um z. B. bei einem Sportverein den Spielbetrieb aufrechtzuerhalten, der für Ausrüstungen, Fahrten etc. doch einen größeren Aufwand über das Jahr hinweg erfordert. Zusätzliche Einnahmequellen für den Verein sind also etwa Veranstaltungen, Feste etc. Hier gilt es, auf eine strikte Trennung der Zuordnung der Einnahmen, aber auch der Ausgaben zu achten. Der Grund liegt ganz einfach darin, dass die Finanzämter sehr genau prüfen, ob bei einer Betätigung des Vereins über den ideellen Bereich hinaus hier

- steuerfreie Einnahmen aus dem Bereich der Vermögensverwaltung vorliegen, z. B. Sponsoringeinnahmen, Zinserträge, Pachteinnahmen,
- ein noch steuerbegünstigter Zweckbetrieb vorliegt oder
- ein insoweit steuerschädlicher wirtschaftlicher Geschäftsbetrieb anzunehmen ist und insbesondere
- wie hoch sich hierfür die Vereinseinnahmen auf das Vereinsjahr gesehen belaufen!

Wann liegt ein Zweckbetrieb vor?

Dem Grundsatz nach sind Zweckbetriebe (§ 65 AO) eigentliche wirtschaftliche Geschäftsbetriebe, die jedoch als steuerbegünstigte Tätigkeiten des Vereins anerkannt werden. Bei der Umsatzsteuer kommt dann nur der ermäßigte Steuersatz von 7 % zum Ansatz.

Der Steuergesetzgeber hat zudem für bestimmte wirtschaftliche Betätigungen Sonderregelungen vorgesehen, d. h. hier liegt bereits aufgrund des Tätigkeitsbereichs des Vereins eine Zweckbetriebseigenschaft vor (z. B. Einrichtungen zur Wohlfahrtspflege, sportliche Veranstaltungen, Werkstätte für Behinderte, kulturelle Einrichtungen und Veranstaltungen, Volkshochschulen etc., §§ 66–68 AO. Auch genehmigte Lotterien und Ausspielungen, die eine steuerbegünstigte Körperschaft höchstens zweimal im Jahr für gemeinnützige, mildtätige oder kirchliche Zwecke durchführt, sind noch ein Zweckbetrieb.

Besondere Vorteile bestehen für kulturelle Einrichtungen oder Veranstaltungen. Konzerte, Kunstausstellungen oder auch die Unterhaltung von Museen, Theaterbühnen etc. werden jetzt ausdrücklich als steuerbegünstigte Zweckbetriebe eingestuft. So sind etwa Eintrittsgelder eines Musikvereins für Konzerte körperschaft- und gewerbesteuerfrei, da Konzerte zum steuerbegünstigten Zweckbetrieb zählen. Es kommt hierfür nicht auf die 30.678 €-Grenze an. Auch weitere Zielsetzungen von Vereinen, etwa Einrichtungen der Wohlfahrtspflege oder sportliche Veranstaltungen, werden zum begünstigten Zweckbetrieb gerechnet (s. §§ 66-68 AO). Allerdings muss beachtet werden, dass alle zusätzlichen flankierenden Maßnahmen für die Vereinskasse, also z. B. der Verkauf von Speisen und Getränken aus Anlass der Veranstaltung, nun ohne Rücksicht auf den Grund der Veranstaltung dem (nicht mehr steuerbefreiten) wirtschaftlichen Geschäftsbetrieb zugeordnet werden.

Was ist der wirtschaftliche Geschäftsbetrieb?

Nahezu alle sonstigen wirtschaftlichen Anstrengungen des gemeinnützigen, mildtätigen oder kirchlichen Vereins, über Spenden, Mitgliedsbeiträge, Zuschüsse etc. hinaus zusätzliche Einnahmequellen aufzutun, wird dem Grundsatz nach dem wirtschaftlichen (und damit steuerpflichtigen) Geschäftsbetrieb zugeordnet. Dies gilt z. B.

- für die in Eigenregie betriebene Vereinsgaststätte,
- für öffentliche Veranstaltungen (Straßen- und Waldfeste etc.),
- grundsätzlich für alle Arten geselliger Veranstaltungen,
- für die Anzeigenakquisition für die eigene Vereinszeitschrift,

- für den Verkauf der Mitgliederzeitung,
- für die Altmaterialsammlung und
- für jeglichen Verkauf von Speisen und Getränken bei allen Festveranstaltungen, selbst aus sportlichem oder kulturellem Anlass.

Basare Soweit ein gemeinnütziger Verein z. B. zur Weihnachtszeit oder aus besonderen Anlässen Basare oder andere Verkaufsveranstaltungen durchführt, sind die Einnahmen insgesamt beim steuerpflichtigen, wirtschaftlichen Geschäftsbetrieb zu verbuchen. Dies gilt also für den Fall, dass Mitglieder und Interessenten dem Verein Gegenstände zum Verkauf überlassen und die Verkaufsorganisation beim Verein liegt.

Besteuerungs- Wichtig ist also die Einhaltung der Besteuerungsgrenze: Alle Einnahmen
grenze einschließlich der Umsatzsteuer aus diesem „Geschäftszweig des Vereins" werden steuerpflichtig, wenn mehr als 30.678 € pro Jahr (einschließlich Umsatzsteuer) umgesetzt werden. Bereits ein Cent über der 30.678 €-Grenze löst damit das nachfolgend dargestellte, anders gestaltete Besteuerungsverfahren aus.

Was geschieht, wenn wir über der 30.678 €-Grenze liegen?

Dem Grundsatz nach beginnt jetzt (unter Abzug eines besonderen Freibetrags von 3.835 €) die Körperschaftsteuerpflicht, unter Umständen droht auch Gewerbesteuer. Liegen die Einnahmen über 30.678 €) pro Jahr, muss über eine Einnahme-Überschussrechnung der Gewinn aus dem steuerpflichtigen wirtschaftlichen Geschäftsbetrieb ermittelt werden. Also sollten Sie auch wieder getrennt von sonstigen Ausgaben im ideellen bzw. Zweckbereich sehr sorgfältig alle zusammenhängenden Ausgaben aufzeichnen und Belege sammeln. Bei gemischten Aufwendungen (z. B. Löhne, Pacht, Unterhaltungskosten etc.) sollten Sie eine plausible Aufteilung nach einzelnen Vereinsbereichen vornehmen. Es gibt hier allerdings noch eine kleine interessante Neuregelung: Hat der Verein mehrere steuerpflichtige wirtschaftliche Geschäftsbetriebe (z. B. Betrieb einer Vereinsgaststätte, umfangreiche Werbeeinnahmen etc.), können bei der Überschreitung der Besteuerungsgrenze von 30.678 € Überschüsse und Verluste aus verschiedenen steuerpflichtigen Einnahmezweigen des Vereins miteinander verrechnet werden.

Die Gemeinnützigkeit steht allerdings dann auf dem Spiel, wenn Verluste durch den wirtschaftlichen Geschäftsbetrieb auf Dauer aus Reserven aus dem ideellen Bereich (Beiträge, Spenden) abgedeckt werden müssen. Also: Einnahmen abzügl. Ausgaben ist der steuerpflichtige Gewinn. Die ersten 3.835 € bleiben wegen des Steuerfreibetrags noch gewinnneutral, der Gewinn über 3.835 € wird ab 2003 mit 26,5 % Körperschaftsteuer belastet (bis Ende 2002: 25 %)!

Ein besonderes Kapitel: Sport und Steuern

Der Steuergesetzgeber hat sich für die verschiedenen Arten sportlicher Veranstaltungen einige Sonderregelungen einfallen lassen, insbesondere zur Frage, wann noch ein Zweckbetrieb vorliegt.

- Sportliche Veranstaltungen gelten als steuerbegünstigter Zweckbetrieb immer dann, wenn die Einnahmen aus (allen) sportlichen Veranstaltungen des Vereins den Betrag von 30.678 € (einschließl. USt) im Jahr nicht übersteigen. Dies sind z. B. Startgelder, Lehrgangsgebühren, Ablösezahlungen, Eintrittsgelder oder auch Honorareinnahmen aus Rundfunk- oder Fernsehübertragungsrechten. Spenden und Mitgliedsbeiträge fallen allerdings nicht unter diese Besteuerungsgrenze, sondern werden dem ideellen (steuerfreien) Bereich zugeordnet. **Zweckbetrieb**

- Bei höheren Einnahmen (über der Zweckbetriebsgrenze) liegt ein steuerpflichtiger wirtschaftlicher Geschäftsbetrieb vor. Es gilt also hierfür nicht mehr der ermäßigte, sondern der vollen Umsatzsteuersatz. Allerdings besteht eine Ausgleichsmöglichkeit durch die Verrechnung etwaiger Verluste aus anderen wirtschaftlichen Geschäftsbetrieben. **Geschäftsbetrieb**

Unter der 30.678 €-Besteuerungsgrenze ist es ohne Bedeutung, ob z. B. an einem Sportfest ein bezahlter Sportler teilgenommen hat. Entscheidend ist lediglich die Prüfung, ob die Zweckbetriebsgrenze von 30.678 € überschritten ist.

Der Steuergesetzgeber bietet dem Sportverein noch die Möglichkeit, sich für die steuerliche Behandlung sportlichen Veranstaltungen unter Umständen **Wahlrecht** dafür zu entscheiden, eine Besteuerung nach den bisherigen Grundsätzen vor 1990 (nach dem damaligen geltenden Recht, s. § 67 AO a. F.) fortzuführen. Hierfür muss der Verein bis zur Unanfechtbarkeit eines Körperschaftsteuerbescheids eine Erklärung gegenüber dem Finanzamt abgeben, dass auf die Anwendung der Zweckbetriebsgrenze (nach § 67a Abs. 2 AO) verzichtet wird.

Ein Vorteil der Ausübung der Option nach § 67a AO wegen der Teilnahme bezahlter Sportler kann darin liegen, dass etwaige Verluste mit Gewinnen aus anderen wirtschaftlichen Geschäftsbetrieben, z. B. Werbeeinnahmen, Vereinsfeste, saldiert werden können.

Wird das Wahlrecht ausgeübt, liegt nach § 67a Abs. 3 AO bei sportlichen Veranstaltungen immer dann ein Zweckbetrieb vor, wenn ein Sportler gegen Vergütung daran teilnimmt. Gemeinnützigkeitsunschädlich ist zwar eine Aufwandsentschädigung an den eigenen (nicht fremden!) Sportler, auch an Amateurfußballer, wenn diese 358 € im Monat nicht übersteigt. Wohlgemerkt: nicht Entlohnung, sondern Reisekostenersatz etc. Höhere Beträge nur dann, wenn der tatsächliche Reisekostenaufwand z. B. ersetzt wird (BFH, Beschluss v. 21.03.2992, BFH/NV 2002 S. 1012). Dies bedeutet: Ein Vereinsmitglied gilt als bezahlter Sportler, wenn es ohne Nachweis von seinem Verein mehr als 358 € pro Monat an Aufwandsentschädigung erhält oder aber als aktives Mitglied für die Nutzung seiner Persönlichkeitsrechte z. B. von dritter Seite Werbeeinnahmen erhält. Allerdings gilt hier nach der bisherigen Steuerrechtslage auch weiterhin die Pflicht, dass die Zuordnung als Zweckbetrieb/wirtschaftlicher Geschäftsbetrieb tatsächlich für jede einzelne sportliche Veranstaltung gesondert von Seiten des Vereins festgestellt werden muss.

Guter Rat ist teuer: Man sollte rückblickend für das Vereinsjahr zunächst einmal errechnen, wie die Einnahmesituation unter besonderer Berücksichtigung der 30.678 €-Grenze aussieht. Auch sollte man nicht zu schnell auf das Wahlrecht, d. h. auf den Verzicht der Neuregelung, zugreifen. Denn: Der Verein ist für mindestens fünf Veranlagungszeiträume gebunden. Je nach absehbarer Vereinsentwicklung und Planung ist daher äußerste Vorsicht zur Vermeidung von Steuernachteilen geboten.

Wie sieht es mit Ablösezahlungen aus?

Beachten Sie für den gesamten sportlichen Bereich unbedingt den Anwendungsbereich des § 67a AO. Soweit ein Verein für einen Sportlerwechsel von einem anderen Verein eine Ablösezahlung erhält, fällt diese Einnahme noch in den Zweckbetrieb unter „sportliche Veranstaltungen". Vorausgesetzt, es handelt sich um einen Sportler, der eben nicht in den letzten zwölf Monaten vom Verein bezahlt wurde. Ablösesummen für die Freigabe bezahlter Sportler fallen grundsätzlich in den steuerpflichtigen wirtschaftlichen Geschäftsbetrieb.

Was ist mit Benutzungsgebühren?

Steuerlich werden diese als Mitgliedsbeiträge behandelt, wenn mehr als 75 % neu eintretender Mitglieder, auch neben Aufwandsgebühren, Sonderzahlungen ebenfalls Nutzungsgebühren leisten müssen.

Vermietung von Sportanlagen

Abweichend von der bisherigen Auffassung, dass bei der Überlassung von Sportanlagen zur Nutzung eine steuerfreie Grundstücksvermietung vorliegt, wurde durch das BFH-Urteil v. 31.5.2001, BStBl 2001 II S. 658 nun für die Finanzämter festgelegt, dass vereinnahmte Entgelte ab dem 16.10.2001 grundsätzlich umsatzsteuerpflichtig sind. Mit einer Übergangsregelung kann der Verein jedoch die bisherige Regelung weiter nutzen, wobei die Überlassung der Anlage dann steuerfrei bleibt, bei einer Vermietung von Betriebsvorrichtungen allerdings das Entgelt umsatzsteuerpflichtig ist. Somit müssen Einnahmen ggf. aufgeteilt werden. Der Umsatzsteuersatz beträgt 16 %. Der ermäßigte Steuersatz von 7 % kommt nur für die Überlassung von Schwimmbädern und Sporteinrichtungen an Vereinsmitglieder in Betracht, für Nichtmitglieder mit dem vollen Umsatzsteuersatz.

> **Tipp**
>
> Vereine mit hohen Reparaturkosten und Instandhaltungsaufwendungen kön-
> nen freiwillig sogar rückwirkend bei noch nicht bestandskräftigen Umsatz-
> steuerbescheiden die Einnahmen vom mit 16 % besteuern mit dem Vorteil,
> dass der Verein aus den Kosten die Vorsteuer geltend machen kann. Dies ist
> dann empfehlenswert, wenn die Vorsteuer-Rückerstattung insgesamt höher
> ist als die dann nachzuzahlenden USt-Mehrsteuern.   ◂

Checkliste für die richtige Steuerstrategie

Es ist erstaunlich, aber vielfach werden die Aufwendungen im Verein im
Wesentlichen nur für ideelle Zwecke getätigt, z. B. für die großzügige Ehrung von Jubilaren etc. Hier handelt es sich an und für sich um Ausgaben
im steuerfreien Raum. Prüfen Sie also gerade bei den Aufwendungen/Aus-
gaben genau, ob sie dem ideellen Bereich/Zweckbetrieb oder dem wirtschaftlichen Geschäftsbetrieb zugeordnet werden können. Prüfen Sie also
bei gemischten Aufwendungen im Einzelfall für den Verein, ob – zulässi-
gerweise – ggf. im Schätzungswege ein Anteil im Bereich des „steuerschädlichen" wirtschaftlichen Geschäftsbetriebs untergebracht werden kann. Bei
Musikvereinen bedeutet das z. B. für den Kauf von Instrumenten, Noten,
Bekleidung etc. eine Aufteilung nach der Dauer der Nutzung bei Veranstaltungen bzw. Auftritten im wirtschaftlichen Geschäftsbetrieb. Dazu noch
nachfolgende Hinweise, die Sie auch auf Ihrer CD-ROM finden:

Habe ich das berücksichtigt?	ja	nein
Ausgaben sollten zur Überschussreduzierung grundsätzlich auch gleich im Jahr der (größeren) Einnahmen getätigt werden, wenn die Gefahr besteht, dass **die 30.678 €-Grenze** überschritten ist.		
Der Verein sollte **eigene kommerzielle Werbung unbedingt vermeiden.** Wird das Anzeigengeschäft durch Dritte, auch Vereinsmitglieder, durchgeführt, kann der Verein eine etwai-ge Vergütung hierfür der steuerfreien Vermögensverwaltung zuführen. Für die Zuführung zum Bereich der Vermögens-verwaltung muss darauf geachtet werden, dass bei Werbe-		

verträgen/Überlassungsverträgen und Zwischenschaltung eines Werbeunternehmens (z. B. Vereinsmitglied) erzielte Erlöse nicht in voller Höhe dem Verein zugeführt werden, sondern ein Gewinn beim Werbeunternehmen in Höhe von mindestens 10 bis 15 % aus den Erlösen verbleibt. Dies gilt allerdings nicht für die Fälle der sog. Banden- und Trikotwerbung.		
Steht der **Bau eines Vereins- oder Clubheims** zur Diskussion, sollte im Hinblick auf die Steuerfolgen gleich das Bewirtschaftungsproblem geklärt werden. Wird das Clubhaus selbst bewirtschaftet, liegt ein wirtschaftlicher Geschäftsbetrieb vor. Es können sich hier gezahlte Aushilfslöhne allenfalls neben sonstigen Ausgaben steuermindernd auswirken. Bei unmittelbarer Verpachtung an Dritte (Fremdpächter) gehören die Pachteinnahmen zur (steuerfreien) Vermögensverwaltung. Aufpassen: Soll ein schon bisher bewirtschaftetes Vereinsheim dann später verpachtet werden, können unangenehme Steuerfolgen dadurch entstehen, dass hier eine Betriebsaufgabe von Seiten des Finanzamts angenommen wird.		
Soweit der Verein bei Veranstaltungen, die ein Zweckbetrieb sind, **eigene Werbeeinnahmen** hat, kann der Gewinn aus den Werbeleistungen mit 15 % der Netto-Einnahmen pauschal auf Antrag angesetzt werden. Dies gilt sowohl für sportliche als auch für soziale oder kulturelle Veranstaltungen, etwa Ausstellungen/Konzerte kultureller Vereine.		
Bei der Gestaltung des Vereinsbriefpapiers, aber auch bei allen künftigen Rechnungen, die der Verein ausstellt, daran denken, dass spätestens ab 2004 die zugeteilte Finanzamts-Steuernummer vollständig angegeben wird.		

Versuchen Sie auf jeden Fall, **die Jahres-Steuererklärung zeitnah fertig zu stellen.** Ist mit einer Steuernachforderung zu rechnen, etwa wegen zu hoher Umsätze bei der Umsatzsteuer oder eines über dem Freibetrag von 3.835 € liegenden Gewinns, sollte man auf genügend Liquidität achten, da die Steuerbescheide oft wegen mehrerer zurückliegender Zeiträume nach dem abgeschlossenen Vereinsjahr Nachzahlungen ergeben. Fehlen ausreichende Mittel in der Vereinskasse, bleibt nur der Weg durch Vorsprache eine Stundung/Ratenzahlung zu erreichen. Notieren Sie sich unbedingt die Steuerzahlungstermine. Bei abweichender Steuerfestsetzung von den eingereichten Erklärungen muss die laufende Frist zur Einlegung des Einspruchs beachtet werden. Je nach Sachverhalt ggf. Rücksprache mit einem in der Vereinsbesteuerung erfahrenen Berater nehmen, der dann auch die Frage der möglichen Aussetzung der Vollziehung klären sollte!

Sowohl bei der Einnahmen- als auch bei der Ausgabenseite sollte man auch **intensiv auf die umsatzsteuerlichen Konsequenzen achten.** Dem Grunde nach bleibt lediglich der ideelle Bereich von der Umsatzsteuer unberührt, z. B. Einnahmen aus allgemeinen Mitgliedsbeiträgen. Unabhängig ob nun im Einzelfall ein unternehmerischer oder nichtunternehmerischer Bereich vorliegt, ist bei einem Leistungsaustausch, der also zu Umsatzsteuerkonsequenzen führt, stets zu prüfen, welcher Steuersatz für den Umsatz gilt. Der ermäßigte Steuersatz mit 7 % richtet sich nach § 12 Abs. 2 UStG. Praxisfälle hierzu: Leistungen von Theatern, Orchestern, Chören und Museen. Nicht begünstigt sind dagegen Unterhaltungsveranstaltungen, soweit dies beim Verein den Hauptzweck der Veranstaltung darstellt.

Ebenfalls begünstigt sind Leistungen gemeinnütziger Vereine, die ausschließlich und unmittelbar gemeinnützige, mildtätige oder kirchliche Zwecke verfolgen. Begünstigt mit dem ermäßigten Steuersatz sind daher die Umsätze aus der Vermögensverwaltung und aus dem Zweckbetrieb. Leistungen, die im Rahmen des wirtschaftlichen Geschäftsbetriebs ausgeführt werden (z. B. Werbeeinnahmen, Umsätze aus dem Verkauf von Getränken und Speisen), unterliegen dagegen dem vollen USt-Satz (16 %).

Völlig umsatzsteuerbefreit sind z. B. Umsätze aus Vorträgen, Kursen und anderen Veranstaltungen wissenschaftlicher oder belehrender Art oder auch aus kulturellen und sportlichen Veranstaltungen, soweit das Entgelt in Teilnehmergebühren besteht (§ 4 Nr. 22 UStG). Die Besteuerungsgrenze von 30.678 € gilt für Umsatzsteuerzwecke nicht. Prüfen Sie also für Ihren Verein, ob ggf. noch die Kleinunternehmerregelung in Höhe von 16.620 € für das vorangegangene, 50.000 € für das laufende Vereinjahr genutzt werden kann.		
Rücklagen: Prüfen Sie zum Jahresende, in welchem Umfang Überschüsse als gebundene oder freie Rücklage (§ 58 AO) eingestellt werden dürfen		
Prüfen Sie auch durch gezielten Kontakt zu Ihren Vereinsmitgliedern, ob bei Ansprüchen auf Aufwendungsersatz, Aushilfslöhne oder Übungsleitervergütung die Vereinskasse durch freiwillige Rückspenden entlastet werden kann.		

Welche Anforderungen werden an die Vereinsbuchführung gestellt?

Es gilt der Grundsatz: Gelingt es dem Verein, exakt mit seinen Einnahmen aus dem wirtschaftlichen Geschäftsbetrieb (einschließlich Umsatzsteuer) unter der 30.678 Euro-Grenze zu bleiben, muss er zunächst von sich aus nicht einmal eine Körperschaft- bzw. Gewerbesteuererklärung abgeben.

Allerdings: Gewisse Aufzeichnungen müssen Sie als sorgfältiger Vereinsvorstand/Vereinskassierer dennoch führen.

Die 30.678 €-Grenze für die erzielten Einnahmen aus dem wirtschaftlichen Geschäftsbetrieb bedeutet keine Befreiung von der Umsatzsteuer. Hier wird im Regelfall eine 16-prozentige Umsatzsteuer, z. B. aus dem Verkauf von Speisen und Getränken aus Anlass von Vereinsfesten etc., anfallen, soweit nicht die sog. Kleinunternehmerregelung (Faustregel: Umsatz nicht über 16.620 € pro Jahr) zum Zuge kommt. Schon wegen der umsatzsteuerrechtlichen Vorgaben muss der Verein daher die Einnahmen erfassen.

Somit bleibt das Kassenbuch, Journal oder Kontenblatt bis hin zur PC-Buchführung auch bei Vereinen unter der 30.678 €-Grenze eines der wich-

Umsatzsteuer

Hilfsmittel

tigsten Hilfsmittel für eine Vereinsbuchführung – natürlich unabhängig von den konkreten Nachweis- und sonstigen Aufzeichnungspflichten, die über die Steuerseite hinaus auch schon für den Jahresbericht für die Mitgliederversammlung von Interesse sind.

Noch ein Tipp vorab: Lieber ein Fest weniger pro Jahr – dafür aber die 30.678 €-Grenze einhalten!

Muss ich eine Bilanz erstellen?

Die Erstellung von Bilanzen und Gewinn- und Verlustrechnungen als Pflicht besteht für den Verein nur dann, wenn bei den wirtschaftlichen Geschäftsbetrieben

- die Gesamtumsätze über 260.000 € (früher: 500.000 DM) im Kalenderjahr liegen oder
- der Jahresgewinn aus Gewerbebetrieb jährlich 25.000 € (früher: 48.000 DM) übersteigt.

Grundsätzlich sollten Sie wissen, dass z. B. die Pflicht zur Erstellung und Vorlage einer richtigen Bilanz durch den Steuerberater erst dann zwingend erforderlich wird, wenn das Finanzamt dies verlangt.

Wie kann ich meine Buchführung einfach gestalten?

Unabhängig von der Buchführungspflicht hat der Verein zumindest Aufzeichnungen über Betriebseinnahmen und -ausgaben zu machen; er muss dabei z. B. den wirtschaftlichen Geschäftsbetrieb das Jahr über erfassen, schon um die Besteuerungsgrenze „kontrollieren" zu können.

Üblich: die Einnahme-Überschussrechnung

Solange keine Buchführungspflicht besteht, wird der Verein seinen Überschuss im Wege der Einnahme-Überschussrechnung ermitteln. In der Praxis werden zunächst das Jahr über Zahlungen beim Verein über ein Journal erfasst, ggf. monatlich mit Einnahmen und Ausgaben und zum Teil noch untergliedert nach einzelnen Sachkonten. Einzelaufzeichnungen

Journal

sind z. B. für Lohnkonten, Warenbeschaffung, Geschenke, Bewirtungen, geringwertige Wirtschaftsgüter und AfA-Listen erforderlich. Achten Sie auf das strikte Zu- und Abflussprinzip, d. h. auf die genaue zeitliche Zuordnung der Einnahmen und Ausgaben. Wichtig ist auch eine getrennte Erfassung und Aufgliederung der erzielten Einnahmen und Ausgaben in die Bereiche ideeller Bereich und Vermögensverwaltung, begünstigter Zweckbetrieb und wirtschaftlicher Geschäftsbetrieb.

Oft werden bestimmte Großveranstaltungen wie etwa Vereinsfeste, daneben aber auch wirtschaftliche Betätigung wie etwa die Führung der Vereinsgaststätte über separate Bücher oder eine Nebenbuchhaltung geführt.

Nebenbuchhaltung

Auch bei mehreren Unterabteilungen eines Vereins können selbstständige Aufzeichnungen geführt werden. Für das Finanzamt ist es jedoch notwendig, dass der Hauptkassierer die einzelnen Ergebnisse der Abteilungen oder die Einzelvorgänge mit separaten Aufzeichnungen zusammenführt und in die Buchhaltung für die Jahresrechnung einbringt.

Abteilungsaufzeichnungen

Zehn Jahre Aufbewahrungspflicht!

Bücher, Aufzeichnungen, Jahresabschlüsse, Inventare, Buchungsbelege und sonstige für die Besteuerung relevanten Unterlage (§ 147 AO) sind zehn Jahre aufzubewahren. Das gilt für alle steuerrelevanten Unterlagen, für die die Aufbewahrungsfrist am 23.12.1998 noch nicht abgelaufen war. Achten Sie also für Ihren Verein darauf, dass unabhängig von jedem Vorstandswechsel die alten Ordner mit Unterlagen/Protokollen archiviert werden.

Die Steuererklärung

Bereits die eigene Steuererklärung bereitet so manchem privaten Steuerzahler großes Kopfzerbrechen. Ob es gefällt oder nicht – auch für den Verein muss man einige Formularhürden nehmen. Achten Sie in Bezug auf das ohnehin hochkomplizierte Steuerrecht sehr sorgfältig darauf, dass Sie mit Ihrem Verein nicht in eine Schieflage geraten.

Für Wirtschaftsjahre ab 1990 werden die steuerbegünstigten Vereine in einem Dreijahresrhythmus überprüft. Die Finanzämter versenden hierzu Formulare (Gem 1). Sportvereine müssen dem Finanzamt zusätzlich eine

besondere Anlage (Gem 1A – Anlage Sportvereine) vorlegen, um Auskunft über sportliche Veranstaltungen erteilen zu können.

Der Vorstand unterschreibt Die Finanzämter stellen die aktuellen Vordrucke zur Verfügung. Die Vordrucke (also auch die Anlage für Sportvereine) müssen vom vertretungsberechtigten Vorstand eigenhändig unterschrieben werden, selbst wenn für die Erstellung der Steuererklärung ein Steuerberater eingeschaltet wird.

An Erläuterungen orientieren

Orientieren Sie sich vielleicht auch schon an den vom Finanzamt mitgelieferten ausführlichen Erläuterungen zu diesen Erklärungsvordrucken. ◄

Welche Unterlagen will das Finanzamt einsehen?

Das Finanzamt verlangt meist regelmäßig mit der Aufforderung zur Übersendung der ausgefüllten amtlichen Vordrucke die separate Einnahme-Überschussrechnung, Kassenberichte (und Vorlage des Kassenbuchs) sowie Protokolle der Mitgliederversammlungen. Bei intensiveren Überprüfungen wird auch zur Belegvorlage aufgefordert. Werden Arbeitnehmer oder Aushilfen beschäftigt, wird oft auch die Einsichtnahme in Lohnkonten verlangt. Je nach Beschäftigungszahl kann finanzunabhängig eine Sozialversicherungsprüfung durch die LVA/BfA stattfinden.

Welche Abgabefristen muss ich beachten?

Für die Bereiche Körperschaftsteuer, Umsatzsteuer und Gewerbesteuer besteht grundsätzlich jeweils bis zum 31. Mai die Pflicht zur Abgabe einer Steuererklärung für das Vorjahr. Eine Fristverlängerung zur Abgabe der Erklärung bis Ende September ist möglich, eine weiter gehende Fristverlängerung gibt es meist nur bei Einschaltung eines Steuerberaters.

Das Steuer-ABC für Vereine

Im Folgenden finden Sie die wichtigsten Informationen über Steuerarten und -pflichten für Vereine in alphabetischer Reihenfolge.

Abschreibung (AfA)

Für sog. geringwertige Wirtschaftsgüter können die Anschaffungskosten bei einem Wert bis 410 € sofort als Betriebsausgaben angesetzt werden, bei höheren Aufwendungen nur zeitanteilig. Je nach Wirtschaftsgut gelten verschieden lange Laufzeiten (z. B. Büroinventar zehn Jahre, Neuwagen sechs Jahre etc).

Bauabzugsteuer

Für Baumaßnahmen im Bereich des wirtschaftlichen Geschäftsbetriebs, also z. B. Umbauten/Einbauten in der Vereinsgaststätte, müssen Sie die Einbehaltung der 15%igen Bauabzugsteuer beachten, berechnet aus dem jeweiligen Rechnungsbetrag für Leistungen einschl. Umsatzsteuer. Ausnahmen: Der Handwerker/Bauunternehmer legt die Kopie einer Freistellungsbescheinigung vor oder die Gesamtzahlungen an einzelne Handwerker liegen jahresbezogen unter der Freigrenze von 5.000 €.

Erbschaft- und Schenkungsteuer

Zuwendungen an steuerbegünstigte gemeinnützige, mildtätige oder kirchliche Vereine bleiben der Höhe nach unbegrenzt steuerfrei (§ 13 Abs. 1 Nr. 17 ErbStG).

Gewerbesteuer

Auch für die Gewerbesteuer kann eine Befreiung erlangt werden, wenn die Voraussetzungen der §§ 51 und 68 AO erfüllt werden (§ 3 Nr. 6 GewStG). Wie bei der Körperschaftsteuer gilt hier die Einschränkung, dass der Verein insoweit gewerbesteuerpflichtig sein kann, wenn er einen wirtschaftlichen Geschäftsbetrieb (ausgenommen Land- und Forstwirtschaft) unterhält. Bei einem Jahresumsatz bis zu 30.678 € besteht wie bei der Körperschaftsteuer auch beim wirtschaftlichen Geschäftsbetrieb eine völlige Steuerbefreiung. Wird die Grenze überschritten, gelten bei gemeinnützigen Vereinen als

30.678 €-Grenze

Besteuerungsgrundlage für die Gewerbesteuerpflicht bei wirtschaftlichen Geschäftsbetrieben der Gewerbeertrag und der Gewerbesteuermessbetrag.

Wie errechnet sich die Gewerbesteuer?

Der Gewerbeertrag errechnet sich aus dem Gewinn des wirtschaftlichen Geschäftsbetriebs sowie bestimmten Hinzurechnungen (z. B. Zinsen für Dauerschulden etc.) Für Vereine wird ein Steuermessbetrag nach dem Gewerbeertrag nicht festgesetzt, soweit er unter dem Freibetrag von 3.900 € liegt. Ansonsten wird vom Ausgangsbetrag, abzüglich des Freibetrags von 3.900 €, darauf der Messbetrag von fünf Prozent angesetzt. Die Gewerbesteuer wird dann hiervon ausgehend durch Multiplikation des Messbetrags mit dem jeweils für eine Gemeinde/Stadt geltenden Gewerbesteuerhebesatz berechnet. Die Gemeinde erteilt hierzu einen Gewerbesteuerbescheid, der die Gewerbesteuerschuld festsetzt, wobei sich die tatsächliche Steuerschuld als Produkt des vom Finanzamt festgestellten einheitlichen Messbetrags mit dem jeweils gemeindlichen (verschiedenen) Gewerbesteuerhebesatz ergibt. Bei Vereinen in den neuen Bundesländern wurde die Gewerbesteuer bisher schon nur nach dem Gewerbeertrag erhoben.

Die Gewerbesteuer mit der Berücksichtigung des Gewerbeertrags ist somit nur für Vereine relevant, deren Einnahmen im wirtschaftlichen Geschäftsbetrieb über 30.678 € liegen, wobei zusätzlich der Freibetrag von 3.900 € berücksichtigt wird.

Grunderwerbsteuer

Grundstückserwerbe sind generell steuerpflichtig (3,5 % der Bemessungsgrundlage ab 1997) mit Ausnahme von Erwerben durch Schenkung oder Todesfall sowie bei Werten als Bemessungsgrundlage unter 2.500 €.

Für Sportanlagen, z. B. Spielfelder etc. gelten weitere Steuerbefreiungen, siehe im Einzelnen BMF in BStBl 1992 S. 355.

Grundsteuer

Der Grundbesitz gemeinnütziger Vereine ist hiervon befreit, soweit dieser für steuerbegünstigte Zwecke einschließlich dem Zweckbetrieb genutzt wird, § 7 GrStG (z. B. Sporthalle, Übungsräume etc.). Beim Sportverein sollte darauf geachtet werden, dass Grundstücke einschließlich Räume, soweit sie sportlichen Zwecken dienen, von der Grundsteuer befreit sind. Gleiches gilt z. B. für Amateursportanlagen und Nutzung ohne Eintrittsgeld für Jugendmannschaften Die Grundsteuererhebung erfolgt über die Gemeinden, Grundsteuerbeträge werden vierteljährlich erhoben. Ausgenommen hiervon sind Grundstücke, die für den wirtschaftlichen Geschäftsbetrieb eingesetzt werden. Grundsteuerpflicht besteht z. B. auch, wenn Grundstücke an (nicht begünstigte) Dritte oder etwa zu Wohnzwecken/zur Ausübung der Land- und Forstwirtschaft überlassen werden.
Die Grundsteuer wird von den Gemeinden noch nach dem sog. Einheitswert festgesetzt, allerdings ohne Freibeträge. Bei Härtefällen ggf. Erlassanträge stellen.

Körperschaftsteuer

Jeder Verein, ob rechtsfähig oder nicht, ist im Inland grundsätzlich körperschaftsteuerpflichtig (dies ist die Einkommensteuer der Körperschaften). Die Körperschaftsteuer wird hierbei nach Ablauf des Kalenderjahres verlangt.

Vereine sind nach § 5 Abs. 1 Nr. 9 KStG von der Körperschaftsteuer befreit, **Befreiung** sofern sie nach Satzung und tatsächlicher Geschäftsführung ausschließlich und unmittelbar gemeinnützigen Zwecken dienen. Die Steuerbefreiung entfällt jedoch, soweit der Verein einen steuerpflichtigen wirtschaftlichen Geschäftsbetrieb unterhält, der kein Zweckbetrieb ist.

Die Befreiung gilt auch für alle Beitragseinnahmen, Zuschüsse von Bund und Land etc., Spenden, Schenkungen, Erbschaften, zudem für Erträge aus der Vermögensverwaltung des Vereins.

Für die Körperschaftsteuer wird eine völlige Steuerbefreiung dann gewährt, **30.678 €-** wenn die Einnahmen (einschl. Umsatzsteuer) aus den steuerpflichtigen **Grenze** wirtschaftlichen Betätigungen 30.678 € nicht übersteigen. Für alle Einnahmen darüber (bei der wirtschaftlichen Betätigung) unterliegt der zu ermittelnde Gewinn der Körperschaftsteuer.

Freibetrag Allerdings greift dann noch der Freibetrag von 3.835 €. Das verbleibende steuerpflichtige Einkommen des Vereins abzüglich des Freibetrags unterliegt ansonsten der Körperschaftsteuer mit 26,5 % für 2003 (bis 2000: 40 %, 2001–2002: 25 %).

Frist Die Körperschaftsteuererklärung muss dem Finanzamt bis zum 31.05. für das Vorjahr abgegeben werden.

Experten-Tipp

Auswirkungen der Körperschaftsteuer

Bei neu gegründeten Vereinen oder gemeinnützigen Vereinen, die bislang steuerlich nicht überprüft wurden, sollten Sie die Auswirkungen der Körperschaftsteuererklärung in Bezug auf die Spendenberechtigung unbedingt im Auge behalten. Gemeinnützige Vereine dürfen Spenden nur ausstellen, wenn etwa bei Neugründungen die vorläufige Bestätigung hierfür von Seiten des Finanzamts nicht älter als 18 Monate, ansonsten der Körperschaftsteuer-Freistellungsbescheid, der nach Abgabe der Körperschaftsteuererklärung und Prüfung des Vorgangs durch das Finanzamt erfolgt, nicht älter als drei Jahre ist. Die Steuerbefreiung für Vereine, also auch der Gemeinnützigkeitsstatus, wird grundsätzlich alle drei Jahre überprüft. In den neuen Zuwendungsbestätigungen (Spendenbescheinigungen) muss nun auch ausdrücklich eingefügt werden, welches Datum der Körperschaftsteuer-Freistellungsbescheid bzw. die vom Finanzamt ausgestellte vorläufige Bescheinigung hat. Liegt man außerhalb der Fristen (Datum des Steuerbescheids bzw. der vorläufigen Bescheinigung), wird die Spendenquittung nicht als ausreichender Nachweis für den Spender anerkannt! ◄

Lohnsteuer

Werden in einem Verein Arbeitnehmer beschäftigt, trifft den Verein – ähnlich einem sonstigen Arbeitgeber – eine Verpflichtung zur Einbehaltung, Anmeldung und Abführung der Lohnsteuer für gezahlte Löhne. Auf die bei Arbeitnehmern berechnete Lohnsteuer ist der Solidaritätszuschlag in Höhe von 5,5 % sowie je nach Religionszugehörigkeit und Bundesland Kirchensteuer von sieben bzw. acht Prozent abzurechnen und an das Finanzamt abzuführen.

Beachten Sie als Arbeitgeber, dass wegen der Berücksichtigung des Steuer-Existenzminimums, je nach Höhe des Bruttogehalts bzw. der Steuerklasse des Vereinsarbeitnehmers, ggf. weder Lohnsteuer noch der Solidaritätszuschlag anfällt. Ohne Bedeutung ist hierbei, ob der Arbeitnehmer im eigentlichen gemeinnützigen Bereich, im Zweckbetrieb oder im wirtschaftlichen Geschäftsbetrieb eingesetzt wird. Als Arbeitnehmer kommt z. B. eine fest angestellte Person (Geschäftsführer, hauptberuflicher Übungsleiter, angestellte Platzwarte etc.) in Betracht. Nicht als Arbeitnehmer gelten hingegen Vereinsmitglieder, die nur gelegentlich und bei besonderen Anlässen tätig werden und nur einen Auslagenersatz oder Verzehrgelder erhalten, sowie die ehrenamtlich tätigen Mitglieder, denen nur eine Aufwandsentschädigung gezahlt wird. Existenzminimum beachten

Die Lohnsteuer muss monatlich an das Finanzamt abgeführt werden. Soweit die Lohnsteuer im Vorjahr mehr als 800 €, jedoch nicht mehr als 3.000 € betrug, darf die Lohnsteuer-Meldung vierteljährlich an das Finanzamt gehen. Wurden insgesamt im Vorjahr nicht mehr als 800 € gezahlt, genügt die LSt-Jahresmeldung. Bei mehr als 3.000 € Lohnsteuer muss die Anmeldung monatlich erfolgen. Monatlich abführen

---

Führen Sie ein Lohnkonto

Für jeden Beschäftigten, egal ob Aushilfe oder Dauerkraft, sollte ein Lohnkonto geführt werden. Beginn und Beendigung der Tätigkeit muss der zuständigen Krankenkasse des Arbeitnehmers bzw. bei 400-€-Jobs der Bundesknappschaft über das Meldeformular mitgeteilt werden, damit auch ergänzend die sozialversicherungsrechtlichen Pflichten des Vereins als Arbeitgeber erfüllt werden. Weitere Hinweise, auch zur 400 € Mini-Job-Regelung, finden Sie im nachfolgenden Kapitel über bezahlte Vereinsmitarbeit! ◄

Was muss in das Lohnkonto?

Für jeden Mitarbeiter des Vereins, der für seinen Dienst ein Entgelt erhält, muss der Verein ein Lohnkonto führen. Hierin müssen verschiedene Angaben über den Mitarbeiter und sein Entgelt aufgeführt werden. Dieses Lohnkonto ist für jedes Kalenderjahr zu führen und sollte Angaben enthalten über:

- persönliche Angaben des Arbeitnehmers,
- Merkmale der Lohnsteuerkarte,
- Bestandteile des Gehalts:
  - Tag der Auszahlung,
  - Lohnzahlungszeitraum,
  - Höhe des laufenden Entgelts,
  - Sonderzahlungen,
  - sonstige Bezüge, z. B. Urlaubsgeld, Weihnachtsgeld oder 13. Gehalt,
  - Höhe der lohnsteuerfreien Zuschläge und Bezüge,
  - Höhe der Sachbezüge, die einzeln aufgeführt werden müssen. Zusätzlich müssen Abgabetag, Abgabezeitraum, Abgabeort und der angesetzte steuerliche Wert angegeben werden,
  - Höhe der einbehaltenen Lohnsteuer, Kirchensteuer und Solidaritätszuschlag,
  - pauschal versteuertes Entgelt, z. B. Fahrten zwischen Wohnung und Arbeitsstätte oder Direktversicherung sowie die darauf entfallende Lohnsteuer, Kirchensteuer und Solidaritätszuschlag,
  - Lohnsummen,
- außerordentliche Einkünfte, z. B. Abfindungen oder Vergütungen für mehrjährige Tätigkeit (§ 34 EStG), und die darauf einbehaltene Lohnsteuer, Kirchensteuer und Solidaritätszuschlag.

Unterlagen sechs Jahre aufbewahren Zusätzlich zu den Eintragungen müssen dem Lohnkonto bestimmte Unterlagen hinzugefügt werden. Hierunter fallen z. B. die Reisekostenabrechnung, Bescheinigung über den Kirchenaustritt des Arbeitnehmers oder Belege über Auslagenersatz, ferner entsprechende Unterlagen, aus denen die Steuerfreiheit für Kindergartenzuschüsse und Erstattung der Kosten für Fahrten zwischen Wohnung und Arbeitsstätte mit öffentlichen Verkehrsmitteln hervorgeht. Für das Lohnkonto einschließlich der dazugehörenden Belege gilt – wie auch für die anderen Lohn- und Gehaltsunterlagen – eine Aufbewahrungspflicht von sechs Jahren. Diese Frist beginnt mit Beginn des Kalenderjahres, das dem Jahr folgt, in dem die letzte Eintragung in das Lohnkonto gemacht wurde.

Lotteriesteuer

Die bei Vereinen übliche „Tombola" ist für Einnahmen steuerfrei, wenn der Gesamtpreis der Lose 650 € nicht übersteigt und keine Bargeldpreise winken. In einzelnen Bundesländern bestehen Sonderregelungen für Lotterieausspielungen mit gemeinnützigen Vereinen als Veranstalter. Fällt bei nichtöffentlichen, also vereinsinternen, Veranstaltungen keine Lotteriesteuer an, sind Leistungen mit sieben Prozent Umsatzsteuer dem Zweckbetrieb (§ 68 Nr. 6 AO) zuzuordnen. Ansonsten darf bei genehmigten Lotterien, die ausschließlich gemeinnützigen, mildtätigen oder kirchlichen Zwecken dienen, der Gesamtpreis der Lose 40.000 € nicht übersteigen. Werden diese Vorgaben nicht erfüllt, fällt ansonsten Lohnsteuer in Höhe von 16 1/3 Prozent des Lospreises an.

Umsatzsteuer

Hier ist darauf zu achten, dass es anders als bei der Körperschaft-, Gewerbe- und Vermögensteuer eine allgemeine Steuerbefreiung der steuerbegünstigten Körperschaften für die Umsatzsteuer nicht gibt. Allerdings: Für Umsätze im steuerbegünstigten Bereich gibt es den ermäßigten Steuersatz von sieben Prozent.

Umsätze aus wirtschaftlichen Geschäftsbetrieben sind jedoch, wenn keine Steuerbefreiungsvorschrift oder eine Steuerermäßigung aus anderen Gründen in Betracht kommt, ab dem 01.04.1998 mit 16 % zu besteuern.

Umsatzsteuerpflichtige Lieferungen liegen insbesondere vor, wenn Gegenstände aus dem unternehmerischen Bereich des Vereins an Mitglieder oder Dritte abgegeben werden, etwa

Umsatzsteuerpflichtige Lieferungen

* der Verkauf von Speisen und Getränken an Besucher von Sportveranstaltungen oder in vereinseigenen Gaststätten,
* der Verkauf von Sportgeräten, Materialien o. Ä.

Einnahmen aus dem ideellen Bereich, d. h. Entgelte, die der Verein für die Erfüllung seines satzungsgemäßen Zwecks erhält, sind umsatzsteuerfrei. Keine umsatzsteuerpflichtigen Einnahmen sind daher echte Mitgliedsbeiträge, darüber hinaus aber auch Spenden, Zuschüsse und echte Schadensersatzleistungen. Besondere Befreiungstatbestände gibt es für Vereine u. a. für

Umsatzsteuerfreie Einnahmen

- Kurse, Veranstaltungen und Vorträge wissenschaftlicher oder belehrender Art, wenn die Einnahmen überwiegend zur Deckung der Aufwendungen verwendet werden (z. B. Sportunterricht);
- Durchführung kultureller oder sportlicher Veranstaltungen im Rahmen der Jugendhilfe;
- kulturelle und sportliche Veranstaltungen, die von gemeinnützigen Vereinen durchgeführt werden, soweit das Entgelt nur in Teilnehmergebühren besteht. Die Steuerbefreiung ist jedoch beschränkt auf die direkte Teilnahme der aktiven Vereinsmitglieder, Zuschauer-Eintrittsgelder fallen nicht unter diese Befreiung;
- allgemein die Verpachtung und Vermietung von Grundstücken;
- bestimmte Umsätze aus Lotterie- und Rennwetteinnahmen.

Einzelheiten über die umsatzsteuerfreien Einnahmen sind in § 4 UStG geregelt.

Ermäßigter Steuersatz Aufzugliedern ist dagegen der unternehmerische Bereich, d. h. die Durchführung von Zweckveranstaltungen und der wirtschaftliche Geschäftsbetrieb. Selbst wenn eine sog. Zweckveranstaltung vorliegt, für die es keine Steuerbefreiung gibt, müssen die Umsätze im Gegensatz zum wirtschaftlichen Geschäftsbetrieb nur mit sieben Prozent besteuert werden (z. B. Eintrittsgelder bei kulturellen Veranstaltungen). Für den Verein wichtig ist daher die bereits eingangs erwähnte klare Abgrenzung von Veranstaltungen.

Hinweis für Sportvereine

Durch eine neue EuGH-Rechtsprechung müssen dem Grunde nach alle Mitgliedsbeiträge entgegen der deutschen bisherigen Steuerpraxis umsatzsteuerpflichtig werden. Die bekannte Unterscheidung in echte (nicht steuerbare) und unechte (steuerbare) Mitgliedsbeiträge entsprechend Abschnitt 4 UStR entfällt. Allerdings sind nach der 6. EG-Richtlinie damit Mitgliedsbeiträge grundsätzlich steuerfrei, wenn der Verein die Einnahmen ohne Gewinnstreben erzielt.

Dies bedeutet: Bis zum 31.12.2003 kann es bei der alten Regelung bleiben. Der Verein hat aber, z. B. wenn er große Vorsteuerbeträge für den Bau oder Unterhalt von Sportanlagen nutzen will, die Möglichkeit, alle erzielten Mitgliedsbeiträge umsatzsteuerpflichtig zu machen, also auf die bisherige Steuerbefreiung zu verzichten. Es ist davon auszugehen, dass zum Jahresende 2003 hier noch eine ergänzende gesetzgeberische Neuregelung erfolgen wird. ◄

Was bietet die Kleinunternehmerreglung?

Ein weiterer Steuervorteil kommt insbesondere für kleinere Vereine in Betracht. Selbst wenn es sich um Einnahmen im Rahmen eines wirtschaftlichen Geschäftsbetriebs handelt, ist nach § 19 Abs. 1 UStG Steuer dann nicht abzuführen, wenn im vergangenen Jahr nicht mehr als 16.620 € Umsatz (umsatzsteuerpflichtige Einnahmen, Bruttoerträge) erzielt wurden und im laufenden Jahr die Umsätze einschließlich der darauf entfallenden Steuer nicht über 50.000 € liegen. Voraussetzung: Kein gesonderter Umsatzsteuerausweis über eigene Rechnungen des Vereins! Zum Gesamtumsatz gerechnet werden nicht nur Einnahmen aus Lieferungen und Leistungen, sondern auch der sog. Eigenverbrauch. Ein Vorsteuerabzug, etwa für erhaltene Rechnungen, ist nicht möglich; der Verein muss andererseits keine USt-Voranmeldungen oder -erklärungen abgeben. Grenzwerte

Die Vergünstigung der Kleinunternehmerregelung gibt es nur dann, wenn beide Grenzwerte eingehalten werden. Liegt also z. B. der Vorjahressatz über 16.620 €, entfällt die Kleinunternehmerregelung, ohne Rücksicht auf die mögliche Einhaltung der 50.000 €-Grenze für das laufende Jahr. Die Voraussetzungen für diese Kleinunternehmerregelung sind jeweils für jedes Steuerjahr anhand der Einnahmen einschl. der darauf entfallenden Umsatzsteuer aus „unternehmerischer" Betätigung des Vereins einzeln zu prüfen. Jährliche Überprüfung

Der Verein kann auf die Anwendung der Kleinunternehmerregelung gegenüber dem Finanzamt verzichten. Dann gelten die allgemeinen Besteuerungsregelungen. An diese Verzichtserklärung (Option) ist der Verein insgesamt fünf Jahre gebunden. Für den Verzicht ist keine besondere Form erforderlich, er kann daher z. B. durch Abgabe der Umsatzsteuervoranmeldung oder -jahreserklärung ausgedrückt werden. Verzicht möglich

Wie sich die Umsatzsteuer gestaltet

Will der Verein nicht auf diese Kleinunternehmerregelung hinausgehen, d. h. bei den vorliegenden Rechnungen auch die herauszurechnende Umsatzsteuer als Vorsteuer geltend machen, muss zunächst jeweils für einzelne Vorsteuer geltend machen

Vereinsvorgänge streng geprüft werden, ob es sich hier nicht z. B. um Leistungen für den nichtunternehmerischen Bereich handelt (Anschaffung von Sportgeräten, für den ideellen Vereinszweck, Musikinstrumente etc.). Gerade bei Sportvereinen ist eine Aufgliederung der Vorsteuer aus Rechnungsbeträgen zum Teil nur schwer möglich, wenn unternehmerische bzw. nichtunternehmerische Bereiche zusammentreffen (z. B. bei Vereinsanlagen).

Vorsteuer-pauschalierung Das Besteuerungsverfahren bei der Umsatzsteuer können Sie sich dadurch erleichtern, dass Sie auf die Möglichkeit einer Vorsteuerpauschalierung zurückgreifen. Ist Ihr Verein nicht buchführungspflichtig und liegt sein steuerpflichtiger Vorjahresumsatz nicht über 30.678 €, kann er pauschal Vorsteuerbeträge mit einem Durchschnittssatz von sieben Prozent des steuerpflichtigen Umsatzes berechnen. Für diese Grenze ist der Nettobetrag maßgebend. Dabei ist ohne Bedeutung, ob Umsätze im wirtschaftlichen Geschäftsbetrieb, im Zweckbetrieb oder im Bereich der Vermögensverwaltung angefallen sind.

Auch an die Vorsteuerpauschalierung ist der Verein fünf Jahre gebunden. Prüfen Sie also zuvor, ob sich diese Vereinfachungsregelung lohnt. Die tatsächlich angefallene Vorsteuer ist ggf. langfristig dann günstiger, wenn Sie größere Bau- oder Anschaffungsmaßnahmen, z. B. Bau des Clubheims, erwarten.

Fristen beachten Um von der Möglichkeit der Pauschalierung Gebrauch zu machen, müssen Sie gegenüber dem Finanzamt spätestens bis zum zehnten Tag nach dem ersten Voranmeldungszeitraum eines Kalenderjahres eine entsprechende Erklärung abgeben, sonst ist Ihr Verein an die Ermittlung der Vorsteuer nach allgemeinen Grundsätzen gebunden (§ 23a UStG).

Die Umsatzsteuervoranmeldung

Schonfrist nutzen Das Finanzamt über die sog. Umsatzsteuervoranmeldung auf amtlichem Vordruck Kenntnis darüber erhalten, welche Umsätze getätigt wurden. Die Voranmeldung muss bis zum zehnten Tag nach Ablauf des Voranmeldungszeitraums (Monat/Kalendervierteljahr) dem zuständigen Finanzamt vorliegen, der fällige Umsatzsteuerbetrag ist innerhalb einer Schonfrist von fünf Werktagen zu entrichten. Hinweis: Ab dem 1.1.2004 entfällt diese Abgabe-Schonfrist für Umsatzsteuer- und auch Lohnsteuervoranmeldungen (BMF Schreiben v. 1.4.2003). Handelt es sich bei dem Verein um einen Monats-Umsatzsteuerzahler, kann bei Leistung einer Sondervorauszahlung eine Dauerfristverlängerung für einen Monat gewährt werden.

Beträgt die Umsatzsteuer-Zahllast des Vorjahres weniger als 6.136 €, muss lediglich eine vierteljährliche Umsatzsteuer-Voranmeldung abgegeben werden. Bei einer Umsatzsteuer von nicht mehr als 512 € im Vorjahr kann man auf Antrag vom Finanzamt von der Pflichtabgabe von Voranmeldungen und Erbringung von Vorauszahlungen entbunden werden; dann genügt die Umsatzsteuerjahreserklärung. Betroffen sind ohnehin nur Vereine, die entweder zur Umsatzsteuer optiert haben oder deren Gesamtumsatz über der Kleinunternehmergrenze liegt.

Erleichterungen

Kleinunternehmerregelung

Unproblematisch ist der Umsatzsteuerbereich für Vereine, die von der Kleinunternehmerregelung profitieren können. Es muss weder Umsatzsteuer abgeführt werden noch bestehen die Pflichten zur Abgabe der Umsatzsteuer-Voranmeldung, wenn die jährlichen Einnahmen (Umsätze) im vorangegangenen Kalenderjahr unter 16.620 € liegen und im laufenden Kalenderjahr voraussichtlich 50.000 € nicht übersteigen. Wird die unternehmerische Tätigkeit erst im Laufe eines Kalenderjahres etwa von einem neu gegründeten Verein aufgenommen, kann die Kleinunternehmerregelung in Anspruch genommen werden, wenn für dieses Jahr nach den wirtschaftlichen Verhältnissen eine Umsatzgrenze von 16.620 € nicht überschritten wird. ◄

Bei stark schwankenden Umsätzen z. B. einer Vereinsgemeinschaft, die ggf. alle drei Jahre nur ein Vereinsfest veranstaltet und dabei einen Umsatz zwischen 16.620 € und 50.000 € erzielt, zwischen den Jahren aber fast keine Umsätze hat, sind entsprechend § 19 Abs. 1 UStG der Vorjahresumsatz mit 16.620 € und der 50.000 €-Umsatz des laufenden Kalenderjahres heranzuziehen (OFD Karlsruhe, Vfg. v. 09.12.2002, S. 7360).

Geplante Gesetzesänderung

Durch den Entwurf des Kleinunternehmerförderungsgesetzes soll – ggf. bereits mit Auswirkungen für das Vereinsjahr 2003 – die bisherige Umsatzgrenze von 16.620 € auf 17.500 € angehoben werden. Fragen Sie daher zum Jahresende 2003 unbedingt die aktuelle Kleinunternehmergrenze beim Finanzamt ab. ◄

EG-Recht und Umsatzsteuer

Für rechtsfähige Vereine in der EG gelten seit 1993 die neuen Umsatzsteuer-Besteuerungsgrundsätze für Erwerbe und Lieferungen innerhalb der Mitgliedstaaten. Zu beachten ist daher z. B. bei Käufen von Gegenständen von Unternehmen in der EG die Erwerbsbesteuerung, soweit die festgesetzten Erwerbsschwellen je nach Staat überschritten werden. Bei Auslandskäufen oder -verkäufen empfiehlt sich zur Vermeidung von Steuernachteilen die Rücksprache mit der Umsatzsteuerstelle Ihres Finanzamts!

Vergnügungsteuer

Die Vergnügungssteuer wird als Gemeindesteuer erhoben und ist der örtlichen Satzung geregelt. Sie fällt in teils unterschiedlicher Höhe z. B. für Spielautomaten oder für öffentliche Veranstaltungen an, soweit für Vereine keine Befreiung vorgesehen ist.

Zinsabschlagsteuer

Um bei Zinserträgen den 30%igen Einbehalt durch die Bank zu vermeiden, sollten Sie den zuletzt erteilten KSt-Freistellungsbescheid, der nicht älter als fünf Jahre sein darf, vorlegn. Bei neu gegründeten Vereinen sollten Sie ggf. einen besonderen Freistellungsbescheid beim Finanzamt beantragen (nach § 44a Abs. 4 EStG ,Vordruck NV/ZA).

Steuertipps für den Vorstand

Wie kann ich Einspruch gegen eine Steuerfestsetzung einlegen?

Unabhängig von der Steuerart sollten Sie als Vereinsvorstand beachten, dass gegen Steuerfestsetzungen, die nicht akzeptiert werden, im Regelfall also beim Verein eingehende Steuerbescheide, innerhalb eines Monats nach Zugang Einspruch eingelegt werden muss. Es genügt zunächst zur Fristwahrung, dass der Brief unter Angabe der Steuernummer und genauer Bezeichnung des Steuerbescheids, gegen den ein Rechtsbehelf eingelegt wird, dem

Finanzamt unterschrieben vom Vorstand innerhalb dieser Frist zugeht. Eine Begründung für den Einspruch kann nachgereicht werden.

Einspruch

Die Einspruchseinlegung verhindert nicht die Fälligkeit der im Bescheid festgesetzten Steuerbeträge. Hier muss, dann allerdings sofort mit einer entsprechenden Begründung, die Aussetzung der Vollziehung beantragt werden, soweit ernsthafte Bedenken gegen die Steuerfestsetzung bestehen.   ◀

Kann ich um Stundung bitten?

Ist Ihr Verein nicht in der Lage, etwa im Fall von Steuernachforderungen die Beträge sofort zu zahlen, sollten Sie, zweckmäßigerweise durch persönliche Rücksprache, darum bitten, dass Ihnen das Finanzamt die Beträge oder Teile hiervon (nach Möglichkeit zinslos) stundet. Das Einspruchsverfahren ist auch für Vereine noch gebührenfrei. Bei schwierigen Sachverhalten, mit möglicherweise auch steuerlichen Konsequenzen für Folgejahre, sollte zweckmäßigerweise sofort ein steuerlicher Berater beauftragt werden.

Kann ich Steuern erlassen bekommen?

Sie sollten als Verein auch prüfen, ob nicht ggf. ein Teil- oder vollständiger Erlass von Steuernachforderungen möglich ist. Allerdings müssen Sie hier dem Finanzamt oder etwa der Gemeinde, soweit es um Gemeindesteuern (Gewerbesteuer, Vergnügungsteuer etc.) geht, die Erlassgründe konkret vortragen. Es kommt also durchaus auf den Grund der Steuernachforderung an. Dargestellt werden muss auch die besondere Härte für den Verein einschließlich plausibler wirtschaftlicher Gründe, warum der Verein nicht in der Lage ist, auf eine ggf. überraschende Steuernachforderung ohne Gefährdung der Vereinsexistenz umfassend zu reagieren. In der Vereinspraxis lässt sich feststellen, dass die Gemeinden etwa bei der Gewerbe- bzw. Grundsteuer bereit sind, begründeten Erlassanträgen stattzugeben. Bei Umsatz- oder Lohnsteuernachforderungen sind die Finanzämter kaum vergleichsbereit.

Besondere Härte

Wie ist das mit der Vorstandshaftung im Steuerrecht?

Grundsätzlich hat der gesetzliche Vertreter (also im Regelfall der vertretungsberechtigte Vorstand) dafür Sorge zu tragen, dass die Steuern aus dem Vermögen des Vereins entrichtet werden (§ 34 AO). Den Vorstand trifft daher nicht nur die Pflicht zur Erfüllung der Buchführungsvorgaben und die Steuererklärungspflicht, sondern für ihn gelten auch besondere Mitwirkungs- und Auskunftspflichten.

Fahrlässigkeit Soweit ein Vereinsvorstand vorsätzlich oder grob fahrlässig seinen Verpflichtungen für den Verein, was die Steuerseite angeht, nicht nachkommt, kann er auch persönlich als gesetzlicher Vertreter des Vereins mit seinem Privatvermögen für die Steuerschulden in die Haftung kommen. Nach der Entscheidung des Bundesfinanzhofs vom 23.06.1998, BStBl 1998 II S. 761, gelten für den ehrenamtlichen Vereinsvorstand die gleichen Haftungsgrundsätze wie für einen in der freien Wirtschaft tätigen GmbH-Geschäftsführer. Im entschiedenen Fall ging es um die Lohnsteuerhaftung eines Vereinsvorstands. Dieser Vorstand hatte bei Beschäftigung von Arbeitnehmern die einbehaltene Lohnsteuer deshalb nicht zeitnah an das Finanzamt abgeführt, weil der Verein über längere Zeit nicht zahlungsfähig war. Der Bundesfinanzhof unterstellte dem Vorstand eine Pflichtverletzung und bestätigte die persönliche Inanspruchnahme des Vorstands für die aufgelaufenen Steuerschulden des Vereins.

Kapitalreserven Grundsätzlich sollten daher Vereine Kapitalreserven bilden, um zeitnah etwa im Bereich der Umsatz- und Lohnsteuer die anfallenden Steuerbeträge regulieren zu können. Soweit ein Haftungsbescheid ergeht, hält sich das Finanzamt bei Inanspruchnahme an denjenigen, der für den Bereich der Vereinsfinanzen verantwortlich zeichnet. Bei dieser verschärften möglichen Steuerhaftung für Vereinsvorstände kommt es nicht darauf an, ob der Vorstand ehrenamtlich oder uneigennützig tätig ist oder vielleicht ausschließlich im Interesse des Vereins versucht hat, Liquiditätsschwierigkeiten z. B. durch nicht rechtzeitige Zahlung von Steuerbeträgen an das Finanzamt zu überbrücken! Je nach Umfang der Vereinsbuchführung sollten Sie auch hier in der Vorstandschaft prüfen, ob Sie nicht einen Steuerberater mit der Vereinsbuchführung und Abgabe der notwendigen Steuererklärungen beauftragen. Meist sind die Berater bereit, durch etwas reduzierte Gebühren den gemeinnützigen Vereinen diese sehr wichtigen steuerlichen Pflichten abzunehmen.

Welche Bedeutung hat das neue Spendenrecht für meinen Verein?

Installateur Fleißig

Für seine Arbeit im Clubhaus verzichtete Installateur Fleißig sowohl auf eine Bezahlung als auch auf eine Abrechnung, er war mit einer Spendenquittung über 500 € zufrieden. Doch als der Vorgang schon fast vergessen schien, wurde das Finanzamt auf diese merkwürdige Abwicklung aufmerksam und zog sowohl den „Spender" als auch den Vorstand zur Rechenschaft. ◄

Wichtiger Nebeneffekt der Anerkennung als gemeinnütziger Verein (gleichgültig ob eingetragen oder nicht) ist die damit verbundene Befugnis, vom Spendengeber für diesen steuerlich absetzbare Spenden entgegenzunehmen. Spenden sind, um es auf einen einfachen Nenner zu bringen, freiwillige und unentgeltliche Geld- oder Sachzuwendungen. Vorteil für den Verein: Spenden müssen, wie Mitgliedsbeiträge, nicht versteuert werden. Vorteil für den Steuerpflichtigen: Der Spendengeber kann die Zuwendung als Sonderausgaben bei der Einkommensteuer oder – falls es sich bei dem Spendengeber um eine Kapitalgesellschaft handelt – bei der Körperschaftsteuer anrechnen lassen.

Was hat sich geändert?

Das neue Spendenrecht mit Wirkung ab dem Vereinsjahr 2000 brachte nicht nur wichtige gravierende inhaltliche Änderungen, sondern führt nun endlich einmal dazu, dass das Spendenrecht nun zentraler geregelt wird, zunächst einmal im Einkommensteuergesetz (§§ 10b, 34g EStG), darüber hinaus abschließend mit weiteren Hinweisen u. a. bis hin zu Spendenmustern in den §§ 48 bis 50 der EStDV.

Zuwendungen
statt Spenden

Steuerrechtlich exakt redet man jetzt nur noch von „Zuwendungen" statt – wie bisher – von „Spenden".

Neu: Der Verzicht auf das Durchlaufspendenverfahren

Nach dem noch bis Ende 1999 geltenden Spendenrecht waren nicht alle gemeinnützigen Vereine/Körperschaften berechtigt, selbst Spenden entgegenzunehmen und die vom Spender angeforderten Bescheinigungen auszustellen. Dem Grunde nach gab es ein zweiklassiges Spendenrecht, sehr zum Ärger z. B. der unzähligen Sportvereine, Musikvereine etc.

Spenden an diese Vereine mussten bis zum Jahresende 1999 noch im sog. Durchlaufverfahren an eine Körperschaft des öffentlichen Rechts oder an eine öffentliche Dienststelle gehen. Meist war dies die Stadt- oder Gemeindeverwaltung. Handelte es sich um eine Geldspende, musste der Vereinskassierer zunächst den Betrag einzeln oder mit einer entsprechenden Spendenliste als Gesamtbetrag auf das Konto der Gemeinde- oder Stadtverwaltung überweisen. Diese musste dann das Geld wieder an den begünstigten Verein zurückleiten, erst dann wurde gleichzeitig auch von der Kommune eine Spendenbescheinigung ausgestellt. Noch komplizierter wurde es in der Vergangenheit, wenn es sich um Sachspenden gehandelt hat

Ab dem Vereinsjahr 2000 dürfen alle gemeinnützigen Körperschaften, die einen begünstigten Zweck entsprechend der Anlage 1 zu § 48 Abs. 2 EStDV fördern und von ihrem Vereins-Finanzamt als steuerbegünstigt anerkannt sind, unmittelbar Spenden selbst entgegennehmen und dafür auch Spendenbescheinigungen erteilen. Egal, ob es sich um Geld-, Sach- oder Aufwandsspenden (Verzicht auf Auszahlung für bestimmte erbrachte Leistungen) handelt.

Obwohl das Durchlaufspendenverfahren vom Tisch ist, kann ein Spender durchaus auch weiterhin diese Umwegspende praktizieren. Verboten ist also das Durchlaufspendenverfahren nicht. Allerdings wird der Verein ein Interesse daran haben, dass er nun durch die direkte Einzahlung auf das Vereinskonto schneller an Spendengelder herankommt. Informieren Sie die Mitglieder etwa aus Anlass der Jahresmitgliederversammlung oder in der Vereinszeitschrift über diese Neuregelung.

Gleichstellung aller gemeinnützigen Vereine

Grundsatz: Alle Vereine, die bis Ende 1999 auf das Durchlaufspendenverfahren zugreifen mussten, sind allen sonstigen gemeinnützigen Vereinen gleichgestellt. Erfreulich daher für Vereine u. a. mit folgenden Zielsetzungen:

* Sportförderung,
* Förderung der Kultur und Kunst, Musik/Chor/Gesang,
* Förderung der Heimatpflege, Heimatkunde,
* Förderung von Naturschutz und Landschaftspflege, des Küstenschutzes,
* Förderung der Tier- und Pflanzenzucht, Kleingärtnerei und des traditionellen Brauchtums, der Soldaten- und Reservistenbetreuung, und des Amateurfunks, Modellflugs und sogar des Hundesports,
* Förderung des Umweltschutzes bis hin zur Gleichberechtigung von Männern und Frauen.

Wofür gibt es Spendenbescheinigungen?

Ausnahmeregelungen bei Mitgliedsbeiträgen

Nach dem alten Spendenrecht waren Mitgliedsbeiträge (übrigens auch gleichgestellte Mitgliedsumlagen und Aufnahmegebühren) wie eine Spende abziehbar, wenn die Spende an einen besonders förderungswürdigen Verein ging, also an einen der privilegierten Vereine, die schon nach bisherigem Spendenrecht selbst Spendenbescheinigungen ausstellen durften.

Zwar hat der Gesetzgeber den Spendenempfang auf alle Vereine ausgedehnt, jedoch mit einer wichtigen Ausnahmeregelung für die steuerliche Berücksichtigung bei den Mitgliedsbeiträgen. Auch ab 2000 gelten leider nur gewisse gemeinnützige Förderungsziele als besonders förderungswürdig mit der Möglichkeit, dass neben den klassischen Spenden auch die Mitgliedsbeiträge (einschließlich Umlagen und Aufnahmegebühren) steuerlich berücksichtigt werden können. Den Doppeleffekt, nämlich neben der Spende auch seinen Mitgliedsbeitrag steuerlich absetzen zu können, gibt es nur für diese gemeinnützigen Körperschaften, die in Abschnitt A der Anlage 1

Besondere Förderungs-würdigkeit

zu § 48 EStDV erwähnt sind, also derzeit insgesamt 17 besondere, gemeinnützige Förderungsziele.

Im Klartext: Ein Spendenabzug unter Ausschluss der Berücksichtigung der Mitgliedsbeiträge besteht weiterhin bei der Förderung des Sports, kultureller Betätigungen, der Heimatpflege/Heimatkunde sowie für die weiteren, in § 52 Abs. 2 Nr. 4 AO genannten Vereinszwecke, soweit die Vereinsziele damit in erster Linie der Freizeitgestaltung dienen. Steuerlich gesehen bleiben beim Spender die Mitgliedsbeiträge für die Mitgliedschaft im Sport-, Musik- oder Gesangsverein unberücksichtigt.

Sie ahnen es sicherlich gleich: Musste Ihr Verein schon bislang auf das Durchlaufspendenverfahren zurückgreifen, bleibt es leider dabei, dass Mitgliedsbeiträge (Aufnahmegebühren etc.) beim Mitglied steuerlich nicht berücksichtigungsfähig sind. Also keine zusätzliche Spendenquittung ausstellen für Beiträge! Die folgende Tabelle (zu § 48 EStV als Rechtsgrundlage) gibt Ihnen eine nachfolgende Übersicht:

Nur Spenden	Spenden und Mitgliedsbeiträge	Förderkombinationen
Vereine, in Abschn. B der Anlage 1 bezeichneten, förderungswürdigen Zwecke	wenn es um Zuwendungen geht, die zur Förderung mildtätiger, kirchlicher, religiöser, wissenschaftlicher und der weiteren in Abschn. A der Anlage 1 aufgeführten Zwecke geleistet werden.	Sowohl in Abschn. A und B der Anlage 1 erwähnt: Keine Berücksichtigung von Mitgliedsbeiträgen, nur Spendenabzug möglich!

Heimatkunde und Entwicklungspflege

Der gemeinnützige Verein fördert sowohl die Heimatkunde als auch Entwicklungshilfe. Hier liegt eine sog. Förderkombination vor, also einmal die Heimatkunde nach Abschnitt B Nr. 3 und dann das Förderziel der Entwicklungshilfe nach Abschnitt A Nr. 12.

Die Lösung: Die Möglichkeit der Berücksichtigung der Mitgliedsbeiträge entfällt damit insgesamt. Der Verein ist leider nicht berechtigt, auch für die Mitgliedsbeiträge eine Spendenbescheinigung auszustellen! ◄

Kulturelle Zwecke bieten mehr Chancen

Mehr Chancen bietet allerdings das neue Spendenrecht für den weiten Bereich der „kulturellen Zwecke". Diese sind zunächst einmal in Abschnitt A Nr. 3 erwähnt, daneben auch in Abschnitt B Nr. 2. Liegt insoweit kein klassischer Musikverein vor, dem eine „Freizeitgestaltung" unterstellt wird, so besteht die Chance, dass jetzt auch die Mitgliedsbeiträge steuerlich abziehbar sind. Der Vorstoß der OFD Karlsruhe vom Februar 2001, bei mehreren öffentlichen Auftritten von Gesangs-/Musikvereinen auch die Mitgliederbeiträge als Spenden anzuerkennen, wurde Mitte 2001 durch Weisung des Bundesfinanzministeriums gestoppt.

Es kommt auf die Aktivitäten an

Es kommt also durchaus auf den genauen Satzungsinhalt bei den geförderten Zwecken laut Vereinssatzung an, natürlich auch auf die Vereinsaktivitäten das Jahr über. Soweit man als Vorstand eine Chance sieht, auch für die Mitgliedsbeiträge Spendenbescheinigungen ausstellen zu dürfen, sollte zur Sicherheit zur Abklärung des Sachverhalts Rücksprache mit dem Finanzamt vor Ort genommen werden.

Diese kaum nachvollziehbare Regelung mit gewissen Steuerprivilegien für den Fall, dass eine „Freizeitgestaltung" nicht im Vordergrund steht, wird sicherlich noch manchen Streit mit der Finanzverwaltung provozieren! | Vorläufige Einschätzung

Was gilt für Dachverbände?

Aufpassen müssen jetzt auch die Dachverbände: Zwar dürfen diese nach wie vor als gemeinnützige Körperschaften Spenden entgegennehmen und hierfür Spendenbescheinigungen ausstellen. Bislang waren sie in der Anlage 7 zu den Einkommensteuer-Richtlinien als besonders förderungswürdige Körperschaften aufgezählt. Ab dem neuen Vereinsjahr 2000 ist auch hier für die Absetzbarkeit von Mitgliedsbeiträgen ausschließlich entscheidend, ob sie Förderungsziele verfolgen, die in der Anlage 1 zu § 48 EStDV unter Abschnitt B aufgeführt sind. | Welche Ziele werden verfolgt?

Wie erteile ich eine Spendenbescheinigung?

Freiwillige Leistung Jeder gemeinnützige Verein kann nun dem Spender für eingegangene Spenden eine Spendenbescheinigung erteilen. Vorausgesetzt, der Betrag oder die Sachspende wird auf freiwilliger Basis dem Verein zugewendet, stellt also keine Gegenleistung dar. Als verantwortlicher Vorstand sollte man also im Interesse des Vereins darauf achten, dass diese Grundsätze uneingeschränkt beachtet werden. Bereits für das alte Spendenrecht gibt es einige brisante höchstrichterliche Entscheidungen des Bundesfinanzhofs, also Streitigkeiten, aus denen ersichtlich wird, dass die Gerichte sogar im Einzelfall überprüfen, ob der Spender hier nicht vielleicht doch gemeinsam mit dem Verein einen gewissen Nebenzweck verfolgt.

Schul- bzw. Schulfördervereine

Bei Schul- bzw. Schulfördervereinen wird sogar die finanzielle Lage des Vereins überprüft. Reichen die zur Verfügung stehenden Mittel des Vereins etwa nicht aus, um einen Schulbetrieb aufrechtzuerhalten (über Mitgliedsbeiträge, Unterrichtsgeld etc.), kann sogar der Spendenabzug für zusätzliche freiwillige Spenden versagt werden, wenn diese dem Grunde nach „verkappte" Zwangsbeiträge sind.   ◄

In diesen Fällen wird es kritisch

Betriebsspenden Lassen Sie bei Betriebsspenden Vorsicht walten: Gerade bei Betriebsprüfungen in GmbHs werden Zuwendungen intensiv geprüft. Ist erkennbar, dass z. B. der Gesellschafter aus persönlichen Gründen eine Spende veranlasst hat, wird sehr schnell eine sog. verdeckte Gewinnausschüttung angenommen. Anhaltspunkte sind dabei auch Vergleiche bzgl. der Höhe der Beträge, die die GmbH an andere begünstigte Vereine tätigt.

Zwangsspenden Steuergefährlich sind auch Regelungen in Satzungen oder Beitragsordnungen, häufig auch bei Fördervereinen, die vorsehen, dass man neben einem bescheidenen kleinen Mitgliedsbeitrag relativ hohe Mindestspenden erbringen muss. Vermeiden Sie auf jeden Fall Vorgaben dahin gehend, dass der Gesamtaufwand, den ein Mitglied zu erbringen hat, sich nicht klar in festgelegte Mitgliedsbeiträge und Spenden aufgliedert. Passen Sie auch bei Beschlüssen durch die Mitgliederversammlung auf, dass etwa die Nutzung bestimmter Vereinsanlagen davon abhängig gemacht wird, dass zusätzlich zum Mitgliedsbeitrag eine Vereinsspende in vorgeschriebener Höhe gezahlt wird.

Wie sieht es mit Spendenaufrufen aus?

Selbstverständlich kann man nach wie vor Spendenaufrufe tätigen. Mehr als auffällig wird es allerdings, wenn z. B. ein Finanzbeamter in einem Einkommensteuerveranlagungsbezirk feststellt, dass genau zu einem bestimmten Zeitpunkt vielleicht mehrere Steuerzahler, Mitglieder im gleichen Verein, zum gleichen Zeitpunkt und in gleicher Höhe Geldspenden geleistet haben. Hier wird leicht ein Zusammenhang mit einer „Zwangsspende" vermutet. Daher: Soweit Sie etwa als Sportverein Spendenbescheinigungen für Mitgliedsbeiträge und Umlagen nicht selbst ausstellen dürfen, sollten Sie auch optisch darauf achten, dass die Spende separat von sonstigen Zahlungen überwiesen wird.

Wie gehe ich mit Sachspenden richtig um?

Bei Sachspenden ist der gemeine Wert zu berücksichtigen. Lassen Sie sich also vom Spender den Kaufbeleg als Nachweis über die Höhe vorlegen. Vorsicht bei gebrauchten Gegenständen, die dem Verein überlassen werden: Hier muss ein realistischer Zeitwert (üblicher Verkaufspreis bzw. Verkehrswert) berücksichtigt werden. Stammt die Sachzuwendung aus dem Betriebsvermögen des Spenders, ist der Entnahmewert (§ 6 Abs. 1 Nr. 4 EStG) zugrunde zu legen, also entsprechend der Bestätigung des Spenders mit dem Buchwert, der theoretisch sogar nur auf eine Mark lauten kann, falls das Wirtschaftsgut abgeschrieben ist. Eventuell kommt auch ein Teilwert in Frage. Stimmen Sie daher genau mit dem Spender ab, welcher Wert zugrunde gelegt werden kann. Übrigens: Der Erwerb so genannter Bausteine für den Bau eines Clubheims sind Geldspenden, und zwar in Höhe des jeweils geleisteten Betrags.

Gemeinen Wert berücksichtigen

Sachgegenstand erwerben

Von der gesamten Problematik zur Wertfestsetzung kommt man weg, wenn der Spender den Barbetrag zur Verfügung stellt, dafür eine konkrete Spendenquittung erhält und der Verein den Sachgegenstand selbst erwirbt. Weiterer Vorteil: Vielleicht gibt es sogar bessere Konditionen/Rabatte, wenn der Verein als Käufer auftritt!   ◄

Welchen Wortlaut muss die Spendenbescheinigung haben?

Durch die Spendenneuregelung ist ab 2000 der genaue Wortlaut der Spendenquittungen vorgeschrieben. Sofort einsetzbare Muster finden Sie auf CD-ROM.

Der Hinweis am Ende der amtlichen Formulare kann für einige Vereine bedeuten: Wer als Verein noch keinen Freistellungsbescheid hat, muss jetzt ggf. Steuererklärungen vorlegen!

Neue Vordrucke
ab 01.07.2000

Man glaubt es kaum: Die Spendenformulare müssen im DIN A4-Format ausgestellt werden, also wie ein normaler Briefbogen. Die alten Spendenvordrucke durften noch bis 30.06.2000 als Übergangslösung aufgebraucht werden.

Wo gibt es Formulare?

Leider nicht beim Finanzamt. Vereine müssen also exakt nach amtlichen Vorgaben die eigenen Vordrucke herstellen (BMF Schreiben v. 18.11.1999, BStBl. 1999 I Seite 979). Kein Problem: Fordern Sie den speziellen „Spenden- und Sponsoring-Ratgeber mit Formularen und einem kompletten Spenden-ABC beim WRS Verlag oder über den Buchhandel an!

Rückseite für Werbezwecke nutzen

Der Formularzwang auf der Vorderseite bedeutet übrigens nicht, dass man die Rückseite der Spendenbestätigung für Vereinszwecke nicht verwenden darf. Sie könnten also für Ihren Verein, sogar für Dritte, die Rückseite theoretisch sogar für Werbezwecke nutzen! Infos über die wichtigsten Vereinstermine, Einladung für eine besondere Veranstaltung u. Ä., soweit der Verein Eigenwerbung durchführen will.   ◄

Wer darf die Spendenquittung unterschreiben?

Geht man nach der juristischen Vertragsbefugnis, ist grundsätzlich eigentlich nur der vertretungsberechtigte Vorstand i. S. d. § 26 BGB, also z. B. der 1. oder 2. Vorsitzende, entsprechend der Eintragung im Vereinsregister berechtigt, die Spendenquittung zu unterschreiben.

Aber: Man darf es den Vereinen nicht verbieten, diese Vollmacht weiterzureichen. Protokollieren Sie aber den Vorstandsbeschluss, dass z. B. der Vereinskassierer oder Schriftführer berechtigt ist, Spendenquittungen verbindlich für den Verein auszustellen. Der Vertreter, soweit er also nicht schon kraft Funktion gesetzlicher Vertreter (1. bzw. 2. Vorstand) ist, sollte dann zweckmäßigerweise mit „i. A." zeichnen oder den Zusatz anfügen: „Für den … Verein e. V.". Aber Vorsicht: Damit liegt auch das Haftungsrisiko bei diesem Aussteller! *Delegieren ist möglich*

Soweit Sie für Spendenbescheinigungen den PC einsetzen und die Quittung keine eigenhändige Vorstandsunterschrift trägt, ist wichtig, dass sich Ihr Verein zuvor die Zustimmung des Finanzamts vor Ort einholt. *Beim PC-Einsatz*

Vorsicht: Aufzeichnungspflichten!

Vorgeschrieben ist seit 01.01.2000, dass Vereine ein Doppel der Spendenbescheinigung (Fotokopie, Durchschrift oder EDV-Ausdruck) aufbewahren müssen.

Legen Sie für Ihren Verein sofort eine Spenden-Ausstellungsliste an, etwa wie folgt:

Spender	Geld-/ Sach- spende	Eingang		Zuwendungsbestätgung			
(Name, Anschrift)	Betrag/ Wert	Kto-Nr.	Datum	Ausge- stellt von (Name)	Wann?	Lfd. Nr.	Ablage wo?

Diese Liste sollte in Ihren Steuerordner /Spendenordner mit den Kopien geführt werden (§ 50 Abs. 4 EStDV, BMF-Schreiben v. 02.06.2000, BStBl I 2000 S. 592). Gehen Sie davon aus, dass diese Spendenbuchführung überprüft wird bei Steuerprüfungen! ◄

Was ist mit Sammelbestätigungen?

Auch das soll es geben: ein Spender, der mehrmals im Jahr dem Verein Geldspenden zukommen lässt. Dann genügt es, ihm quasi als „Jahresspendenbestätigung" eine Sammel-Zuwendungsbestätigung über den Gesamtbetrag genau nach amtlichem Muster auszufüllen. Eine Anlage muss aber über die eingehenden einzelnen Zuwendungen mit Datum des Eingangs Auskunft geben.

Wann werden Aufwandsspenden anerkannt?

Abgekürzte Geldspende

Bei gemeinnützigen Vereinen werden häufig Aufwendungen (z. B. für Reise- oder Pkw-Kosten) oder Aushilfslöhne als Spenden anerkannt, wenn auf die Auszahlung des Anspruchs rechtsverbindlich (schriftlich) verzichtet wird und nachprüfbar der gespendete Betrag durch Umbuchung auf dem Vereins-Spendenkonto kommt. Eine sog. abgekürzte Geldspende mit Verzichtserklärung auf den Auszahlungsanspruch kann übrigens auch für die Übungsleitervergütung in Betracht kommen (BStBl. 1999 Seite 551).

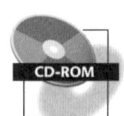
CD-ROM

Praxis-Beispiel

> **Vereinsheim**
>
> Der Architekt, langjähriges Vereinsmitglied, zeigt sich großzügig bei der Abrechnung der Planung für den Umbau des Vereinsheims: Er verzichtet auf 50 % des üblichen Honorars und stellt eine deutlich ermäßigte Rechnung aus. Darf er für den Honorarverzicht von 50 % eine Zuwendungsbescheinigung erhalten?
>
> Nur dann, wenn nach den Regelungen zur Aufwandsspende zuvor ein Rechtsanspruch auf Vergütung bestanden hat, darauf verzichtet wurde und dies über den Verein auch so dokumentiert ist. Der engagierte Architekt muss den Verzichtsbetrag als fiktive Einnahme in seiner Jahressteuererklärung als Honorar verbuchen! ◄

Soweit für Fahrtkosten als Aufwandsspenden eine Spendenbescheinigung **Fahrtkosten** erteilt werden soll, muss, ggf. aus einer Anlage zur Bescheinigung, hervorgehen, dass die Fahrt für den Verein ausgeführt wurde. Außerdem muss die Fahrtstrecke etc. genau aufgelistet werden. Soweit kein Einzelnachweis für Fahrtkosten geführt wird, kann die Abrechnung mit den (steuerfreien) Pauschalbeträgen durchgeführt werden.

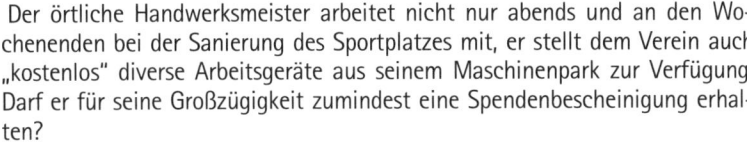

Sanierung des Sportplatzes

Der örtliche Handwerksmeister arbeitet nicht nur abends und an den Wochenenden bei der Sanierung des Sportplatzes mit, er stellt dem Verein auch „kostenlos" diverse Arbeitsgeräte aus seinem Maschinenpark zur Verfügung. Darf er für seine Großzügigkeit zumindest eine Spendenbescheinigung erhalten?

Klares Nein: Es gilt der Grundsatz, dass für unentgeltlich gewährte Dienstleistungen oder auch die Überlassung von Räumen, Geräten, Fahrzeugen etc. keine Spendenquittung, unabhängig vom Betrag, erteilt werden darf. Denn hier liegt keine „echte" Spende vor. Es bleibt allenfalls der Weg über die Aufwandsspende, also Rechnung und Auszahlungsverzicht! Dies gilt übrigens auch für die unbezahlte Mitarbeit von Vereinsmitgliedern. Das Spendenrecht verlangt einen „Vermögensabfluss" beim Spender.   ◄

Also müssen Sie nach wie vor daran denken, dass die Finanzämter sehr **Echter** streng prüfen, ob die Voraussetzungen für die sog. Rückspende auch einge- **Anspruch auf** halten werden. Wichtig ist also auf jeden Fall, dass sich nach der Satzung, **Vergütung** über einen Vorstandsbeschluss oder auch einen schriftlichen Vertrag später nachprüfen lässt, dass dem Grunde nach ein echter Anspruch auf eine Vergütung bestanden hat. Dieser Freibrief für die Erteilung eines Auftrags gegenüber einem Vereinshelfer oder bereitwilligen Dritten, der später das Geld wieder zur Verfügung stellen will, muss zuvor zumindest über das Protokoll oder über die Satzung dokumentierbar sein. .

Muss in diesen Fällen die Vergütung erst dem späteren Spender zufließen?

Soweit z. B. ein Arbeitslohn vereinbart wird, ist es auf jeden Fall empfehlenswert, erst den Betrag zu überweisen oder gegen Quittung bar auszuhändigen, dann kurz später den Betrag entgegenzunehmen. Möglich ist, was in der Vereinspraxis auch zum Teil praktiziert wird, dass der Verein einen Scheck ausstellt, der genau den Betrag der vereinbarten Dienstleistung enthält, und dass danach der freiwillige Vereinsförderer den Scheck weitergiriert, also auf der Rückseite des Schecks mit seinem Namen unterschreibt und den Vermerk anbringt „An den Verein ... e. V.".

Zur Klarstellung: Auch bei Rückspenden muß zuvor der Verein seine Arbeitgeberpflichten (Lohnsteuer/Sozialversicherung) bei Vergütungen immer beachten.

Separates Spendenkonto Als Vereinskassierer sollten Sie dann natürlich darauf achten, dass der Eingang des Betrags nicht nur buchhalterisch als Spende zugeordnet wird, sondern, falls vorhanden, auf ein separates Spendenkonto fließt.

Was gilt für Kleinspenden?

Ein vereinfachter Spendennachweis gilt für Zahlungen bis 100 € mittels Lastschrift, also wenn der Verein die Spende direkt einzieht. Aber auch der Bareinzahlungs-Bankbeleg oder die Aufwandsbestätigung der Bank.

Im Allgemeinen akzeptieren die Finanzämter aus Vereinfachungsgründen Spenden bis zu dieser Nichtbeanstandungsgrenze von 100 €. Eine Verpflichtung des Finanzbeamten vor Ort, etwa aus Anlass der Abgabe der Einkommensteuererklärung des Steuerzahlers, auf einen Spendennachweis per Beleg zu verzichten, besteht jedoch grundsätzlich nicht. Strengere Maßstäbe setzt eine neue Verfügung der OFD Karlsruhe v. 10.01.2003 (S 2223 A – St 314): Soweit der Spender abgestempelte Durchschriften des Überweisungsbelegs als Zahlungsnachweis vorlegt, sollen die Überweisungsdurchschläge kein geeigneter Nachweis mehr sein, dass die Buchung tatsächlich durchgeführt wurde. Dies wegen der Tatsache, dass die Banken die Durchschläge auch nicht mehr selbst abstempeln. Auf Nummer sicher gehen Sie daher, wenn Sie als vereinfachten Zuwendungsnachweis eine Kopie des Kontoauszugs mit dem Abbuchungsvermerk vorlegen. Wer kein Konto hat, kann weiterhin den Bareinzahlungsbeleg der Bank mit dem Aufdruck „Zahlung erfolgt" seiner Steuererklärung als Nachweis beifügen.

Was sind die Steuervorteile für den Spender?

Spenden, darüber hinaus aber auch Mitgliedsbeiträge an bestimmte Vereine, können beim Spender als Sonderausgaben (§ 10b EStG) bei der Jahressteuererklärung berücksichtigt werden. Sie sind jedoch der Höhe nach begrenzt auf fünf Prozent des Gesamtbetrags der Einkünfte. Bei körperschaftsteuerpflichtigen Unternehmen sind dies fünf Prozent des Einkommens im jeweiligen Kalenderjahr oder wahlweise zwei Promille der Summe der gesamten Umsätze zuzüglich der aufgewendeten Löhne und Gehälter. Der Spendenabzug gilt auch bei der Gewerbesteuer (§ 9 Nr. 5 GewStG). Bei Spenden zur Förderung wissenschaftlicher, mildtätiger und als besonders förderungswürdig anerkannter kultureller Zwecke erhöht sich der Spendenabzugssatz von fünf auf zehn Prozent des Gesamtbetrags der Einkünfte bzw. des Einkommens. Bei Großspenden von mindestens 25.565 € zur Förderung wissenschaftlicher, mildtätiger und kultureller Zwecke kann der Betrag bis zur vollen steuerlichen Berücksichtigung in den zwei vorangegangenen und den fünf nachfolgenden Kalenderjahren bis zur Höhe des jährlichen Höchstsatzes abgezogen werden. Für politische Parteien gelten weitgehende besondere Steuerregelungen für den Spendenabzug!

Spenden richtig verwenden!

Egal, ob für Kuchen- oder Getränkespenden eine Spendenbescheinigung ausgestellt wird: Achten Sie darauf, dass z. B. das Fass Bier nicht auf dem (steuerpflichtigen) Vereinsfest landet, sondern bei begünstigten Gelegenheiten (z. B. Weihnachtsfeier o. Ä.) konsumiert wird. Spenden müssen auf jeden Fall für den steuerbegünstigten Bereich verwendet werden.

Was ist sonst noch wichtig?

Wer trägt die Haftung?

Persönliche Haftung

Finanzämter haben es auf Vereine abgesehen! Mit dieser Schlagzeile berichtete u. a. Capital Ende April 2000 darüber, dass die Existenz vieler Vereine auf dem Spiel steht, wenn die Finanzämter ab Anfang 2000 mit verstärkten Kontrollen das neue Spendenrecht überwachen. Liegt dem Finanzamt eine unrichtige Spendenquittung vor, steigt das Haftungsrisiko für Vereinsführungskräfte: Der Aussteller der Spendenquittung kann mit 40 % des Spendenbetrags durch das Finanzamt persönlich in die Haftung genommen werden, Unkenntnis hilft da als Argument nicht weiter.

Vertrauensschutz

Bereits seit 1990 gibt es im Spendenbereich eine Vertrauensschutzregelung für Spender (§ 10b Abs. 4 EStG, § 9 Nr. 3 KStG). Wer gutgläubig für den Verein spendet, soll keine Nachteile bei ausgestellten Spendenbescheinigungen haben, wenn sich später herausstellt, dass die Spende ggf. vom Verein zweckwidrig verwendet wurde. Ein Vertrauensschutz tritt allerdings dann nicht ein, wenn der Spender selbst sich die Bescheinigung durch falsche Angaben (z. B. zur Höhe der Beträge) verschafft hat oder etwa in seiner Eigenschaft als Vorstandsmitglied über die Unrichtigkeit der Bestätigung informiert war.

Hohes Risiko für Vorstände

Auf der anderen Seite wird es jetzt für den Vorstand oder weitere Vereinsführungskräfte gefährlich, wenn sie Gefälligkeitsbescheinigungen ausstellen oder unrichtige Beträge oder Spenden bescheinigen, die eben keine freiwilligen Zahlungen sind. Der Vorstand haftet selbst, wenn er eine unrichtige Spendenbescheinigung ausstellt oder veranlasst, dass erhaltene Zuwendungen nicht zu steuerbegünstigten Zwecken verwendet werden, mit 40 % des zugewendeten und zweckentfremdeten Betrages (40 % für die Einkommen- und Körperschaftsteuer, § 10b Abs. 4 S. 3 EStG, § 9 Abs. 3 S. 3 KStG; 10 % für die Gewerbesteuer, wenn die betriebliche Spende gewerbesteuerrechtlich möglich war, § 9 Abs. 5 S. 6 GewStG). Dies gilt selbst dann, wenn der Spender die Spende noch nicht einmal bei der Steuererklärung geltend gemacht hat. Das Finanzamt hat sogar ein Auswahlermessen, ob es den Vorstand persönlich oder den Verein in Anspruch nehmen will.

Bei dem Interesse unserer Vereine an (steuerfreien) Einnahmen durch Spenden wird häufig übersehen, dass die Finanzämter jetzt sogar bei Routine-Steuerprüfungen sehr aufmerksam darauf achten, ob nun tatsächlich eine Spende vorliegt oder nicht. Für den verantwortungsvollen Vereinsvorstand muss es zur Pflicht werden, dass er insbesondere dem Kassenwart bzw. Kassierer klare Vorgaben macht, wie Zuwendungen an den Verein steuerlich zu behandeln sind und was bescheinigt werden darf.

Bewirtung von Festbesuchern

Ein örtlicher Gastwirt hat die Bewirtung von Besuchern im Rahmen eines Vereinsfestes übernommen. Er zahlt hierfür eine geringe Umsatzbeteiligung oder vielleicht gar keine Gegenleistung an den Verein. Will der Gastwirt dennoch dem Verein eine Anerkennung zukommen lassen, sollte die Geldspende vielleicht nicht direkt und unmittelbar nach Abschluss der Veranstaltung dem Vereinskonto zufließen. Also vielleicht erst zwei oder drei Monate später, d. h. freiwillig, ohne Anlass.   ◀

Denn unabhängig von dem gut gemeinten Willen des Spenders, der hierfür natürlich eine Spendenbescheinigung wünscht, wird das Finanzamt bei zeitlich unmittelbaren Spenden durchaus in berechtigter Weise prüfen, ob es sich nicht tatsächlich um eine Vergütung handelt, quasi eine Gegenleistung für dieses Zusatzgeschäft aus Anlass des Vereinsfestes.

Wie kann ich mich absichern?

Wichtig ist ab sofort, dass vereinsintern zunächst geklärt wird, wer zur Ausstellung von Spendenbescheinigungen berechtigt ist. Auch der Vorstand darf delegieren, z. B. auf den Kassierer. Auch sollte unbedingt eine Spendenliste geführt werden, die Aussagen darüber enthält, durch welche Vereinsführungskraft, von wem als Spender und in welcher Höhe Zuwendungen erfolgten.

Spendenliste

Doppel der
Spenden-
bescheinigung

Bewahren Sie unbedingt auch das Doppel der Spendenbestätigung (auch Fotokopie) bei den Vereinsunterlagen auf! Für den Nachweis beim Verein dürfte ein Doppel in elektronischer Form ausreichen, falls der PC für den Druck der Spendenbescheinigung eingesetzt wird.

Was ist mit Auslandsspenden?

Prüfen Sie über die Satzung, ob diese überhaupt Fördermaßnahmen im Ausland vorsieht. Eine Zweckverwirklichung von Fördermaßnahmen im Ausland ist grundsätzlich nicht steuerschädlich. Allerdings: Zuwendungen, die direkt ins Ausland geleistet werden, können im Inland nicht als Spenden steuerlich berücksichtigt werden. Soweit z. B. ein Verein Spenden im Inland sammelt, ist es möglich, dass die Mittel zur Verwendung für steuerbegünstigte Zwecke an eine ausländische Körperschaft weitergeleitet werden, wobei der Nachweis einer steuerbegünstigten Verwendung im Ausland nicht erforderlich ist.

Spendenbescheinigungen dürfen also nur für Geld- und Sachspenden inländischer gemeinnütziger Körperschaften erteilt werden!

Bezahlte Mitarbeit im Verein: Worauf muss ich achten?

Der selbstständige Trainer

Nachdem der angestellte Trainer vor der neuen Spielrunde eine Gehaltserhöhung verlangt hatte, wurde zwischen dem Vorstand, dem Kassenwart und dem Trainer einvernehmlich eine selbstständige Tätigkeit vereinbart. Doch zwei Jahre später wurde der Vorstand von der BfA mit der Nachricht überrascht, dass, da der Trainer ausschließlich für den Verein gearbeitet hatte und wie ein Arbeitnehmer eingebunden war, somit rückwirkend und zukünftig Sozialversicherungsbeiträge fällig waren. ◀

Gefahr durch Scheinselbstständigkeit?

Zum 01.01.1999 wurde mit dem „Gesetz zu Korrekturen in der Sozialversicherung und zur Sicherung der Arbeitnehmerrechte" (SV-Korrekturgesetz) vom 19.12.1998 (BGBl. I S. 3843) die Versicherungspflicht in der Sozialversicherung um einen weiteren Personenkreis erweitert. Seit diesem Zeitpunkt unterliegen Selbstständige der Versicherungspflicht in allen Sozialversicherungszweigen, wenn sie bestimmte Voraussetzungen erfüllen, die auf ein abhängiges Beschäftigungsverhältnis hindeuten. Durch das „Gesetz zur Förderung der Selbstständigkeit" wurden dann die gesetzlichen Vermutungskriterien zur Annahme der Scheinselbstständigkeit noch einmal verändert. Zwar wurde über die sog. Hartz-Gesetze zum Jahresbeginn 2003 das SGB geändert und die Vermutungsregelung mit den nachfolgend dargestellten Kriterien gestrichen. Es bleibt aber die Einzelfallprüfung. Der Sozialversicherungsträger muss nun – ohne die bisherigen festgeschriebenen Vorgaben – beweisen, wo nach dem Gesamtbild der Schwerpunkt der Beschäftigung liegt.

Sozialversicherungspflicht

Neue
Definition des
Arbeitnehmers

Der Begriff des Arbeitnehmers wurde neu definiert: Wer bestimmte Kriterien erfüllt, ist sozialversicherungsrechtlich ein Arbeitnehmer oder doch zumindest ein arbeitnehmerähnlicher Selbstständiger. Davon unberührt geblieben ist aber die arbeitsrechtliche Seite bei Scheinselbstständigkeit. Kündigungsschutz, Entgeltfortzahlung, Urlaub und andere Rechte und Privilegien eines Arbeitnehmers werden durch die sozialversicherungsrechtliche Einordnung nicht beeinträchtigt.

Um den arbeitsrechtlichen Begriff der „Scheinselbstständigkeit" wird allerdings schon seit Jahren vor den Arbeitsgerichten gekämpft. Immer wieder klagen Selbstständige oder Subunternehmer auf Feststellung, dass sie bei ihrem vermeintlichen Auftraggeber als Arbeitnehmer beschäftigt sind – mit allen Folgen, die dies für ihren Status bedeutet. Nach der Rechtsprechung ist selbstständig, „wer im Wesentlichen frei seine Tätigkeit gestalten und seine Arbeitszeit bestimmen kann, nicht weisungsgebunden vertraglich geschuldete Leistungen erbringt und nicht im Rahmen einer von seinem Vertragspartner bestimmten Arbeitsorganisation arbeitet."

Tatsächliche
Durchführung
entscheidend

Dabei ist wichtig, dass nicht die vertragliche, theoretische Benennung im Vertrag entscheidend ist, sondern die tatsächliche Durchführung. Der Arbeitgeber kann sich also nicht darauf berufen, auf dem Papier mit dem „Selbstständigen" einen freien Mitarbeitervertrag abgeschlossen zu haben, wenn das Vertragsverhältnis de facto wie ein Arbeitsverhältnis durchgeführt wird.

Kennen Sie die Abgrenzungskriterien?

Nachfolgende Kriterien sprechen für eine Scheinselbstständigkeit, also die Einstufung als Arbeitnehmer:

Kriterien

- Weisungsgebundenheit gegenüber dem Arbeitgeber, und zwar in zeitlicher und fachlicher wie in örtlicher Hinsicht
- Eingliederung in den Betrieb des Auftrag-/Arbeitgebers
- Einbeziehung in den betrieblichen Ablauf
- keine Unternehmerinitiative, kein Unternehmerrisiko
- festes Entgelt
- Anspruch auf Urlaub, Entgeltfortzahlung

- Leistungserbringung in eigener Person, keine Delegationsmöglichkeit an andere Personen
- Arbeitsumfang von anderen bestimmt

Bei diesen Kriterien ist aber Folgendes zu beachten: Es handelt sich nicht um einen (exakten) Kriterienkatalog, der in ähnlicher Weise wie bei der Beurteilung der Sozialversicherungspflicht erfüllt sein muss. Entscheidend ist immer die Gesamtabwägung. In der Praxis hat dies zur Folge, dass durchaus in dem einen oder anderen Fall eines der Indizien vorliegen kann, ohne dass gleich der Schluss auf ein Arbeitnehmerverhältnis gezogen werden darf. *Kein Katalog*

Wer prüft die Arbeitnehmertätigkeit?

Seit dem 01.01.2000 beurteilt die Bundesversicherungsanstalt für Angestellte (BfA) auf Antrag der Beteiligten, ob es sich bei der Beschäftigung bzw. dem Auftragsverhältnis um eine abhängige Beschäftigung oder um Selbstständigkeit handelt. Sowohl Arbeitgeber als auch Arbeitnehmer müssen der BfA die für die Beurteilung erforderlichen Angaben innerhalb einer von der BfA bestimmten Frist machen. *BfA*

Hinweis: In dem neuen Rundschreiben der Spitzenorganisationen der Sozialversicherung vom 26.3.2003 werden die gesamten Vorgaben zur veränderten Versicherungs- und Beitragsregelung zusammengefasst.

Anhand welcher Merkmale wird überprüft?

Bei einer erwerbstätigen Person wird in Zweifelsfällen vermutet, dass sie beschäftigt ist, wenn diese fünf Merkmale vorliegen (§ 2 Ziff. 9 SGB VI):

1. Die Person beschäftigt im Zusammenhang mit ihrer Tätigkeit regelmäßig keinen versicherungspflichtigen Arbeitnehmer, dessen Arbeitsentgelt aus diesem Beschäftigungsverhältnis regelmäßig im Monat 400 € übersteigt, und *Kriterien*
2. ist auf Dauer und im Wesentlichen nur für einen Auftraggeber tätig.

Der bisherige Kriterienkatalog mit der Folge, dass bei Vorliegen von mindestens drei der fünf gesetzlichen Merkmale bereits ein Beschäftigungsverhältnis vorliegt (§ 7 Abs. 4 SGB IV), also die seit 1999 geltende Vermutungs-regelung, ist mit Wirkung ab dem 1.1.2003 entfallen (2. Gesetz für moderne Dienstleistungen am Arbeitsmarkt v. 25.12.2002, BGBl I S. 4621). Dennoch ergeben sich dadurch dem Grunde nach keine Auswirkungen für die oft schwierige Abgrenzung einer Beschäftigung von einer selbstständigen Tätigkeit. Es gilt nach wie vor in Streitfällen der Beschäftigungsbegriff nach § 7 Abs. 1 SGB IV.

Künstlersozialversicherung

Personen, die bereits in der Künstlersozialversicherungskasse versichert sind und bei denen die versicherungsrechtliche Beurteilung von dieser Kasse vorgenommen wurde, werden als Selbstständige betrachtet. Die Scheinselbst-ständigkeit wird für diese Personengruppe nicht vermutet. Das können z. B. Künstler sein, die auf selbstständiger Basis für den Verein tätig werden.   ◄

Wie erhalte ich Rechtssicherheit?

Entscheidung beantragen Sowohl der Arbeitgeber, also z. B. der Verein, als auch der Arbeitnehmer können schriftlich eine Entscheidung bei der BfA beantragen, ob eine Beschäftigung vorliegt oder nicht (§ 7a Abs. 1 SGB IV). Wird die versicherungsrechtliche Beurteilung jedoch bereits von einer Krankenkasse oder z. B. im Rahmen einer Betriebsprüfung durch den Rentenversicherungsträger durchgeführt, bleiben diese für die Feststellung weiterhin zuständig.

Bevor die BfA ihre Entscheidung trifft, werden die Beteiligten über das geplante Ergebnis informiert. Dabei werden auch die Tatsachen angegeben, die zu der Entscheidung geführt haben. Den Beteiligten wird Gelegenheit gegeben, sich zu der beabsichtigten Entscheidung zu äußern (§ 7a Abs. 4 SGB IV). Auch hier wird ihnen wieder eine Frist gesetzt, innerhalb derer sie die Entscheidung der BfA widerlegen können (§ 7a Abs. 5 SGB IV).

Wann beginnt die Versicherungspflicht?

Mit Antrag Das Eintreten der Versicherungspflicht hängt ab 01.01.2000 vom Zeitpunkt der Beurteilung der Tätigkeit ab. Wird die Beurteilung des Beschäftigungs- bzw. Auftragsverhältnisses innerhalb eines Monats nach Aufnahme der Tätigkeit vom Arbeitgeber oder Arbeitnehmer beantragt und stellt die BfA ein versicherungspflichtiges Beschäftigungsverhältnis fest, tritt die Versicherungspflicht mit der Bekanntgabe der Entscheidung ein (§ 7a Abs. 6 SGB V). Die Versicherungspflicht beginnt allerdings ab mit dem Tag der Entscheidung der BfA, wenn der Beschäftigte

- zustimmt und
- für den Zeitraum zwischen Aufnahme der Beschäftigung und der Entscheidung eine Absicherung gegen das finanzielle Risiko von Krankheit und zur Altersvorsorge vorgenommen hat, die der Art nach den Leistungen der gesetzlichen Krankenversicherung und der gesetzlichen Rentenversicherung entspricht.

Wird die Versicherungspflicht von einem Versicherungsträger, also ohne Antrag des Arbeitgebers oder Arbeitnehmers festgestellt, beginnt sie erst mit dem Tag der Bekanntgabe der Entscheidung. Allerdings beginnt die Versicherungspflicht nur dann nicht mit der Aufnahme der Tätigkeit, sondern mit der Bekanntgabe der Entscheidung, wenn

Ohne Antrag

- der Beschäftigte zustimmt,
- er für den Zeitraum zwischen Aufnahme der Beschäftigung und der Entscheidung eine Absicherung gegen das finanzielle Risiko von Krankheit und zur Altersvorsorge vorgenommen hat, die der Art nach den Leistungen der gesetzlichen Krankenversicherung und der gesetzlichen Rentenversicherung entspricht, und
- er oder sein Arbeitgeber weder vorsätzlich noch grob fahrlässig von einer selbstständigen Tätigkeit ausgegangen sind (§ 7b SGB IV).

Was kommt auf den Verein zu?

Als Auftraggeber gelten die Vereine nach § 7 Abs. 4 SGB IV als „Arbeitgeber" der scheinselbstständigen Arbeitnehmer. Damit haben sie alle Pflichten zu erfüllen, die Arbeitgeber im Sozialversicherungsrecht haben. Dazu gehören insbesondere die

- Feststellung der Versicherungspflicht oder –freiheit,
- Ermittlung des beitragspflichtigen Arbeitsentgelts,
- Berechnung und Zahlung des Gesamtsozialversicherungsbeitrags,

- Erstattung der Meldungen nach der Datenerfassungs- und –übermitt-lungsverordnung (DEÜV),
- Führung von Lohnunterlagen.

Was kann das kosten?

Nach § 14 Abs. 4 SGB IV galt für Scheinselbstständige bis 31.12.2002, die nach dem Einkommensteuerrecht als Selbstständige beurteilt werden, als Arbeitsentgelt ein Einkommen in Höhe der amtlichen Bezugsgröße, bei Nachweis eines tatsächlichen höheren oder niedrigeren Einkommens jedoch dieses Einkommen. Zur Vereinfachung wird die Bestimmung des Arbeits-entgelts jedoch an die Regelungen der gesetzlichen Rentenversicherung für Selbstständige geknüpft. Ab 1.1.2003 werden nach § 14 SGB als Arbeitsent-gelt die laufenden oder einmaligen Einnahmen aus der Beschäftigung, sogar Entgeltanteile, die sich durch Entgeltumwandlung reduziert haben, berück-sichtigt. Einzige Ausnahme: stuerfreie Aufwandsentschädigungen und der Übungsleiterfreibetrag nach § 3 Nr. 26 EStG.

Existenzgründer Existenzgründer haben die Möglichkeit, innerhalb von drei Jahren nach Aufnahme der Tätigkeit als Scheinselbstständige einen Antrag auf Beitrags-ermäßigung zu stellen. Die Beiträge werden dann ermäßigt und von der Hälfte der Bezugsgröße (konkrete, aktuelle Beträge bei LVA/BFA nachfra-gen!) berechnet.

Ab wann fallen Beiträge an?

Während die Versicherungspflicht von Scheinselbstständigen mit der Ent-scheidung der BfA eintritt (Ausnahme Vorsatz oder grobe Fahrlässigkeit), werden die Beiträge erst fällig, wenn die Entscheidung über das Vorliegen einer versicherungspflichtigen Beschäftigung unanfechtbar geworden ist (§ 7a Abs. 6 Nr. 2 SGB IV). Die Beiträge werden sofort fällig, wenn der Arbeitgeber oder der Arbeitnehmer grob fahrlässig oder vorsätzlich von einer selbstständigen Tätigkeit ausgegangen sind (§ 7b Satz 1 Nr. 3 SGB IV). Widerspruch und Klage gegen die Feststellung einer versicherungspflichti-gen Beschäftigung haben aufschiebende Wirkung (§ 7a Abs. 7 SGB IV). Wenn ein Arbeitgeber gegen die Entscheidung der BfA Widerspruch und anschließend Klage einlegt, muss er die Sozialversicherungsbeiträge erst zahlen, wenn die Entscheidung der BfA unanfechtbar geworden ist.

> **Nur drei Lohnzahlungszeiträume**
>
> Unabhängig von der aufschiebenden Wirkung von Widerspruch und Klage, dürfen Beitragsanteile des Arbeitnehmers vom Arbeitgeber nur bei den nächsten drei Lohnzahlungszeiträume einbehalten werden (§ 28g SGB IV). Hat das Beurteilungsverfahren z. B. sechs Monate gedauert, kann der Arbeitgeber von nur drei Monaten den Beitragsanteil des Arbeitnehmers einbehalten. Die verbleibenden drei Monate muss der Arbeitgeber in voller Höhe allein tragen. ◄

Wie wird der Scheinselbstständige steuerlich behandelt?

Die neuen, sozialversicherungsrechtlichen Regelungen zur Scheinselbstständigkeit haben zwar durchaus steuerliche Folgen, führen aber nicht unbedingt dazu, dass jeder „Scheinselbstständige" gleichzeitig auch steuerlich zum Arbeitnehmer wird. Die Neuregelung nach § 7 SGB IV ist eine sozialversicherungsrechtliche Regelung, die nicht ohne weiteres auf das Steuerrecht durchschlägt.

Andere Behandlung durch Finanzamt

Es kann sein, dass ein „Scheinselbstständiger" sozialversicherungsrechtlich Beschäftigter wird, steuerlich aber „echter" Selbstständiger bleibt. Auch bei derartigen Fallkonstruktionen müssen aber die steuerlichen Auswirkungen, z. B. auf die Rechnungsstellung (Umsatzsteuer), beachtet werden.

Steuerlich kommt es nicht auf die wirtschaftliche und persönliche Abhängigkeit (wie im neuen § 7 SGB IV) an, sondern auf das unternehmerische Auftreten am Markt. Steuerlich selbstständig sind alle Steuerzahler, die unternehmerische Entscheidungsfreiheit und unternehmerische Chancen, aber eben auch Risiken haben (sog. Unternehmerinitiative und Unternehmerrisiko). Zwei wichtige Gesichtspunkte sprechen immer für die steuerliche Selbstständigkeit:

Unternehmerische Risiken

1. Die (Dienst-)Leistung wird vom Steuerzahler am Markt angeboten. Entscheidend kommt es darauf an, dass die Leistung grundsätzlich am Markt angeboten wird und der Steuerzahler nach außen als Selbstständiger in Erscheinung tritt. Es muss also denkbar sein, dass ihn auch andere Kunden beauftragen, Stichwort Werbung! Die Teilnahme am allgemeinen Marktgeschehen kann dann auch erfüllt sein, wenn die Leistung nur an einen Abnehmer erbracht wird. Probleme können sich dann ergeben, wenn der Steuerzahler einfach seine bisherige Aufgaben

Zwei Gesichtspunkte

als Arbeitnehmer nunmehr selbstständig erbringt, nur für seinen (ehemaligen) Arbeitgeber tätig ist und er weder andere Auftraggeber noch seine Dienstleistung anderen angeboten hat.

2. Der Steuerzahler muss ein so genanntes „Entgeltrisiko" tragen. Das Risiko, bei Ausfallzeiten oder Schlechterfüllung der Leistung kein Honorar zu bekommen, ist ein wichtiges Indiz für die Selbstständigkeit. Mit anderen Worten: Wenn der Steuerzahler nur die Leistung vergütet bekommt, die er tatsächlich erbracht hat, und er unter Umständen damit rechnen muss, dass der Auftraggeber bei Fehlern oder Mängeln keine Vergütung leistet, dann spricht vieles für die Selbstständigkeit und damit für die Unternehmereigenschaft.

Gesamtbild der Umstände entscheidend In der Praxis macht die steuerliche Beurteilung deswegen Schwierigkeiten, weil das „Gesamtbild der Umstände" entscheidend ist. In Zweifelsfällen wird das Finanzamt weitere Kriterien heranziehen, um die Selbstständigkeit zu überprüfen. Dazu gehören auch die organisatorische Einbindung in den Betrieb des Auftraggebers, die Freiheit, Ort und Zeitpunkt der Leistung selbst zu bestimmen, oder die Möglichkeit, daneben noch andere Auftraggeber zu bedienen.

Welche Konsequenzen hat das für meinen Verein?

Ist ein Auftragnehmer sozialversicherungsrechtlich als „Scheinselbstständiger" beurteilt, müssen Sie bei der Abrechnung zwei Fallgruppen bilden:

Zwei Fallgruppen 1. Der Scheinselbstständige gilt auch steuerlich als Arbeitnehmer und nicht mehr als Unternehmer. In der Praxis sollte versucht werden, durch eine Rechnungsberichtigung die bisher ausgewiesene Umsatzsteuer rückgängig zu machen. Für den Auftraggeber, z. B. den Trainer, ist wichtig, dass er die zu Unrecht an den Auftragnehmer bezahlte Umsatzsteuer von diesem zurückfordert. Die Rechnungsberichtigung durch den Auftragnehmer erfordert auch eine Berichtigung der Umsatzsteuererklärungen bzw. Umsatzsteuer-Voranmeldungen, sowohl für den Auftragnehmer als auch für den Auftraggeber. Dieses Verfahren sollte aber nur angewandt werden, wenn sich beide Beteiligten sicher sind, dass keine Unternehmereigenschaft mehr vorliegt.

2. Der Scheinselbstständige gilt weiterhin steuerlich als Unternehmer. In diesem Fall muss der Auftragnehmer seinem Verein weiterhin Rechnungen mit Ausweis der Umsatzsteuer stellen. Der Verein wird nun Beitragsschuldner für die Sozialversicherung. Zumindest den Arbeitnehmeranteil muss er vom Rechnungsbetrag einbehalten und an die Krankenkasse abführen. Auf diesen Arbeitnehmeranteil muss aber Umsatzsteuer abgerechnet werden, weil es sich umsatzsteuerlich um „Entgelt" handelt. Umsatzsteuerlich zählt alles zum steuerpflichtigen Entgelt, was der Leistungsempfänger (Kunde/Auftraggeber) aufwendet (bezahlt), um die Leistung zu erhalten.

Zur Klärung des sozialversicherungsrechtlichen Status gibt es von der BfA den Vordruck VO 27 mit der Möglichkeit, dass vor einer Betriebsprüfung einzelfallbezogen die Tätigkeit des Vereinsmitarbeiters als Selbstständiger oder „abhängig" Beschäftigter über dieses Antragsverfahren geklärt werden kann.

Klärung des Status

Rechtliche Situation besprechen

Besprechen Sie unbedingt die veränderte rechtliche Situation zwischen dem Vorstand und z. B. dem Vertragspartner als bisher selbstständig Tätigem. Überprüfen Sie vorrangig gerade ältere Verträge und Vereinbarungen, ob diese noch Hinweise auf mögliche Arbeitnehmerkomponenten enthalten. War es früher das Ziel von Vereinen, einen qualifizierten Selbstständigen nahezu ausschließlich für Vereinsbelange einzusetzen, ihn zu „binden", sollte jetzt ein Freiraum geschaffen werden, der zusätzliche Aufträge zulässt. ◄

Hinweis: Durch das 2. Gesetz für moderne Dienstleistungen am Arbeitsmarkt wurde zum 31.12.2002 zwar die Vermutungsregelung nach § 7 Abs. IV SGB IV gestrichen. Dennoch erfolgt auch weiterhin die grundsätzliche Beurteilung, ob eine abhängige oder selbständige Tätigkeit vorliegt, nach den Kriterien des § 7 Abs. 1 SGB IV und den Entscheidungen nach der Rechtsprechung des Bundessozialgerichts.

Antrag zur Statusfeststellung

Die BfA in Berlin hat eine bundesweite Clearingstelle für sozialversicherungsrechtliche Statusfragen eingerichtet. Auf Antrag des Vereins können Sie bei unklarer Beurteilung eine amtliche Auskunft per Bescheid einholen. Dies hat den Vorteil, dass die Stellungnahme dann auch bei gleichen rechtlichen und tatsächlichen Verhältnissen für weitere und künftige Auftragnehmer gilt, soweit der selbstständige Status angestrebt wird. Fordern Sie den Vordruck V027 bei der BfA an. ◄

Setzen Sie für Verträge mit freien Mitarbeitern die Muster auf Ihrer CD-ROM ein, insbesondere auch den Mustervertrag für selbstständige Sporttrainer/Übungsleiter entsprechend nachfolgend erläuterter Sonderregelung.

Positiver Bescheid

Hier ein Auszug aus einem positiven Bescheid für einen „Selbständigen" bei Zusammenarbeit mit einem Verein. Beachten Sie die kurz gefassten Begründungsmerkmale:

„Eine Eingliederung in die Arbeitsorganisation des Vereins als Auftraggeber ist nicht gegeben. Weisungen, die Zeit, Dauer, Ort der zu beurteilenden Tätigkeit sowie Art und Weise von deren Durchführung betreffen, können nicht einseitig im Wege des Direktionsrechts erteilt werden. In dieser Tätigkeit besteht daher keine persönliche Abhängigkeit zum Auftraggeber. Nach Gesamtwürdigung aller zur Beurteilung der Tätigkeit relevanten Tatsachen überwiegen die Merkmale für eine selbstständige Tätigkeit". ◄

Zur neuen Mini-Job-Regelung

Bereits seit dem 01.04.2003 können Vereinsmitarbeiter bis zu 400 € monatlich verdienen, ohne dass hierfür zumindest aus der Sicht des Vereinshelfers Sozialabgaben oder Steuern zu zahlen sind. Dazu kurz folgende Übersicht:

Übersicht • Die Arbeitsentgeltgrenze für geringfügig Beschäftigte steigt von 325 € auf 400 € monatlich. Ab dem 01.04.2003 hat dann der Verein als Arbeitgeber eine Pauschalabgabe in Höhe von insgesamt 25 % zu tragen (12 % Rentenversicherung, 11 % Krankenversicherung, 2 % Lohnsteuer).

• Den Krankenversicherungsbeitrag hat der Verein nur dann zu übernehmen, wenn der Vereinsmitarbeiter in der gesetzlichen Krankenversicherung als Mitglied oder Familienangehöriger versichert ist. Bei einer privaten Mitgliedschaft in der Krankenversicherung, z. B. als Beamter oder als Selbstständiger, entfällt auch diese 11%ige Belastung für den Verein.

- Mit dem geringen Pauschsteuersatz in Höhe von 2 % kann auf die Vorlage der Steuerkarte verzichtet werden. Die bis Ende März geltenden Freistellungsbescheinigungen für geringfügige Beschäftigungsverhältnisse der Finanzämter sind dann nicht mehr gültig.

- Bisher schon beschäftigte Vereinsmitarbeiter, deren Verdienst zwischen 325,01 € und 400 € liegt, bleiben zunächst einmal versicherungspflichtig. Eine Befreiung ist jedoch möglich, wenn bis zum 30.06.2003 eine entsprechende Erklärung gegenüber dem Arbeitgeber abgegeben wurde.

- Ab dem 01.04.2003 entfiel die Voraussetzung bei Beschäftigungen auf der 325 €-Basis, dass die Beschäftigungsdauer wöchentlich weniger als 15 Stunden betragen muss.

- Soweit Mitarbeiter mehr als 400 € verdienen, besteht bis zum Betrag von 800 € eine günstige Gleitzonenregelung. Der Verein als Arbeitgeber muss allerdings den vollen hälftigen Arbeitgeberanteil übernehmen, beim Vereinsmitarbeiter wird jedoch der Arbeitnehmeranteil nicht vom tatsächlichen Gehalt, sondern aus einem verringerten Betrag berechnet. Diese Gleitzonenregelung gilt nicht für Ausbildungskräfte bei Vereinen. *(Gleitzonenregelung)*

- Zuständig ist ab dem 01.04.2003 nicht mehr die Krankenkasse, sondern sowohl für das Meldeverfahren als auch für den Beitragseinzug die Bundesknappschaft, Verwaltungsstelle Cottbus, August-Bebel-Str. 85, 03048 Cottbus (Tel. 0355/357-0; www.bundesknappschaft.de).

Was bedeutet dies für den Verein?

Der Verein als Arbeitgeber sollte zunächst einmal für die sozialversicherungsrechtliche Beurteilung stets zwischen einer geringfügigen und einer kurzfristigen Beschäftigung trennen.

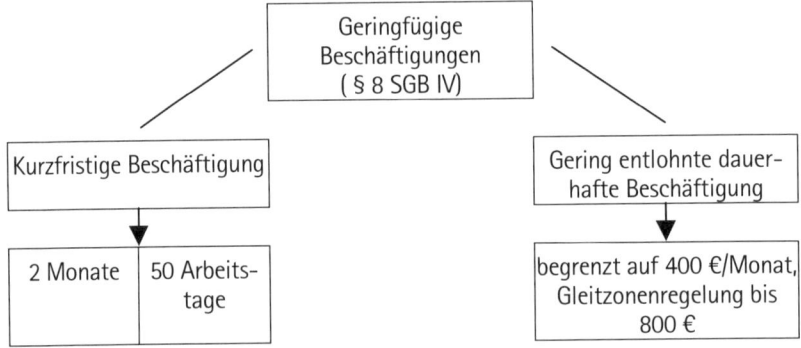

Was sind kurzfristige Beschäftigungen?

Eine kurzfristige Beschäftigung wird nur dann anerkannt, wenn das Arbeitsverhältnis mit dem Verein von vornherein durch Arbeitsvertrag oder „nach der Natur der Sache" auf längstens zwei Monate oder 50 Arbeitstage innerhalb eines Kalenderjahres befristet ist und die Nebentätigkeit nicht berufsmäßig ausgeübt wird.

Vereinsfreizeit

Der gemeinnützige Verein benötigt für die Betreuung der Vereinsjugend während der Vereinsfreizeit im Juli zwei Studenten als Betreuer. Vereinbart wird für die drei Wochen eine Vergütung von 1.500 €. Da die Tätigkeit zeitlich begrenzt ist, darf die 400 €-Grenze überschritten werden. Die kurzfristige Beschäftigung ist sozialversicherungsfrei. Allerdings muss sich der Verein entweder die Lohnsteuerkarte vorlegen lassen oder aber prüfen, ob der Verdienst mit 25 % pauschal versteuert werden kann.   ◄

Egal, ob Dritte oder Vereinsmitglieder kurzfristig beschäftigt werden, und unabhängig von der Befreiung von Sozialversicherungsabgaben darf die Beschäftigung nicht mehr als 18 zusammenhängende Arbeitstage dauern, ohne arbeitsfreies Wochenende, Feiertage, Krankheits- und Urlaubstage. Für diese Aushilfstätigkeiten darf der Verdienst durchschnittlich nicht über 62 € je Arbeitstag liegen oder, falls die Beschäftigung zu einem unvorhergesehenen Zeitpunkt sofort erforderlich wird, der durchschnittliche Stundenlohn im Kalenderjahr nicht über 12 € liegen.

Soweit z. B. Bedienungen an mehreren Vereinsfesten arbeiten, müssen Sie also die Gesamtbeschäftigungsdauer ermitteln. Kurzfristige Vergütungen bleiben nur dann sozialversicherungsfrei, wenn bei einer Arbeitszeit von weniger als fünf Arbeitstagen die Befristung von 50 Arbeitstagen insgesamt pro Jahr beachtet wird.

Vorsicht bei Vertragsverlängerungen

Darauf sollten Sie achten: Immer dann, wenn eine Beschäftigung entgegen der ursprünglichen Vereinbarung oder Planung über zwei Monate oder 50 Arbeitstage hinausgeht, tritt vom Tage des Überschreitens an die Sozialversicherungspflicht ein. Vorsicht also bei Vertragsverlängerungen: Stellt sich nämlich schon im Laufe der Beschäftigung heraus, dass sie länger als zwei Monate bzw. 50 Arbeitstage dauert, tritt die Versicherungspflicht bereits ab dem Tage ein, von dem an die Überschreitung für den Verein als Arbeitgeber erkennbar wird.   ◄

Vereinsprojekt dauert länger

Für ein Vereinsprojekt wird mit dem Vereinshelfer vereinbart, dass er im Zeitraum vom 01.08.2003 bis zum 15.09.2003 als Aushilfe arbeitet. Wenige Tage vor dem Ende stellt der Vorstand fest, dass das Projekt noch nicht abgeschlossen ist. Man einigt sich auf eine Verlängerung der Tätigkeit bis 15.10.2003.

Dies könnte dazu führen, dass bereits am 12.09.2003 dem Grunde nach eine Versicherungspflicht besteht, da es spätestens dann erkennbar war, dass der vorgegebene Beschäftigungszeitraum von zwei Monaten bzw. 50 Arbeitstagen überschritten wird. Allerdings bleibt es für die zurückliegende Zeit dann bei der Sozialversicherungsfreiheit.   ◄

Übergang zu geringfügig entlohnter Beschäftigung

Liegt, ausgehend von oben genanntem Beispiel, das vereinbarte Arbeitsentgelt nicht über 400 € pro Monat, kann der Verein, obwohl das Kurzfristigkeitsmerkmal nicht mehr vorliegt, auf eine geringfügig entlohnte Beschäftigung übergehen und damit die Versicherungsfreiheit erreichen. Allerdings bedeutet das, dass der Verein die Pauschalabgaben in Höhe von 25 % (maximal) aus dem Entgelt im Regelfall übernehmen muss.   ◄

Was gilt für dauerhaft geringfügige Beschäftigungen?

Keine Begrenzung der wöchentlichen Arbeitszeit In diesem Bereich wirkt sich vorrangig die neue 400 €-Mini-Job-Regelung aus. Ab April 2003 kommt es nur darauf an, ob die monatliche Verdienstgrenze von 400 € eingehalten wird. Unberücksichtigt bleibt die bisherige (bis Ende März 2003) Festlegung eines Stundenlohns auf höchstens 12 €, weggefallen ist auch die Begrenzung der wöchentlichen Arbeitszeit auf weniger als 15 Stunden.

Bei einem schwankenden Arbeitsentgelt, z. B. bei Zahlungen etwa an Sportler, die neben einer monatlichen Vergütung auch Prämien etc. erhalten, muss also – für einen Zeitraum von drei Monaten – eine Prognose gestellt werden, ob im Durchschnitt die 400 €-Grenze eingehalten wird. Hierauf sollten Sie achten:

- Über die Mini-Job-Regelung sind dem Grunde nach nur Nebentätigkeiten begünstigt. Dies setzt also voraus, dass mit Ausnahme von Rentnern, Arbeitslosen oder Studenten eine Hauptbeschäftigung ausgeübt wird.
- Neu ist, dass seit April 2003 eine Zusammenrechnung der Vergütung aus der Hauptbeschäftigung mit dem Entgelt aus der Nebentätigkeit entfällt, soweit die 400 €-Grenze eingehalten wird.

Prioritätsprinzip - Hauptbeschäftigung und eine Nebentätigkeit – kein Problem. Aber sobald erkennbar ist, dass neben der Hauptbeschäftigung mehrere geringfügig entlohnte Beschäftigungen ausgeübt werden, bleibt zunächst nur die erste Nebenbeschäftigung sozialversicherungsfrei. Es gilt also das sog. Prioritätsprinzip. Alle übrigen geringfügigen Beschäftigungen werden versicherungspflichtig, da sie mit der Hauptbeschäftigung zusammengerechnet werden.

Achten Sie daher bei Ihrem Verein darauf, dass Sie von Ihren dauerhaft beschäftigten und geringfügig entlohnten Mitarbeitern eine Erklärung über ausgeübte Nebenbeschäftigungen bei Beginn des Beschäftigungsverhältnisses erhalten. Eine solche Erklärung finden Sie auf Ihrer CD-ROM.

Pauschalbeiträge und -steuern Der Verein als Arbeitgeber ist unabhängig von der dargelegten Sozialversicherungsfreiheit verpflichtet, die Pauschalbeiträge von 12 % zur Rentenversicherung und 11 % zur Krankenversicherung zu übernehmen. Zudem kann die Steuerlast mit 2 % pauschal abgegolten werden. Es gibt folgende Möglichkeiten:

- Ist der Vereinshelfer etwa als Beamter bzw. als für die Rentenversicherung Versicherter in einer berufsständischen Versicherung von der Versicherungspflicht befreit, muss der Verein trotzdem, obwohl sich dies in keiner Weise zugunsten des Beschäftigten auswirkt, den Pauschalbeitrag von 12 % übernehmen und an die Bundesknappschaft abführen.
- Eine Befreiung von der Krankenversicherung ist dann möglich, wenn erkennbar wird, dass der Mitarbeiter z. B. als Beamter nicht gesetzlich krankenversichert ist.
- Möglich ist darüber hinaus, dass der Verein von der 2%igen Pauschalsteuerregelung keinen Gebrauch macht, wenn der Mitarbeiter stattdessen eine Steuerkarte vorlegt.

Frühzeitig Erkundigungen einziehen

Klären Sie für Ihren Verein unbedingt im Vorfeld, ob der Vereinshelfer nur kurzfristig als Aushilfe eingestellt werden soll oder ob man von einer dauerhaften, jedoch geringfügig entlohnten Beschäftigung ausgehen muss. Erkundigen Sie sich bei dem Mitarbeiter über seine persönliche sozialversicherungsrechtliche Situation, um möglicherweise die Abgabenlast bei der Krankenversicherung und evtl. auch bei der Pauschalsteuer zu reduzieren. Vereinbaren Sie im Hinblick auf den Umfang der Tätigkeit ein Monatsverdienst, der über 400 € liegt, sollten Sie die Gleitzonenregelung bis 800 € im Auge behalten. Auf den Verein kommt dann nach den Vorgaben zur Gleitzonenregelung aus dem tatsächlichen Gehalt der volle hälftige Arbeitgeberanteil zu, lediglich der Arbeitnehmer wird nicht mit dem vollen hälftigen Sozialversicherungsbeitrag belastet. ◄

Bei der dauerhaften, geringfügig entlohnten Beschäftigung kann durchaus auch einmal die Entgeltgrenze von 400 € ohne sozialversicherungsrechtliche Konsequenzen überschritten werden, und zwar dann, wenn aus der Sicht des Vereins durch ein unvorhersehbares Ereignis ein weiter gehender Arbeitseinsatz des bisher geringfügig beschäftigten Mitarbeiters erforderlich wird, also für die Fälle der nicht eingeplanten, zusätzlichen Krankheitsvertretung etc. Wird hierbei die Zweimonats-Grenze eingehalten, bleibt auch ein Zusatzverdienst über die 400 € sozialversicherungsfrei. Nicht möglich sind aber z. B. eingeplante Mehrarbeiten im Rahmen einer Urlaubsvertretung und Anwendung der Mini-Job-Regelung.

Unvorhergesehenes Ereignis

Zur Aufstockungsmöglichkeit im Bereich der Rentenversicherung

Die neue Mini-Job-Regelung bietet auch die Chance, dass Vereinsmitarbeiter auf die Möglichkeit der Versicherungsfreiheit verzichten können, wenn sie bereit sind, aus eigenen Mitteln den vom Arbeitgeber zu zahlenden Pauschalbeitrag zur Rentenversicherung von 12 % bis zum jeweiligen Höchstsatz (für das Jahr 2003 bisher 19,5 %) selbst aufzufüllen. Gerade für Hausfrauen, die z. B. im Verein einer geringfügigen Beschäftigung nachgehen, bietet sich hier die Möglichkeit, mit einem relativ bescheidenen Eigenbeitrag sogar einen gewissen Anspruch auf Rehabilitation, Rente wegen verminderter Erwerbsunfähigkeit bis hin zur vorgezogenen Altersrente zu erwerben. Im Klartext: Bei einer Monatsvergütung von 400 € und einem Verzicht auf die Versicherungsfreiheit beträgt der Eigenanteil bei 7,5 % Differenz 30 €.

Kombination Übungsleiter und Mini-Job

Auch die Kombination Übungsleiter und Mini-Job ist möglich. Dem Grunde nach bedeutet dies, dass die Verdienstgrenze für eine regelmäßige Übungsleitertätigkeit als Nebenbeschäftigung bis zu 554 € pro Monat betragen darf (400 € zzgl. 154 € als monatlicher Übungsleiter-Freibetrag).

Wie sieht es bei Schülern/Studenten aus?

Insbesondere Schüler, die z. B. während der Schulferien befristet oder gar unbefristet in der unterrichtsfreien Zeit nebenher für den Verein tätig werden, bleiben als echte Aushilfen von der Sozialversicherung befreit. Bei regelmäßiger Tätigkeit und einer Entlohnung von nicht mehr als 400 € hat der Verein als Arbeitgeber die Pauschalbeiträge in Höhe von 25 % zu übernehmen. Gänzlich versicherungsfrei bleibt eine Vergütung während eines Praktikums, etwa von Schülern von Fachoberschulen.

Für die Beschäftigung von Studenten folgender Überblick:

Dauerhaft beschäftigt

Arbeitszeit	Entgelt	Sozialversicherung
Ohne Begrenzung	Bis 400 € pro Monat	11 % Pauschalbeitrag in der KV, falls gesetzlich krankenversichert; 12 % Pauschalbeitrag zur RV
Ohne Begrenzung, max. 20 Std./Woche, Semesterferien unbegrenzt	Über 400 € pro Monat	Versicherungsfrei: KV, PV, ALV; RV-pflichtig
Mehr als 20 Stunden, Ausnahmen möglich	Ohne Bedeutung	Grundsätzlich versicherungspflichtig, Ausnahme: Befristung auf max. zwei Monate*; in den Semesterferien versicherungsfrei in der KV, PV und ALV

* Beschäftigungen von Studenten sind in der Rentenversicherung versicherungsfrei, wenn sie von vornherein auf nicht mehr als zwei Monate oder 50 Arbeitstage befristet sind und nicht berufsmäßig ausgeübt werden. Vorbeschäftigungszeiten innerhalb des Kalenderjahres werden auf die Grenzen angerechnet.

Kurzfristig beschäftigt:

Befristet	Berufsmäßig	Sozialversicherung
Bis zwei Monate; Arbeitszeit über 20 Stunden/Woche	Insgesamt nicht mehr als zwei Monate	Versicherungsfrei
Bis zwei Monate; Arbeitszeit über 20 Stunden/Woche	Insgesamt mehr als zwei Monate, aber nicht mehr als 26 Wochen im Kalenderjahr	Versicherungsfrei in der KV, PV und ALV; versicherungspflichtig in der RV
Bis zwei Monate; Arbeitszeit über 20 Stunden/Woche	Insgesamt mehr als 26 Wochen im Kalenderjahr	Versicherungspflichtig in der KV, PV und ALV; versicherungspflichtig in der RV
Über zwei Monate, aber ausschließlich in den Semesterferien; Arbeitszeit über 20 Stunden/Woche	Insgesamt mehr als 26 Wochen im Kalenderjahr	Versicherungsfrei in der KV, PV und ALV; versicherungspflichtig in der RV

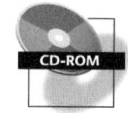

Unabhängig von der möglichen Sozialversicherungsfreiheit müssen Sie natürlich auf die steuerlichen Konsequenzen achten, also Vorlage einer Steuerkarte oder, falls z. B. die Studentin als regelmäßige Bedienung für bis zu 400 € pro Monat in der Vereinsgaststätte arbeitet, die Übernahme der

Steuerliche Konsequenzen

2%igen Pauschalsteuer durch den Verein. Denn die Pauschalsteuer-Regelung von 2 % ist nur eine Kann-Vorschrift. Es kommt also darauf an, was Sie nun tatsächlich mit dem Mitarbeiter arbeitsvertraglich vereinbaren. Gerade bei Studenten (übrigens auch bei Rentnern), die noch ihre erste Lohnsteuerkarte frei haben, kann sich eine Abrechnung auf Steuerkarte lohnen, da wegen der steuerlichen Grundfreibeträge eine geringfügige Beschäftigung bei Anwendung der Steuerklasse I zu keinerlei Steuerkonsequenzen führt.

Hauptbeschäftigung im Verein

Ein abschließender Warnhinweis: Unzulässig ist nach wie vor die Vereinbarung eines zusätzlichen Mini-Job-Arbeitsverhältnisses beim Verein, soweit der betreffende Arbeitnehmer dort auch eine Hauptbeschäftigung ausübt. Es ist also nicht möglich, dass z. B. die Mitarbeiterin der Geschäftsstelle wegen zusätzlichem Arbeitsaufwand noch ergänzend 400 € auf Mini-Job-Basis erhält. ◄

Kann die Vorstandsarbeit honoriert werden?

Gerade die neue Mini-Job-Regelung bietet auch für die Vorstandsarbeit die Möglichkeit, dass man für die Vereinsführungskräfte eine Vergütung zahlt, die bei Beibehaltung der 400 €-Grenze für den Vorstand damit sozialversicherungs- und steuerfrei bleibt. Interessant ist dies gerade für die Fälle, in denen der Vorstand eine pauschale Aufwandsentschädigung ohne Einzelnachweis und Abrechnung gegenüber dem Verein auf Dauer erhalten soll. Damit jedoch der Verein hier keine gemeinnützigkeitsrechtlichen Probleme erhält, muss er wegen des Grundsatzes der Ehrenamtlichkeit entweder die Satzung dahin gehend ändern, dass auch eine angemessene Vergütung an Vorstandsmitglieder bezahlt werden darf, oder aber es muss für den Fall einer Überprüfung des Vereins etwa aus dem Protokoll der Mitgliederversammlung ein entsprechender Beschluss über die Zahlung einer Vergütung an ehrenamtliche Vorstandsmitglieder belegbar sein.

Lohnkonto anlegen Bei einer Vergütung etwa bis zu 400 € darf es sich jedoch nicht um einen „Ehrensold" handeln, sondern der Verein muss wie bei einem vergleichbaren dritten Vereinsmitarbeiter als Arbeitgeber ein Lohnkonto anlegen und natürlich darauf achten, dass diese Vergütung neben der separaten Hauptbeschäftigung gezahlt wird. Um von vornherein Probleme bei späteren Vereinsprüfungen zu vermeiden, kann es durchaus empfehlenswert sein, vor Beginn eines Arbeitsverhältnisses auf Mini-Job-Basis für den bislang ehrenamtlichen Vereinsvorstand den Kontakt mit dem Vereins-Finanzamt aufzunehmen, ob gegen diese Vorgehensweise bei Darlegung des Einzel-sachverhalts Bedenken bestehen.

Wehrpflichtige, Arbeitssuchende und sonstige Personengruppen

Vereine können im Übrigen durchaus auch auf die bewährte Unterstützung von Vereinsmitgliedern zurückgreifen, soweit diese neben ihrem Wehr- oder Zivildienst zusätzlich für ihren Verein eine dauerhafte, geringfügig bezahlte Beschäftigung ausüben. Gleiches gilt für Personen, bei denen das Hauptarbeitsverhältnis wegen der Inanspruchnahme der Elternzeit ruht.

Dem Grunde nach unproblematisch, zumindest aus der Sicht des Vereins, ist auch die Beschäftigung von Arbeitsuchenden bzw. Personen, die Arbeits-losenhilfe beziehen. Allerdings sollten Sie diese engagierten Vereinsmitar-beiter darauf hinweisen, dass nicht nur das Arbeitsamt hierüber informiert werden muss, sondern möglicherweise ein Anspruch auf Arbeitslosengeld oder Arbeitslosenhilfe entfällt, wenn nach den AFG-Vorschriften bei einer derartigen Nebenbeschäftigung die mögliche Arbeitszeit über 15 Stunden liegt. Aber selbst wenn diese Grenze eingehalten ist, sollte der für den Ver-ein engagierte Mitarbeiter zumindest wissen, dass er wegen der Höhe dieser Nebeneinkünfte vielleicht mit einer Verminderung seines Anspruchs auf Arbeitslosengeld bzw. -hilfe von Seiten des Arbeitsamtes rechnen muss.

Arbeitslosengeld evtl. gekürzt

Davon wird man ausgehen können: Ein Bezieher von Arbeitslosengeld bzw. -hilfe darf max. 165 € + Werbungskosten (nicht pauschal) hinzuverdienen. Werbungskosten wären z. B. die Monatskarte der öffentlichen Verkehrsbe-triebe. Wer also z. B. beim Verein 300 € verdient, dem werden die Kosten der Monatskarte vom Verdienst abgezogen und die Differenz des übrig gebliebenen Betrags ab 165 € aufwärts in Anwendung von § 141 SGB III an-gerechnet.

Es spielt hier auch keine Rolle, ob man als Übungsleiter vom Verein bezahlt wird. Hier gilt wie bei jeder Art von Nebeneinkommen ebenfalls der An-rechnungsgrundsatz. Wichtig ist nach wie vor, dass man nicht mehr als 14,9

Stunden pro Beschäftigungswoche „arbeitet". Sonst gilt man als Vereinshelfer nicht mehr als arbeitslos i. S. v. § 118 SGB III.

Bezieher von Renten und Pensionen

Der gleiche Hinweis sollte durch den Verein ggf. auch gegenüber Renten- und Pensionsbeziehern erfolgen. Wer noch nicht die volle Altersrente erhält, sondern z. B. ein vorgezogenes Altersruhegeld oder eine Rente wegen Erwerbsminderung, sollte sich vor Abschluss einer arbeitsvertraglichen Regelung beim Rentenversicherungsträger danach erkundigen, ab welcher Höhe der Zusatzeinkünfte möglicherweise eine Minderung beim Rentenbezug eintritt.

Die Hinzuverdienstgrenze bei der Beschäftigung eines Rentners, der z. B. Rente wegen Schwerbehinderung bezieht, beträgt im Jahr 2003 1/7 der amtlichen Bezugsgröße, also konkret 340 €, ohne dass es übrigens auf die Stundenanzahl ankommt. Ein höherer Verdienst kann also zu einer Minderung der Rentenleistung führen.

Arbeitsrecht und Mini-Jobs

Vielfach übersieht die Vereinsführung, dass unabhängig von der sozialversicherungsrechtlichen und steuerlichen Einstufung auch Geringverdiener beim Verein arbeitsrechtlich als Arbeitnehmer mit allen Rechten und Pflichten wie Vollzeitbeschäftigte gelten. Vom Mutterschutz, Erziehungsurlaub bis hin zum Kündigungsschutz bestehen für geringfügig Beschäftigte die gleichen arbeitsrechtlichen Ansprüche. Eine wichtige Ausnahme: Für einen Anspruch auf Entgeltfortzahlung besteht zunächst eine vierwöchige Wartezeit. Aushilfen, die z. B. nur für kürzere Zeiträume, also maximal bis vier Wochen, eingestellt werden, können daher dem Grunde nach keinen Anspruch auf Entgeltfortzahlung im Krankheitsfall gegenüber dem Verein geltend machen.

Sonstige Meldepflichten

Beachten Sie als Verein auch, dass die Aushilfen über die Berufsgenossenschaft Versicherungsschutz erhalten. Denken Sie bei Verbandsanschluss, z. B. im Sportbereich, an mögliche Gruppenversicherungsverträge!

Vertrauensbasis

Die Zusammenarbeit mit geringfügig Beschäftigten erfolgt natürlich auf einer gewissen Vertrauensbasis. Hat also der Verein als Arbeitgeber zu Beginn des Beschäftigungsverhältnisses die Erklärung erhalten, dass keine weiteren Beschäftigungsverhältnisse bei anderen Vereinen/Arbeitgebern vorliegen, also das Beschäftigungsverhältnis beim Verein die erste Nebenbeschäftigung neben dem Hauptberuf war, kommt der Verein aus der Haftung. Selbst wenn sich ggf. zu einem späteren Zeitpunkt herausstellt, dass der betreffende Arbeitnehmer dem Verein gegenüber falsche Angaben gemacht hat. Stellt der Sozialversicherungsträger zu einem späteren Zeitpunkt, ggf. aufgrund der Durchführung des Meldeverfahrens fest, dass von Anfang an eine Versicherungspflicht bestanden hat, so sieht die Neuregelung nach § 8 Abs. 2 S. 3 SGB IV seit dem 01.04.2003 vor, dass erst mit der Bekanntgabe dieser Feststellungen durch die Bundesknappschaft oder den Rentenversicherungsträger die Versicherungspflicht beginnt. Damit reduziert sich auch die Vorstandshaftung. Denn der Verein, ggf. auch der Vorstand, gerät nur dann in die Haftung, wenn er sich als Arbeitgeber bei der Aufklärung der versicherungsrechtlichen Beurteilung grob fahrlässig oder sogar vorsätzlich verhält bzw. gegenüber dem Sozialversicherungsträger wissentlich falsche Angaben macht.

Auf der sicheren Seite sind Sie daher, wenn Sie von jeglichen Beschäftigten auf Mini-Job-Basis die schriftliche Erklärung über die Anzahl der sonstigen Beschäftigungsverhältnisse zu den Akten nehmen.

Zur Zusammenrechnung mehrerer Beschäftigungsverhältnisse

Übt ein Beschäftigter mehrere geringfügig entlohnte Beschäftigungen aus, sind die jeweiligen Arbeitsentgelte zusammenzurechnen. Überschreitet das Gesamtarbeitsentgelt die 400-€-Grenze, liegen sozialversicherungspflichtige Beschäftigungsverhältnisse vor.

Mehrere Beschäftigungsverhältnisse

Das im Hauptberuf angestellte Vereinsmitglied A ist vom Sportverein zur Reinigung des Vereinsheims zusätzlich beschäftigt. Die Frau ist zu diesem Zweck vier Stunden in der Woche tätig und erhält dafür ein Entgelt in Höhe von 110 € pro Monat. Daneben ist sie in einem Lebensmittelgeschäft seit Juli 2003 als Aushilfe beschäftigt, wofür sie ein Entgelt in Höhe von 250 € pro Monat erhält.

Lösung: Zur sozialversicherungsrechtlichen Beurteilung sind die Entgelte bei-
der Beschäftigungsverhältnisse zusammenzurechnen. In der Summe erhält A
ein Entgelt in Höhe von 360 € im Monat. Damit ist die Entgeltgrenze eingehalten. Frau A ist jedoch nur bei ihrer ersten Beschäftigung für den Verein
selbst sozialversicherungsfrei: Der Verein trägt die 25 % Pauschalbeiträge. Die
zweite Nebenbeschäftigung wird hingegen zum Hauptjob hinzugerechnet:
Von den 250 € müssen die vollen Sozialversicherungsbeiträge (50 % Arbeitgeber, 50 % Arbeitnehmer) abgeführt werden, was die Nettovergütung von
Frau A erheblich mindert. Zudem muss die Besteuerung der 250 € entweder
über die Lohnsteuerkarte oder pauschal mit 20 % erfolgen.   ◀

Freiwillige Rentenbeiträge

Der Vereinshelfer hat die Möglichkeit, auf die Versicherungsfreiheit in der
Rentenversicherung zu verzichten (§ 5 Abs. 2 Satz 2 SGB VI). Der Helfer
hat dann die Beiträge, die der Verein aus dem Entgelt der geringfügig entlohnten Beschäftigung pauschal abzuführen hat, auf die Höhe des vollwerti-
gen Pflichtbeitrags aufzustocken. Dadurch erwirbt er Ansprüche auf das
volle Leistungsspektrum der Rentenversicherung, also auch Ansprüche auf
eine Rente wegen Berufs- oder Erwerbsunfähigkeit, vorgezogene Altersrente, Anspruch auf Rehabilitation oder Rentenberechnung nach dem Min-
desteinkommen.

Bei einem monatlichen Arbeitsentgelt in der geringfügig entlohnten Beschäftigung in Höhe von 400 € beschränkt sich der Arbeitnehmerbeitrag auf
die Aufstockung des pauschalen Arbeitgeberbeitrags in Höhe von zwölf auf
19,5 %. Der Arbeitnehmer muss in diesem Fall also zusätzlich 7,5 % aufbringen.

Hinweispflicht   Der Verein als Arbeitgeber ist verpflichtet, den geringfügig entlohnten Beschäftigten darauf hinzuweisen, dass dieser in der gesetzlichen Rentenversicherung die Stellung eines versicherungspflichtigen Arbeitnehmers erwerben kann, wenn er auf die Versicherungsfreiheit verzichtet.

Der Arbeitnehmer muss den Verzicht auf die Rentenversicherungsfreiheit
schriftlich gegenüber dem Arbeitgeber erklären. Diese Verzichtserklärung
hat der Arbeitgeber zu den Lohnunterlagen des Beschäftigten zu nehmen.
Der Verzicht auf die Rentenversicherungspflicht gilt ab dem Zeitpunkt der

Erklärung und endet erst mit Beendigung der geringfügig entlohnten Beschäftigung. Ein entsprechendes Textmuster finden Sie auf Ihrer CD-ROM.

Meldung abgeben!

Der Verein als Arbeitgeber hat die geringfügig entlohnten und kurzfristig Beschäftigungen, wie alle anderen Arbeitsverhältnisse auch, im Rahmen des normalen Meldeverfahrens der Sozialversicherung zu melden. Arbeitnehmer werden unter Angabe der Betriebsnummer des Arbeitgebers der Sozialversicherung gemeldet. Wurden vom Verein bisher noch keine Arbeitnehmer beschäftigt, benötigt er zunächst eine Betriebsnummer. Diese muss beim zuständigen Arbeitsamt beantragt werden.

Übungsleiter im Verein: Was darf bezahlt werden?

Schon über Jahre hinweg gibt es ein kleines Steuerprivileg für die Mitarbeit in Vereinen, nämlich durch den bekannten Übungsleiter-Pauschbetrag. Vereine und Verbände können eine Vergütung von bis zu 1.848 € steuer- und sozialversicherungsfrei an ihre Übungsleiter zahlen, allerdings nur an einen relativ eingeschränkten Personenkreis. Aber immerhin bleibt der Verein bzw. Verband von Steuer- und Sozialversicherungsabgaben in diesem Umfang verschont. Wer für den Verein tätig ist, kann durch dieses Nebenverdienstprivileg erreichen, dass er immerhin eine steuerfreie Zusatzvergütung in Höhe von 1.848 € erhält. *Übungsleiter-Pauschbetrag*

Der rein finanzielle Aufwand für Vereine/Verbände hält sich hierbei auch in gewissen Grenzen, denn ein Teil der ausbezahlten Vergütungen an die Übungsleiter ist über die bestehenden Übungsleiter-Zuschussregelungen abgedeckt. Je nach Qualifikation des Sport-Übungsleiters werden pro Stunde ca. 3,50 bis 7 € von den Verbänden manchmal aber auch Kommunen/Körperschaften oder den Trägern auf Antrag ersetzt. *Zuschussregelungen*

Seit dem Vereinsjahr 2000 ergeben sich mehr Chancen für Vereine, interessierten Vereinsmitarbeitern auf dieser Basis zumindest teilweise ihr Engagement finanziell zu honorieren. Bis zur Höhe von 1.848 € dürfen steuerfrei begünstigte Tätigkeiten ausbezahlt werden. Wird mehr bezahlt, ist der darüber hinausgehende Betrag dem Grunde nach steuer- und ggf. auch sozialversicherungspflichtig. Der Übungsleiter-Pauschbetrag ist ein Jahresbetrag, er gilt also auch dann, wenn die Vergütungen nicht das ganz Jahr über bezogen werden.

Wer kann die Übungsleiter-Regelung in Anspruch nehmen?

Diese interessante Steuerregelung gibt es dem Grunde nach nur für bestimmte nebenberufliche Tätigkeiten, insbesondere für

- die Tätigkeit als (klassischer) Übungsleiter im Sportbereich (Mannschaftsbetreuer, Trainer), Ausbilder, Erzieher und neuerdings auch als Betreuer,
- künstlerische Tätigkeiten,
- die Pflege alter, kranker oder behinderter Menschen,
- vergleichbare Tätigkeiten, z. B. als Jugendleiter, Ferienhelfer etc.

Sie sollten auch berücksichtigen, dass durch die Einfügung des neuen Tätigkeitsmerkmals des „Betreuers" in den Katalog des § 3 Nr. 26 EStG eine gewisse Erweiterung der begünstigten Tätigkeitsbereiche dem Grunde nach vorgesehen ist. Die besondere Erwähnung eines „Betreuers" bringt für sich gesehen keine Rechtsänderung, denn ein Betreuer hatte schon bisher – wie bekannt – eine ähnliche Tätigkeit wie z. B. ein klassischer Übungsleiter, Ausbilder oder Erzieher. Dennoch wird man sicherlich noch bei einigen weiteren Vereinstätigkeiten über den bisherigen Rahmen hinaus diese Übungsleiter-Pauschale zahlen können, z. B. für den aktiven Mannschaftsbetreuer oder vergleichbare Vereinsfunktionen, soweit in irgendeiner Weise der Nachweis einer „ausbilderischen" Tätigkeit damit verbunden werden kann. Ein „pädagogisches" hohes Niveau muss nicht unbedingt gewährleistet werden, aber ein erzieherisches Element der Tätigkeit muss erkennbar sein. Begünstigt sind z. B. auch

Einzelbeispiele
- Ausbilder für Erste-Hilfe-Kurse, von Selbstschutzverbänden oder Ausbildertätigkeiten im Bereich der Freiwilligen Feuerwehr,
- Chorleiter, Dirigenten,
- Jugendleiter, Ferienbetreuer,
- Lehrtätigkeit,
- Mannschaftsbetreuer,

- Mitarbeiter von Kinderspielkreisen, Schulweghelfer/Schulbusbegleiter,
- bestimmte Vortrags- oder Unterrichtungstätigkeiten,
- Rettungsschwimmer des DLRG, Rettungssanitäter oder Ersthelfer,
- Seniorenbetreuung

Übungsleiter im Sportbereich

Sehr häufig wird in der Vereinspraxis übersehen, dass diese interessanten Steuerregelungen nicht nur an den klassischen Übungsleiter ausbezahlt werden können, also an aktive Vereinshelfer, die aufgrund eines Übungsleiter-Qualifikationsnachweises bestimmte Sportarten/Mannschaften betreuen.

Gibt es das Steuerprivileg nur mit Trainerschein?

Qualifikationsnachweise sind keinesfalls erforderlich, um diese steuergünstige Regelung in Anspruch nehmen zu können. Soweit einzelne Finanzämter etwa auf den Nachweis eines Übungsleiterscheins bestehen, können Sie das anfechten. Denn: Es kommt nur auf die tatsächliche Ausübung einer begünstigten Tätigkeit an!

| Abiturient

  Abiturient Fleißig will als aktiver Spieler nebenher das Training der E-Jugend-Mannschaft übernehmen. Der Sportverband bietet erst im Spätherbst wieder eine Gelegenheit für einen Lehrgang für eine Übungsleiter-Qualifikation. Zahlt der Verein bereits jetzt eine Vergütung für das Training und die Betreuung der Mannschaft, bleibt die Vergütung nicht nur bei dem Abiturienten steuerfrei, auch der Verein hat neben der reinen Vergütung keine sonstigen zusätzlichen Personalaufwendungen. § 3 Nr. 26 EStG kommt zur Anwendung! ◄

Unabhängig von der steuerlichen Seite wird der Verband im Hinblick auf den noch fehlenden Übungsleiter-Qualifikationsnachweis allerdings nur in Ausnahmefällen einen Personalzuschuss auf der Basis einer Übungsleiter-vergütung pro nachgewiesene Stunde zahlen.

Neuregelung ab
01.04.2003

Und seit dem 01.04.2003 sollte man wissen: Wenn es sich um einen nebenberuflichen, selbstständigen Übungsleiter im Sportbereich, z. B. als Trainer, handelt, bleibt der Verein durch die neue 400-€-Grenze von Sozialversicherungsabgaben verschont, wenn die Vergütung insgesamt, also unter Einbeziehung des monatlichen Übungsleiterfreibetrags, 554 € nicht überschreitet. Bei Verwendung des selbstständigen Sport-Übungsleiter-Mustervertrags und Beachtung der Merkmale der selbstständigen Übungsleitertätigkeit während der Beschäftigungsdauer muss dann also der Verein nicht einmal die Pauschalabgabe von 25 % insgesamt wie bei anderen Mini-Jobs aufbringen. Allerdings hat der „selbstständige" Übungsleiter/Trainer bei dieser Vertragsgestaltung sein Vereinshonorar selbst zu versteuern. Er muss daher diese Nebeneinkünfte im Rahmen seiner eigenen Steuererklärung offen legen, wobei unabhängig von dem tatsächlich das Jahr über insgesamt gezahlten Honorar der Übungsleiterfreibetrag von 1.848 € abgezogen werden darf. Auf die Anzahl der geleisteten Stunden (vor dem 01.04.2003: weniger als 15 Stunden pro Woche) kommt es nicht mehr an.

Vorteile für
Sporttrainer

Hinweis: Das neue Rundschreiben der Spitzenorganisationen der Sozialversicherer vom 26.3.2003 sieht ausdrücklich im Berufsgruppenkatalog zur Abgrenzung zwischen abhängiger Beschäftigung und selbstständiger Tätigkeit diese Sonderregelung zur Sozialversicherungsfreiheit selbstständiger Übungsleiter vor.

Selbstständiger Sporttrainer

Der auf selbstständiger Basis tätige Sporttrainer erhält das Jahr über 500 € pro Monat. Bei seiner Steuerklärung hat er den Gesamthonorarbetrag offen zu legen. Abzüglich des Freibetrags von 1.848 € sind dann 4.152 € steuerrechtlich neben seinen sonstigen Einkünften aus der Haupttätigkeit etc. zu berücksichtigen. ◀

Vereinsvorstände sollten daher gemeinsam mit ihrem Übungsleiter durchsprechen, ob sie auf selbstständiger oder nichtselbstständiger Basis zusammenarbeiten. Bei entsprechend hohem Honorar und anderen guten Einkünften wird leider ein Teil der Vergütung wieder über die Steuer an das Finanzamt zurückfließen. Andererseits spart der Verein komplett jegliche Sozialversicherungsabgaben bei „selbstständiger" Vereinbarung. Die besonders begünstigte selbstständige Sporttrainer-/Übungsleitertätigkeit gibt es derzeit nur im Sportbereich, nicht für andere gemeinnützige Vereinsziele. Wird hingegen, wie z. B. im kulturellen/musischen/sozialen Bereich, die Übungsleitertätigkeit auf Anstellungsbasis ausgeübt, besteht seit dem 01.04.2003 bei bis 554 € pro Monat die Möglichkeit, dass zwar der Verein die 25 % Pauschalabgabe aus 400 €, also 100 € pro Monat, zu tragen hat, durch die 2 % Pauschalsteuer der Empfänger damit aber von allen steuerlichen Belastungen persönlich verschont bleibt. Auch hier gilt: Es kommt seit dem 01.04.2003 nicht mehr auf die Stundenanzahl für derartige geringfügig entlohnte Beschäftigungsverhältnis an. Optimal: Nur eine Nebenbeschäftigung bei gleichzeitigem Hauptberuf!

Übungsleiter im musikalischen Bereich

Begünstigt sind natürlich auch Vergütungen an Musiker, soweit diese künstlerische Tätigkeiten erbringen, allerdings nicht für den wirtschaftlichen Geschäftsbetrieb des Vereins/Verbands.

Musikunterricht

Der Einzelunterricht von Mitgliedern der Blaskapelle durch ein erfahrenes Vereinsmitglied. Begünstigt sind natürlich auch Tätigkeiten für Ausbildungs- und Unterrichtszwecke durch nicht dem Verein angehörige Musiker, z. B. an Schulen sonst tätige Musiklehrer. Die Tätigkeit muss nicht mehr im Einzelfall direkten Ausbildungszwecken dienen. Möglich ist natürlich auch die Zahlung einer (begünstigten) Vergütung an Chorleiter, Dirigenten, den musikalischen Leiter einer Orchestervereinigung oder z. B. auch den Organisten in der Kirche!   ◄

Übungsleiter im Pflegebereich

Viele Organisationen/Körperschaften und Vereine organisieren sich im sozialen Bereich. Auch hier besteht die Möglichkeit, für die persönlichen Einsätze und die Betreuung von Personen diese steuerfreie Aufwandsentschädigung zu zahlen. Die betreffenden Personen müssen nicht unbedingt Vereinsmitglieder sein.

Welche Pflegeleistungen für alte, kranke und behinderte Menschen sind begünstigt?

Unter dieses breite Spektrum von Betreuungsleistungen fallen insbesondere

- Nachbarschaftshilfe, Seniorenbetreuung,
- Betreuungsleistungen in Krankenhäusern, Pflegeheimen und Altersheimen,
- Erbringung von Hilfeleistungen bei der Verrichtung des täglichen Lebens (z. B. hauswirtschaftliche Einsätze),
- Einkaufshilfen, Hilfe beim Schriftverkehr, Erledigung von Behördengängen, Grund- und Behandlungspflege u. a.

Begünstigt ist darüber hinaus auch jeder, der z. B. nebenberuflich als Sanitäter, Ersthelfer, Rot-Kreuz-Helfer oder z. B. auch Helfer bei Suchdiensten, Rettungsstaffeln etc. mitwirkt. Die Übungsleiterregelung kommt natürlich auch für die Unterrichtstätigkeit, etwa für Pflegeschulen im Bereich des Gesundheitswesens, zur Anwendung.

Praxis-Beispiel

Vorträge

Die Ärztin Tüchtig unterrichtet an einer anerkannten Pflegefachschule, daneben hält sie Vorträge im Erste-Hilfe-Bereich an der Volkshochschule. Es liegen zwar dem Grunde nach zwei (begünstigte) Tätigkeiten vor, die Gesamtvergütung bleibt jedoch auch für die Ärztin steuerfrei, wenn pro Jahr die Entschädigung nicht über 1.848 € liegt.   ◄

Was sind nebenberufliche künstlerische Tätigkeiten?

Bereits seit einigen Jahren sind auch nach dem geltenden Kultur- und Stiftungsförderungsgesetz nebenberuflich ausgeübte künstlerische Tätigkeiten begünstigt. Vorausgesetzt, die Tätigkeit wird auch hier im Dienste oder im Auftrag einer Person des öffentlichen Rechts oder eines gemeinnützigen Vereins ausgeübt. Begünstigt sind z. B.

- Anfertigung eines Kunstwerks durch einen Maler oder Bildhauer im Auftrag der öffentlichen Hand,
- Einzelauftritte eines Musikers, Sängers etc. für eine gemeinnützige Organisation (z. B. Kirche, Pflegeheim etc.),
- nebenberufliche Organistentätigkeit im Auftrag einer Kirche.

Allerdings: Für die Tätigkeit wird ein gewisses künstlerisches Niveau verlangt. Wer als nebenberuflicher Statist mit einer Neigung zum Theater an der städtischen Bühne auftritt, muss bei genauer Nachprüfung durch das Finanzamt damit rechnen, dass die hierüber erhaltene Vergütung möglicherweise vom Finanzamt nicht als steuerbegünstigt im Sinne des § 3 Nr. 26 EStG angesehen wird. Nach der zugrunde liegenden älteren Entscheidung des BFH (Urteil v. 19.08.1982, BStBl 1983 II S. 7) sind allerdings in Bezug auf das künstlerische Niveau keine zu hohen Anforderungen zu stellen. *Künstlerisches Niveau*

Darf jetzt der Vereinsvorstand bezahlt werden?

Wer als Vorstand seinen Verein führt, geht leider derzeit immer noch leer aus. Denn die Vorstandsarbeit wird immer noch als klassische ehrenamtliche Tätigkeit eingestuft. Dies bedeutet konkret: Nicht begünstigt sind Tätigkeiten als Vorstandsmitglied, Vereinskassierer, also Vereinsführungsfunktionen im erweiterten Vorstand. Leider betrifft das aber auch die Mitarbeit im Verein außerhalb bestimmter Vorstandsfunktionen, z. B. als Hausmeister, Platzwart, Geräte- und Zeugwart, Masseur. Weitere Hinweise enthält R 17 der Lohnsteuer-Richtlinien.

Gibt es das Privileg auch bei Privatfirmen?

Leider nein, denn die Steuerbefreiung setzt voraus, dass die Tätigkeit zur Förderung gemeinnütziger, mildtätiger oder kirchlicher Zwecke im Dienste oder Auftrag einer inländischen Person des öffentlichen Rechts oder von gemeinnützigen Körperschaften ausgeübt werden muss.

Wer ist eine juristisch Person des öffentlichen Rechts?

Es gibt einen sehr großen Kreis möglicher Auftraggeber, die als juristische Person des öffentlichen Rechts anerkannt sind. Dazu gehören z. B. Handwerkskammern, Innungen, IHK's, Berufsgenossenschaften, aber auch die berufsständischen Kammern, wie z. B. Anwaltskammer, Ärztekammer etc., darüber hinaus Sparkassen, Kirchen, Universitäten und Gebietskörperschaften, wie z. B. Gemeinden, Städte, Landkreise.

Gesundheitsforum

Eine Ärztekammer – Zusammenschluss von Ärzten in Form einer Körperschaft des öffentlichen Rechts – veranstaltet ein Gesundheitsforum, um die Bevölkerung über präventive Gesundheitsmaßnahmen aufzuklären.

Mitwirkende Arzthelferinnen, aber auch z. B. selbstständige Ärzte, können hierfür eine steuerbegünstigte Vergütung nach § 3 Nr. 26 EStG erhalten.   ◄

Welche Vereine sind begünstigt?

Grundsätzlich sind vom Übungsleiterprivileg alle gemeinnützigen Körperschaften wie die als gemeinnützig anerkannten Sport-, Musik-, Kunst-, Gesangs- oder ähnliche Vereine begünstigt.

Übungsleiter als Hauptberuf?

Dieses Steuerprivileg gibt es leider nur dann, wenn die Tätigkeit nebenberuflich ausgeübt wird, wenn also nicht mehr als ein Drittel der Arbeitszeit eines vergleichbaren Vollzeiterwerbs in Anspruch nimmt.

Es kommt grundsätzlich nicht auf die Höhe der Einkünfte aus der Nebentätigkeit an, die vielleicht im Einzelfall sogar eine gewisse Absicherung zum Lebensunterhalt bedeuten können. Entscheidend ist vielmehr die nur nebenberufliche, nachweisbare Tätigkeit. Nebenberuflich tätig werden können natürlich auch Hausfrauen, Studenten, Rentner/Pensionäre oder etwa Arbeitslose.

Wichtig ist grundsätzlich, diese nebenberufliche Tätigkeit vom Hauptberuf klar abzugrenzen.

Nebenberufliche Tätigkeit

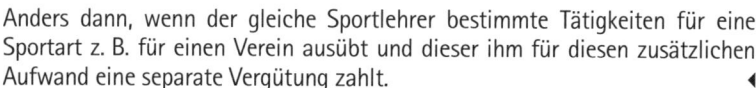

Sportlehrer Rüstig leitet neben seinem Sportunterricht noch eine schulinterne Arbeitsgemeinschaft für eine bestimmte Sportart. Wird er im Auftrag der Schule tätig, scheidet eine mögliche Bezahlung durch die Schule auf der Basis der Übungsleitervergütung aus.

Anders dann, wenn der gleiche Sportlehrer bestimmte Tätigkeiten für eine Sportart z. B. für einen Verein ausübt und dieser ihm für diesen zusätzlichen Aufwand eine separate Vergütung zahlt. ◄

Rein nach dem Gesetzestext des § 3 Nr. 26 EStG spielt es keine Rolle, ob der Übungsleiter seine Tätigkeit als Arbeitnehmer oder Freiberufler bzw. Selbstständiger ausübt. Nach den Lohnsteuer-Richtlinien (R 17) liegt bei nebenberuflichen Übungsleitern, Trainern, Chorleitern etc. eine Arbeitnehmertätigkeit vor, wenn sie nicht mehr als ein Drittel des Zeitaufwands im Hauptberuf beträgt.

Je nachdem, ob nun eine haupt- oder nebenberufliche Tätigkeit vorliegt, ergibt sich daraus folgende steuerliche Situation im Überblick:

Haupttätigkeit	Nebentätigkeit (§ 3 Nr. 26 EStG)
■ keine organisatorische Abgrenzung zum Hauptberuf möglich ■ der gesamte Zeitaufwand beträgt mehr als ein Drittel einer hauptberuflichen Tätigkeit	■ klare Abgrenzung zum Hauptberuf möglich ■ Zeitaufwand nicht mehr als ein Drittel einer hauptberuflichen Tätigkeit
Arbeitnehmer	
Arbeitsvertrag, übliche Bestimmungen des Arbeitsverhältnisses, auch Sozialversicherungspflicht (§ 3 Nr. 26 EStG scheidet aus).	Bis 1.848 € steuer- und sozialversicherungsfrei, bei darüber hinausgehender Vergütung entsprechende Lohnsteuer- und Sozialversicherungsabgabe, Mini-Job-Regelung ergänzend einsetzbar. Ergebnis: § 3 Nr. 26 EStG kommt zum Zuge
Selbstständige Tätigkeit	
Gewinn ist in vollem Umfang einkommensteuerpflichtig, je nach Art der Tätigkeit USt-Pflicht (§ 3 Nr. 26 EstG scheidet aus)	Gewinn über 1.848 € ist einkommensteuerpflichtig. Umsätze unterliegen je nach Tätigkeit der Umsatzsteuerpflicht. Auch Mini-Job-Regelung zur Vermeidung der Steuerpficht bei über 1.848 € möglich. Ergebnis: § 3 Nr. 26 EstG kommt zum Zuge

Wenn Sie keine Hauptbeschäftigung haben

Wer kein weiteres Arbeitsverhältnis hat, z. B. als Student, Rentner oder auch als Hausfrau bzw. -mann, kann damit auch noch zusätzlich den Arbeitnehmer-Pauschbetrag in Anspruch nehmen. Dies bedeutet: Ihm stehen nicht nur die 1.848 €, sondern auch die weiteren 1.044 € pro Jahr für steuerliche Zwecke zur Verfügung, insgesamt also 1.892 € pro Jahr als steuerfreier Verfügungsrahmen!

Rentner/Pensionäre sollten unabhängig von der Bereitschaft zur Vereinsmitarbeit prüfen, ob Vergütungen sich als „Einnahmen" rentenschädlich auswirken können. Stichwort: Hinzuverdienstgrenzen nach neuem Rentenrecht!

Wie sieht es mit eigenen Aufwendungen aus?

Wer eine begünstigte Tätigkeit nach § 3 Nr. 26 EStG ausübt, muss oft einiges an eigenen Aufwendungen erbringen, um den ihm erteilten Auftrag erfüllen zu können, angefangen von Fahrtkosten bis hin zur Beschaffung von Arbeitsmaterialien etc.

Ab dem Vereinsjahr 2000 gilt nun: Aufwendungen, die im Zusammenhang mit der betrieblichen Tätigkeit stehen, sind insoweit abzugsfähig, als sie die steuerfreien Einnahmen übersteigen.

Praxis-Beispiel

Persönliche Aufwendungen

Ein selbstständiger Trainer betreut die 1. Kreisligamannschaft. Er erhält ein Jahreshonorar in Höhe von 4.000 €. Sein nachgewiesener persönlicher Aufwand (z. B. nicht ersetzte Reisekosten, Kauf von Material etc.) für die Erbringung dieser Dienstleistung beläuft sich pro Jahr auf

a) 1.600 €

b) 2.200 €

Steuerkonsequenzen:

Fall a: Trotz Einzelnachweises fallen in diesem Beispielsfall die Aufwendungen unter den Tisch, sie können nicht berücksichtigt werden. Über die Einkommensteuererklärung setzt das Finanzamt einen steuerpflichtigen Gewinn von 4.000 € – 1.848 € = 2.152 € an.

Fall b: Erstmals wirken sich hier die erhöhten Aufwendungen aus: Der Trainer kann 352 € als Betriebsausgaben ansetzen, damit reduziert sich sein (steuerpflichtiger) Gewinn auf 1.800 €. Gleiches gilt für angestellte Übungsleiter, dann zur Berücksichtigung als Werbungskosten bei dieser nebenberuflichen Tätigkeit. ◀

Was gilt dann für Arbeitnehmer?

Wer nebenberuflich für den Verein arbeitet, übt im Regelfall seine Neben-　Nicht mehr als
tätigkeit auf Arbeitnehmer-Basis aus. Ausgehend von diesem Grundsatz,　ein Drittel des
läuft alles noch unkompliziert, wenn die Gesamtvergütung pro Jahr nicht　Hauptberufs
mehr als 1.848 € beträgt. Eine regelmäßige Beschäftigung während des Vereinsjahrs vorausgesetzt, wären dies also pro Monat 154 €. Übersteigt die vereinbarte Vergütung für die nebenberufliche Tätigkeit diese Steuergrenze, gelten wieder die normalen Steuer- und Sozialversicherungsspielregeln. Der Verein/Verband als Arbeitgeber muss also über das Lohnkonto sicherstellen, dass von der Bruttovergütung unter Abzug z. B. des monatlichen Freibetrags von 154 € aus dem übersteigenden Betrag Lohnsteuer, Kirchensteuer und Solidaritätszuschlag einbehalten werden, dazu auch noch die entsprechenden Sozialversicherungsbeiträge.

Erforderlich ist also die Vorlage einer Lohnsteuerkarte, allerdings muss auf　Lohnsteuerkarte
ihr am Ende des Jahres nicht in besonderer Weise die begünstigte Übungsleitervergütung bescheinigt werden.

Schriftliche Bestätigung geben lassen

Zum Lohnkonto muss auf jeden Fall eine schriftliche Bestätigung des Vereinsmitarbeiters genommen werden, dass er diese Vergünstigung nach § 3 Nr. 26 nicht auch für ein anderes Arbeits- oder Dienstverhältnis beansprucht (R 17 Abs. 7 S. 2 LStR 2000). Wird diese Bescheinigung nicht abgegeben, besteht die Befürchtung, dass der an einer Mitarbeit interessierte Trainer, Chorleiter, Dirigent, für weitere Körperschaften oder Vereine arbeitet. Bei Problemen oder Zweifelsfällen sollten Sie zur Abklärung des Sachverhalts eine amtliche Lohnsteuer-Anrufungsauskunft einholen. Stellen Sie also eine Rückfrage beim Finanzamt zur sachgemäßen Abrechnung von Arbeitnehmer-Sachverhalten. Siehe auch ergänzend die Hinweise zum Stichwort „Lohnsteuer" im vorherigen Kapitel! ◀

Übrigens: Wer nebenberuflich als Arbeitnehmer des Vereins eine separate begünstigte Tätigkeit nach § 3 Nr. 26 EStG ausübt, kann zudem den Arbeitnehmer-Pauschbetrag von 1.044 € pro Jahr in Anspruch nehmen!

Was darf neben der Übungsleitervergütung noch gezahlt werden?

An Obergrenze orientieren

Schon fast üblich ist es in der Vereinspraxis, dass neben einer bestimmten Vergütung auch ein Ersatz von Reisekosten gewährt wird. Seien es Fahrtkosten, Verpflegungsmehraufwand bei Reisen oder ein nachgewiesener sonstiger Auslagenersatz. Die Grundregel: Um weitere Steuerkonsequenzen beim Verein zu vermeiden, sollten Sie sich zunächst an der Obergrenze der steuerfreien Beträge hierfür orientieren (§ 3 Nr. 12, 13, 16 Nr. 50 EStG).

Wie sieht es mit dem Fahrtkostenzuschuss aus?

Soweit ein Vereinsmitglied, egal ob Führungskraft, Vereins-Arbeitnehmer oder Übungsleiter, seinen eigenen Pkw einsetzt, etwa um Jugendliche zu Wettkämpfen oder Veranstaltungen zu fahren, kann der Verein steuerfrei bei Nachweis der gefahrenen Kilometer ab 2001 0,30 € je Entfernungskilometer ersetzen, auch zusätzlich zu etwaigen Vergütungen. Für die Mitnahme weiterer Personen im eigenen Pkw für Vereins-Dienstfahrten erhöht sich der Wert von 0,02 € je Person. Bei Dienstreisen mit dem Motorrad bzw. Motorroller gibt es 0,13 € je nachgewiesenen Fahrkilometer (Moped: 0,08 €, Fahrrad: 0,05 €).

Entfernungspauschale

Hiervon zu trennen ist aber die Entfernungspauschale, also der Fahraufwand von der Wohnung bis zum Vereinsgelände. Hier darf entsprechend den steuerlichen Vorgaben für Vereins-Arbeitnehmer bei den Werbungskosten zwar die Pauschale von 0,36 € für die ersten zehn Kilometer und von 0,40 € für jeden weiteren Entfernungskilometer erstattet werden, aber leider nicht steuerfrei. Der Verein muss die pauschale Lohnsteuer von 15 % (§ 40 Abs. 2 S. 2 EStG) übernehmen, falls er „netto" auszahlen will.

Ein Vorteil: Die Art des Beförderungsmittels ist nicht mehr vorgeschrieben, also darf der angestellte Trainer steuerbegünstigt zum Training radeln! Oder aber er erhält pauschalenunabhängig eine steuerfrei bleibende Monatskarte für öffentliche Verkehrsmittel.

Wie hoch sind die Reisekostensätze?

Inlands-Dienstreisen	Pauschbetrag
Verpflegungsmehraufwand:¹	
von 24 Stunden	24,00 €
von 14 bis weniger als 24 Stunden	12,00 €
von 8 bis weniger als 14 Stunden	6,00 €
Übernachungskosten	
Bei Vorlage der Übernachtungsrechnung abzgl. 4,50 € beim Gesamtpreis für Unterkunft und Frühstück	
Bei Arbeitgeberersatz ohne Nachweis als Pauschalbetrag	20,00 €

CD-ROM

Hier einige Erläuterungen zur Tabelle:

1. Bei einer Abwesenheit von genau 24 bzw. 14 bzw. acht Stunden gelten die Werte der höheren Stufe.

2. Die Übernachtungspauschale gilt nur für steuerfreie Erstattungen durch den Arbeitgeber. Der Arbeitnehmer muss dagegen für den Werbungskostenabzug seine Übernachtungskosten durch Rechnungsbelege nachweisen.

Bei Auslandsfahrten für den Verein gelten höhere Verpflegungskostensätze, die jährlich neu festgesetzt werden.

Praxis-Beispiel

Ferienfreizeit

Der Verein veranstaltet eine dreitägige Sport-Ferienfreizeit auf dem Vereinsgelände. Sportlehrer A, regelmäßig als Übungsleiter für den Verein tätig, übernimmt in seinen Ferien diese reizvolle Aufgabe. Er erhält zunächst eine Pauschalvergütung für diese Tätigkeit in Höhe von 800 €, dazu für die Fahrten zwischen seiner Wohnung und dem Vereinsgelände einen steuerfreien Kilometerersatz. Bei 10 km × 0,36 € (pro Entfernungskilometer) × 10 Fahrten sind dies 36 €.

Für den Besuch einer auswärtigen Sportveranstaltung erhält er wegen der Benutzung seines eigenen Pkw den höchstzulässigen Reisekostenersatz von 0,36 €. Bei 80 km × 0,36 € pro Kilometer sind dies 28,80 €. Ersetzt werden ihm zudem für eine Übernachtung bei Berücksichtigung der Vorgaben für die steuerfreien Reisekosten die Hotelrechnung und der Verpflegungsmehraufwand in Höhe von insgesamt 85 €.

Insgesamt vom Verein abzurechnen sind damit 949,50 €.   ◄

Buchhalterisch bedeutet dies: Das Arbeitsentgelt beläuft sich auf 600 € zuzüglich 36 € für die Fahrten zwischen Wohnung und Vereinsgelände, insgesamt 636 €. Übernimmt der Verein die Pauschallohnsteuer von 15 % für den Fahrtkostenersatz, mindert sich das lohnsteuerpflichtige Entgelt somit zunächst um 36 € sowie die 85 € für Übernachtung und Verpflegungsmehraufwand. Davon kann nochmals der umgelegte monatliche Pauschalbetrag von 154 € als Übungsleiter abgezogen werden, sodass eine Bemessungsgrundlage von 646 € verbleibt.

Soweit der Verein ordnungsgemäß über die vorgelegte Lohnsteuerkarte abrechnet, ist von der Vergütung je nach Lohnsteuerklasse die Lohnsteuer, der Solidaritätszuschlag und ggf. die Kirchensteuer einzubehalten. Hinzu kommen noch die Sozialversicherungsbeiträge, also der halbe Arbeitnehmeranteil.

Was gilt für Selbstständige?

Neben der reinen Vergütung (also dem Honorar) können natürlich auch für diesen Personenkreis pauschale Aufwendungsvergütungen oder z. B. auf der Basis der nachgewiesenen Reisekosten ein Ersatz von Eigenaufwendungen gezahlt werden. Beim Selbstständigen fällt dies allerdings komplett in den „Honorartopf".

Musterverträge für einen freien Mitarbeiter/Sportübungsleiter und einen angestellten Übungsleiter finden Sie ebenfalls auf Ihrer Vereins-CD-ROM, sodass Sie sie bequem in Ihre Textverarbeitung übernehmen können!

Abhaltung eines Kurses

Steuerberater Pfiffig hält für die Volkshochschule einen Kurs über die Vereinsbesteuerung. Seine Vergütung dafür beträgt 600 €. Daneben erhält er weitere 300 € als pauschalen Aufwandsersatz für Reisetätigkeiten etc. Die Gesamtvergütung in Höhe von 900 € bleibt nach § 3 Nr. 26 EStG für den Steuerberater steuerfrei.

Allerdings fällt hierbei sein eigener Aufwand, etwa für die Fahrten, Unterrichtsmaterial etc., unter den Tisch, da der Gesamtaufwand wiederum unter 1.848 € liegt.   ◀

Als Faustregel gilt: Immer dann, wenn es sich um steuerfreie (also auch pauschal besteuerte) Vergütungen handelt, führt dies zu keinen weiteren Sozialversicherungskonsequenzen. Bei Übungsleitertätigkeiten, wie übrigens auch bei sonstigen Beschäftigungsverhältnissen, bleibt der steuerfreie Reisekostenersatz unberücksichtigt. Also haben die steuerfreien Reisekosten z. B. auch bei einem 400-€-Mini-Job-Verhältnis keinen Einfluss auf die Sozialversicherungsgrenze von 400 €!

Soweit eine Steuerfreiheit besteht (ab dem Vereinsjahr 2000 bis 1.848 €), müssen auch gegenüber der Verwaltungsberufsgenossenschaft keine Beiträge gezahlt werden; ein entsprechender Entgeltnachweis ist nicht notwendig. Gegenüber der Verwaltungsberufsgenossenschaft (VBG) ist damit nur der den Betrag von 1.848 € übersteigende Anteil der Übungsleitervergütung bzw. der höheren Gehaltszahlung nachzuweisen und hierfür Beiträge abzuführen. Achten Sie auch hier für Ihren Verein darauf, ob es ggf. Rahmenabkommen wie z. B. im Sportbereich gibt.

Verwaltungsberufsgenossenschaft

Darf man eine Vergütung dem Verein gleich wieder spenden?

Grundsätzlich ja, man muss sich nur an besondere Steuerspielregeln halten! Wer also in einem noch weiteren Umfang seinen Verein unterstützen will, kann dem Grunde nach seine eigene Vergütung als Spende wieder an den Verein zurückgeben. Interessant also auch insbesondere in den Fällen, bei denen der Verein einerseits seine Übungsleitervergünstigungen großteils über Übungsleiter-Personalkostenzuschüsse finanziert, andererseits stark engagierte Vereinsmitarbeiter in seiner Vereinsmitgliedschaft vorfindet, die nicht unbedingt an ihrem Verein noch etwas „verdienen", dafür aber eine Spendenquittung erhalten wollen. Folgende Regeln müssen eingehalten werden:

- Eine Rückspende wird von den Finanzämtern nur dann anerkannt, wenn ein nachgewiesener vorheriger Rechtsanspruch auf Vergütung besteht. Das Finanzamt wird in diesen Fällen sehr intensiv prüfen, ob dem Grunde nach zuvor tatsächlich ein Vergütungsanspruch bestanden hat. Der

Regeln

Rechtsanspruch auf „Auszahlung" muss sich also entweder aus einem protokollierten Vorstandsbeschluss und Bekanntgabe gegenüber den Mitgliedern, einem Beschluss der Mitgliederversammlung, aus der Satzung oder über einen entsprechenden schriftlichen Einzelvertrag ergeben bzw. nachweisbar sein. Auf jeden Fall muss dies auch in zeitlicher Hinsicht schon vor dem Beginn der Tätigkeit hinreichend dokumentiert sein.

- Zudem verlangt die Finanzverwaltung, dass der Verein finanziell auch tatsächlich in der Lage ist, einen sonst üblicherweise geschuldeten Aufwandsersatz dem Grunde nach zu zahlen. Ist der Verein nach der Kassenlage überhaupt nicht hierzu in der Lage, bringt ein vorher vereinbarter Verzicht auf die Auszahlung nichts! Ausstehende Gehaltszahlungen und Übungsleitervergütungen sollten zumindest über die Jahres-Finanzplanung als künftig bestehender Aufwand berücksichtigt werden. Keinesfalls darf erkennbar sei, dass der spätere „Verzicht" auf Auszahlung von Anfang an einkalkuliert wird. Bei Streit mit dem Finanzamt zur Frage der potenziellen Leistungsfähigkeit kann z. B. die Möglichkeit der Kreditinanspruchnahme/Nachweis einer Kreditwürdigkeit weiterhelfen.

Stichwortverzeichnis

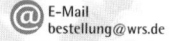